复旦卓越·21世纪管理学系列

品质管理实训

陈建龙　编著

MANAGEMENT

复旦大学出版社

内 容 提 要

本书以提高企业质量管理水平、提高员工的质量意识为目的，阐述了在商品企划、研究开发、生产中如何保证品质、提高品质等方面的理念和具体手法。这些理念和手法都是当今世界生产企业品质管理的最新发展方向。本书从五个层次全面论述了品质管理的各个方面，并配有大量的生产现场中品质管理的实例。

本书可作为高职高专院校和实践型本科院校的教材，也可作为企业对员工的培训教材以及从事生产相关工作人员的参考用书。

FOREWORD 前　言

品质一词具有广泛的含义，首先当然是指我们日常使用的商品的品质，其次是指企业经营的品质，再次是指人的品质。这三者都是不矛盾的，是有机统一的。因为制造产品的同时，也是培养人的过程，是对社会作出贡献的过程。可以有大量的例子佐证：如果这三者不符合，企业得到的最终结果要么是咎由自取被社会淘汰，要么在激烈的竞争中失败。

一流的产品是需要有一流的人来制造的。一流的人并不是指超智能的人，而是指把本职工作做成世界一流的人。无数一流的工作结合在一起就形成了世界一流的产品。一流的人不是天生的，一是靠学习成长，二是靠在企业工作实际中不断地进行培养。

本书就是基于上述理念编著而成，其有以下特点。

1. 前沿性。本书介绍的都是目前世界上一流企业的先进品质理念和做法，通过本书你可以学到如何生产世界一流品质的产品，更可以通过学习、实践使自己成为世界一流的员工。

2. 普及性。本书具有易理解性、易操作性，从而具有把品质管理进行普及化的作用，读者通过本书可以揭开品质管理的神秘面纱，建立对品质管理的信心。所以，本书适用于企业中从经营层到一线的所有员工。

3. 实战性。本书以开发设计、制造流程为主线，围绕对4M1E（人、设备、材料、方法、环境）的品质管理展开论述。本书的每一个单元都对现场的品质管理具有实战的意义，所以是一本学了以后马上可以用、工作中碰到困难时可以随时从中找到答案的实用书籍。

本书由五章组成：第一章“品质管理的基本要点”，阐述了品质的基本知识、管理的要点和品质管理的基本观点，并对某些品质管理要点作了论述。第二章“开发过程中的品质管理”，阐述了开发设计过程的基本流程、各开发设计阶段的品质管理活动内容。第三章“制造过程中的品质管理”，阐述了以 4M1E 为中心的日常制造现场的品质管理活动。第四章“5S 与可视化管理”，5S 是品质保证的基础，企业的品质从 5S 开始，也以 5S 结束；可视化的现场能真正反映现场是否正常，从而能迅速采取行动避免品质问题的发生。第五章“过程品质分析与改善”，介绍了品质分析的基本方法，及统计学上的分析结果如何运用到品质分析中去，最后介绍了品质问题解决的方法——QC 问题解决法与 QC 小组活动，对指导企业全员参加品质管理活动具有一定的参考价值。

本书适用于高职高专院校和实践型本科院校作教材，也可以作为各类相关培训的教材以及从业人员的参考书。

本书由上海市技术管理职业资格管理办公室组编，从造就世界一流的企业、培养全球一流的人才、生产一流的产品的角度出发，对本书的内容给与了具体的指导，并给予人力物力上的大力支持。同时也得到复旦大学出版社刘子馨教授、罗翔老师及欧姆龙公司同行的殷切指导和大力支持，在此表示衷心感谢。

CONTENTS 目 录

第一章 品质管理的基本要点

学习目标

学完本章,你应该能够:

▲ 掌握品质的基本知识;

▲ 掌握管理的基本知识;

▲ 掌握品质管理的基本知识和观点。

基本概念

客户满意度、品质、管理、品质管理、品质管理的基本观点、标准化、品质体系、品质成本

知识单元1 品质的基本

1.1 什么是客户满意度

企业开发生产产品销售到客户,客户对商品是否满意,又是从哪几方面对商品进行评价的呢?客户满意度一般是从以下几方面进行评价的。

(1) 商品的品质。即商品满足客户的使用要求,能为客户带来方便、能帮助客户解决问题、能给客户带来附加价值。例如:家中的洗衣机能节约我们的时间,减轻劳动强度;企业采购设备对原材料进行加工、包装后,给企业产生一定的附加价值;飞机使我们旅行的时间大为缩短等。

(2) 成本。客户采购商品一般会考虑得到的价值是否大于为此付出的代价,如大于就买入,否则就不买。也就是我们通常所说的性价比。

(3) 交货期。客户的愿望是对于满意的商品,订货后就能马上拿到,长的交货期会在一定程度上影响客户的购买心情,甚至转而去购买其他品牌。对于零部件,交货期长会影响客户的运营成本,因为它必须增加对应的库存。

(4) 服务。服务分为售前和售后服务两个部分,售前服务包括商品知识的介绍、使用说明及相关知识的培训等;售后服务包括商品的运输、安装、调试指导、商品的维修等。

优秀的企业在开发某个产品之前的可行性研究中就开始对服务,特别是售后服务进行计划,如觉得进行售后服务有困难,预计不能满足客户的要求就不开展该项事业。就如生小孩一样,生下来就要对他负责。遗憾的是我国有许多企业,以销售后拿到钱为终点,以后客户根本找不到它,要么更名了、要么关门了,给它的客户带来诸多不便。

1.2 品质的定义与分类

所谓品质是一组固有的特性满足要求的程度。

固有特性有各种类别,包括:物理的(如机械的、电的),感官的(如嗅觉、触觉、味觉、视觉、听觉),行为的(如礼貌、诚实、正直),时间的(如准时、使用寿命),人体工效的(如生理的特性或有关人身安全的特性),功能的(如飞机的最高速度),环保的(如节能的、无害化的)等。

满足要求指满足客户的要求、行业的要求。客户的要求主要指功能上的、性能上的要求。行业的要求主要指安全的要求、环保的要求等。

综上所述,可得到品质的大致内涵,如图 1-1 所示。

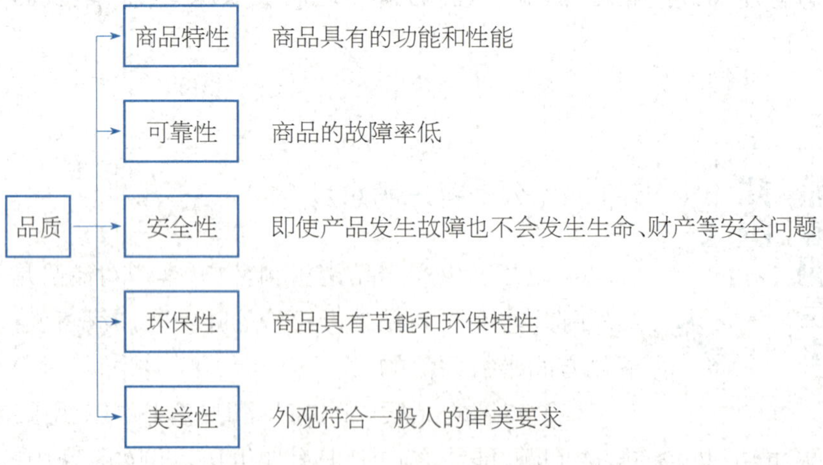

图 1-1 品质的内涵

(1) 商品特性:指商品具备的功能和性能。

功能指商品具备哪些作用,如飞机能飞,手机能打电话、上网等。同样的产品,如手机,有的功能非常多,除了电话、短消息功能以外,能上网、看手机电视等;有的非常少，只能打电话、发短消息。功能多一定是企业使用的材料多、花的设计费用高，所以生产成本也高，价格一定会高。

性能指功能的特性，如某著名品牌的汽车其每百公里油耗比其他品牌的车辆少10%，启动速度比其他车辆快等。

性能包括强度、纯度、尺寸、公差、外观、使用的方便性、使用的寿命等。

商品的特性在产品的企划阶段就已经根据客户的需求和企业的市场战略决定了，也就是我们通常所说的企划品质。

(2) 可靠性：指商品特性的稳定性。要解决产品本身的稳定问题，一是设计时要考虑到零部件的选用，选用可靠性高的零部件；二是设计是否合理，是否考虑到使用中的特殊条件、特殊情况等；三是生产中生产的产品是否具有同一性等。所以，可靠性涉及设计品质和制造品质两个环节。

(3) 安全性：指不会由于使用产品而引起人身、财产等安全问题。由于产品品质问题引起的安全事故层出不穷，产品出了品质问题后可能引起火灾，甚至生命的事故，这些品质问题要么是设计不当，要么是制造不良造成的。

(4) 环保性：指生产的产品节能、省材料，不使用国家、行业禁止的对环境保护不利的材料。设计阶段要考虑的环保项目主要是：节能性、使用材料的环保性、材料的可回收性等；制造阶段涉及的环保问题是：要确保绿色采购、绿色生产、生产中的节能等。

保护地球环境，并不仅仅是为了人类，也是为了其他生存在这个地球上的生物。产品虽然都有各自的寿命，但是需要尽可能地去追求其更长的使用寿命。在设计产品时就需要考虑到其耐用性的设计→考虑到安全性的设计→考虑到易分解性的设计→考虑到环境的设计→考虑到循环再利用性的设计，这是十分必要的。

(5) 美学性：指外观符合一般人的审美观，使用方便等。

本书中以后提到的品质特性，指商品某一方面的品质，如功能、外观等。

按商品形成的整个过程来分，品质可以分为企划品质、开发设计品质、制造品质和市场品质。

① 企划品质：是依据客户的要求设定的品质，包括商品的功能、性能、作用、寿命、外观等品质特性。

② 设计品质：是将企划品质在设计图面上体现出来，设计时充分考虑到生产技术力、成本、产品维护等各方面因素。

设计品质不但要满足客户的性能要求，还要考虑生产过程是否能生产出来，即容易生产。生产出来的产品一致性要高，否则也是一种设计不良的表现。

③ 制造品质：指一致性高的品质，是根据设计生产产品所达到的品质，是企划品质和设计品质的具体化。生产技术、作业方法、员工技能、生产能力、零部件的采购能力等对制造品质影响较大。

一致性高的品质，字面上只有7个字，如果企业和相关方没有形成一个有效运行的品质体系，要做到却是非常的难，生产1万台、10万台、100万台产品在1年、3年、5年直至厂家设计的寿命周期内要保证其同一性体现了一个企业管理的真正实力。况且在生产产品的过程中4M(man，machine，method，material)是经常变化的。

制造品质可以分为未流入市场在过程内被检查出的过程不良及未能被检查出来流入市场的市场不良。过程内的不良虽然没有流到市场上去，但不良率太高的话，一方面对产品成本影响较大，另一方面又会影响到生产的L/T。

④ 市场品质：指期待的品质、售后服务好的品质。是客户使用时感觉到的品质，是企划品质、设计品质、制造品质及企业活动综合品质水平的反映。同时如何满意地解决客户的投诉是市场品质的一个非常重要的方面。

零部件的互换性、修理用零部件的供应、修理的难易度、说明书、误操作对策、包装法、储存方法、使用期限、搬运方法、安装的难易度等都属于市场品质。

客户一定去挑选产品自身品质好、售后服务好、互换性好的产品。使用说明书写得如果连小孩都看得懂，投诉一定会减少；有的说明书只有相关技术员才能看得懂，投诉一定会多起来。但有些企业还没有认识到这一点，把这一类投诉定义为：客户使用不当。

生产一个产品由多个过程完成，也就是涉及企业的各个部门，表1-1表示各部门与品质活动的关联性。

表1-1　生产过程与品质活动

过　　程	主 要 的 品 质 活 动	
销售部门	➢ 正确把握客户的要求、市场的情况	企划品质
开发、设计部门	➢ 正确设定商品的基本功能 ➢ 确保设计品质 ➢ 对基本功能的实验、验证	设计品质
制造部门	➢ 依据图纸，确保品质目标 ➢ 减少过程中的不良率 ➢ 减少市场的投诉	制造品质
采购部门	➢ 确保采购零部件的品质	制造品质
仓库	➢ 确保保管物品的品质 ➢ 确保发货的品质	制造品质
检查部门	➢ 确认制造品质 ➢ 外发加工品、采购品的品质确保	制造品质
销售和服务部门	➢ 确保售前、售后服务品质	市场品质

1.3 品质的时效性、广义性和相对性

随着社会的快速发展，人们对品质的要求也是与时俱进，越来越高。并且，品质一词发展到现在已具有非常广泛的含义，人们已经把对品质的要求从商品的品质提高到工作的品质、企业经营的品质、人的品质（素质），所以，品质具有时效性、广义性和相对性的特点。

（1）时效性。客户的要求是会随着时间的推移不断变化的，原先被客户认为是品质好的产品因为客户要求的提高而不再受到客户的欢迎。因此，企业应不断调整对品质的要求。

同样，行业对品质的要求也在不断地变化，随着社会的迅速发展，行业会制定出各种标准来约束企业产品的品质。

（2）广义性。品质的概念已经从对产品的要求发展到对人们工作品质的要求、对过程的要求、对企业品质体系的要求、对企业经营品质的要求、对人的品质要求。

（3）相对性。客户对产品的品质要求具有相对性，有的希望产品增加这样的功能，但有的则并不需要这样的功能。在中国受欢迎的产品，在美国可能受到冷落。

1.4 品质的定量化

不对品质进行量化，就不可能对品质作出明确的定义。要进行量化必须要明确品质的保证单位及品质的具体评价方法。

1. 保证单位

对不良要进行量化，就必须明确定义项目的单位。对购买电视机的客户来讲，其购买的电视机不良，那就是 1 台不良，即单位为 1 台。但生产厂家在分析电视机故障原因时发现是某道工序组装产生的不良，生产了 100 万台电视机有 1 台不良，即百万分之一，我们把它定义为 1ppm。在电子产品等许多行业，都把过程中的不良用保证单位 ppm 来表示。对空气品质用洁静度来表示，洁静度 1 000 表示每立方米空气中粉尘的个数。

如果不明确保证单位，客户与公司之间、公司与第三方认证机构之间就会产生许多问题。

2. 品质的评价方法、抽样

每个公司必须将品质评价的方法和标准确定下来。例如：产品外观的伤痕可以允许单位面积多少个？是在什么条件下检测的？是用肉眼还是在放大镜下或显微镜下观测等。产品端子台上的螺丝要拧到什么程度为止？图纸上尺寸的公差设计是否已考虑到抽样误差和测定误差？这些误差与判定值之间是什么关系？

在产品的整个生产过程中，有设计的品质，如各种性能指标、安全指标；有制造的品质，如外观不良、组装不良等。对这些指标必须规定具体的项目和评价方法，包括使用的设备、评价的顺序等。有些要进行官能检查，对官能检查要提供极限样本，不能用标准样本。

我们讲哪辆车好、哪家店好、哪个人好，不能单凭感性的判断，而是要客观地列出相关项目进行判断、打分。如选择零部件的供应商时，可以选择以下项目：品质、交货期、成本、服务等项目，然后分别对这些项目进行打分，得出综合分值后决定供应商，避免凭感觉、个人喜好进行选择。

另外，还须对抽样的方法作出规定。因为如果抽样方法不正确，那么后面的测定再精确，结果也不可能是正确的。所以，要对品质作出正确的定义，就必须确定保证单位、评价项目、抽样方法和评价方法。

总之，必须对品质的评价项目、评价方法进行规定。

1.5 品质不良重要度

对一个产品来讲，每一个零部件和功能都可能会产生不良，有的是外观不良、有的是“内脏”器官不良等。表示产品品质的项目可以有几十个，甚至几百个。例如，汽车的发动机故障、汽车的雨刮器损坏和汽车的外部油漆不良是三个层次不一样的不良：发动机不良可能会直接影响产品的安全性或产品整机功能丧失；雨刮器损坏只会造成部分功能的丧失；油漆不良仅影响外观，不会影响到客户的使用功能。

在品质管理中，为了把有限的资源集中在解决某些重要的课题上，我们可以把品质不良项目进行分类，一般的分类方法是把品质不良分为重(A类)、轻(B)、微(C)三类，A项目：10%—20%；B项目：20%—30%；C项目：60%—70%。

(1) 重(A类)，指若产生不良会直接影响生命和财产的安全。

(2) 轻(B类)，指若产生不良会造成产品部分功能的丧失。

(3) 微(C类)，指若产生不良，暂不影响产品的功能，但可能会引起产品功能的逐步丧失。

表1-2是某企业对可能产生品质问题项目的评价分类。

表1-2 品质项目评价

评价点数	说明	定义
5	极危害	存在造成生命危险及引发火灾的可能性
4	极高	引起丧失功能或设备重大故障

续 表

评价点数	说　　明	定　　义
3	中	引起功能降低及较轻的故障
2	小	引起轻微故障
1	无危险	非常轻微，可以忽视

单元2 管理的基本知识

我们每一个人、组织每天在进行各项活动都是为了达到某个目标，所谓管理是个人或组织为了达到一定的目标而进行的活动。

2.1 PDCA的概念

早上到公司上班时我们会想：今天的工作是什么？今天做什么好呢？如何解决昨天遗留的问题呢？然后会想：今天这个工作按这个步骤去做。以上可以说是我们对今天一天工作的计划(plan)。

然后依据计划进行今天的工作：制作文件、实施作业。这就是实施(do)。

到了上午结束时，发现上午的工作只完成了70%。为什么只完成了这些呢？是因为设备的故障、中间穿插了其他的工作等，这就是确认(check)，即对早上所订计划完成的情况进行确认。

用下午的工作弥补上午工作的不足部分：改变工作方法、动脑筋提高效率、请他人帮忙等。这就是采取措施(action)。

以上一个员工上班的一天活动就是一个简单的管理过程，包括计划、实施、确认和采取措施四个方面，即plan，do，check，action，简称PDCA。如图1－2所示，管理就是PDCA的循环过程，管理的要点就是PDCA。

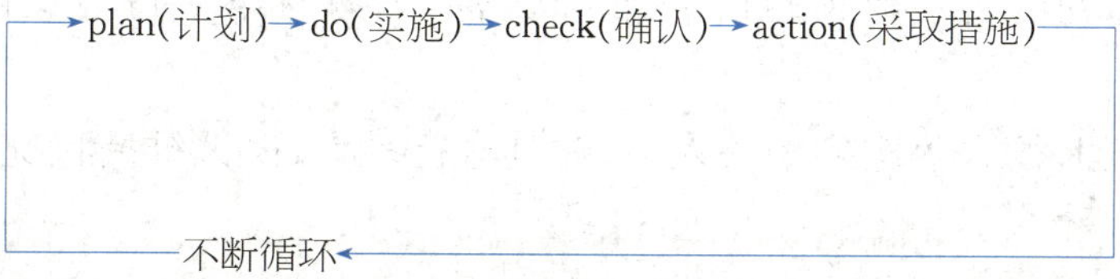

图1－2　PDCA循环

(1) 制定计划(plan)。在企业理念、方针的指引下，确定每个项目的目的、目标及具体实施方法。具体内容又细分为以下几个方面。

① 明确目的。

② 确定目标。

③ 达到目标的方法。在管理上对达到目标的方法有各种叫法，如战略、战术、对策、问题解决法等。

④ 谁负责什么工作？什么时候完成？

⑤ 决定管理项目，以便进行检查确认。

⑥ 风险管理。对可能存在的风险进行预测，并给出解决办法。没有考虑到计划实行中可能存在的风险和对策的计划是不成熟的。

制定计划包含的范围可以很大、很宽。大计划有企业的发展远景、长期规划、战略目标、战略等；中计划有企业的中期计划、目标、战术等；小计划有企业每年的短期计划、目标、战术等；再小的计划有解决某个问题的活动计划、目标、方法等。

另外，计划贯彻中的沟通与教育十分重要。首先，计划实施必然要牵涉相关人员，要对这些相关人员进行详细的目的、目标、实施方法等事项的说明，使他们彻底理解所执行的计划。目的一是避免由于理解的不足而导致错误的执行；二是能让他们在执行中发挥聪明才智。其次，计划实施前如涉及相关知识和技能，就要对相关人员进行事先的教育，确认没有问题后再实施。

(2) 具体实施(do)。具体的实施当然是按计划进行。

(3) 确认(check)。确认是对进程与结果的确认，实施者可以是本人，也可以是相关的领导者，确认的内容如下：

① 检查是否按标准在进行工作；

② 检查结果值是否与要求一致；

③ 自身的反省。

上级领导进行确认时，要在确认的同时对相关人员进行再教育。

(4) 采取措施(action)。对确认中发现的问题，要找出原因、研讨对策、达到目标。最后为了积累相关经验及落实管理，必须对相关过程进行标准化。

① 改进方法，采取措施，达到目标。

② 标准化，对改善中得到的新工艺、新方法、管理标准等进行文件标准化，确立管理方法。

③ 落实管理，彻底落实到相关人员，对其进行教育，确认维持状况。

2.2 方针、问题、课题的概念

方针是企业前进的方向。

所谓问题是现状与应有的状态或目标之间的差距。如图 1－3 所示。

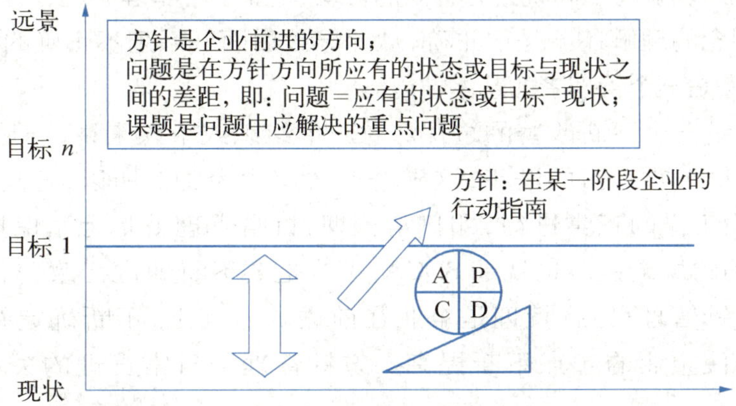

图 1－3　问题的定义

在"问题＝目标或应有的状态－现状"这个式子中，现状是客观存在的，而目标可以有大有小，目标越高问题就越多。即使目前满足现状，但从方针管理的观点来看，我们应该在方针方向提高目标，这样新的问题又出现了。所以，在管理上有问题是正常的，没有问题反而令人对企业的管理水平产生疑问。

要重点解决的问题称为课题。

2.3　对管理的理解

所谓管理

是个人或组织为了达到一定的目标，进行的 PDCA 活动。即制定计划(plan)，进行实施(do)，确认结果(check)，当计划与实绩有差异时采取措施(action)的反复循环、呈现螺旋形上升的过程。

管理＝维持现状＋达到新的目标＝日常管理＋方针管理＝SDCA＋PDCA

S意为 standard　标准化。

管理有以下特点。

(1) 管理的广义性。管理存在于我们工作的方方面面，并且每个人每天都在从事着管理工作，唯一的区别是管理范围和时段的不同，企业经营层在解决 3—5 年以后企业的问题，中层在解决今年存在的问题，一般的员工在解决每周、每天存在的问题，所以说人人都是管理者。

(2) 管理的要点是 PDCA。管理没有秘诀，其要点是 PDCA。如果说有什么秘诀，那就是你对 PDCA 理解的深度如何，特别是对 P 的理解。P 不是单纯的计划，而是包括对某项事物的基本理念、目标、问题、课题、解决方法、实行计划等的理解。如一般人对"按规定去做"的理解是为了保证工作品质的同一性，但正确的答案是：按规定去做是为了改善规定。这样才能不断改善工作方法，使工作水平螺旋形上升。

总之对某个观点理解的不同就会有不同的行动，企业中有管理问题存在，首要的是管理者对某些观念的理解还不是很正确，从而导致后面一系列不正确的行动和结果。所以，善于思考是一个管理者的基本技能。

(3) 管理是一个不断改善的过程。对一个组织或个人来说，一是要维持现有的状态，二是每天要有新的进步，这样企业才有生命力。所以，管理的第一目的是要维持某项工作的正常进行，即日常管理，日常管理就是为了保持现状，组织会按照一系列的规定去做也就是 SDCA；第二是要不断地进行改善，使工作更上一层楼，即方针管理，方针管理是企业在前进的方向上，不断确定新的目标，然后进行挑战，使企业的起点不断提高。方针管理与日常管理的关系如图 1－4 所示。

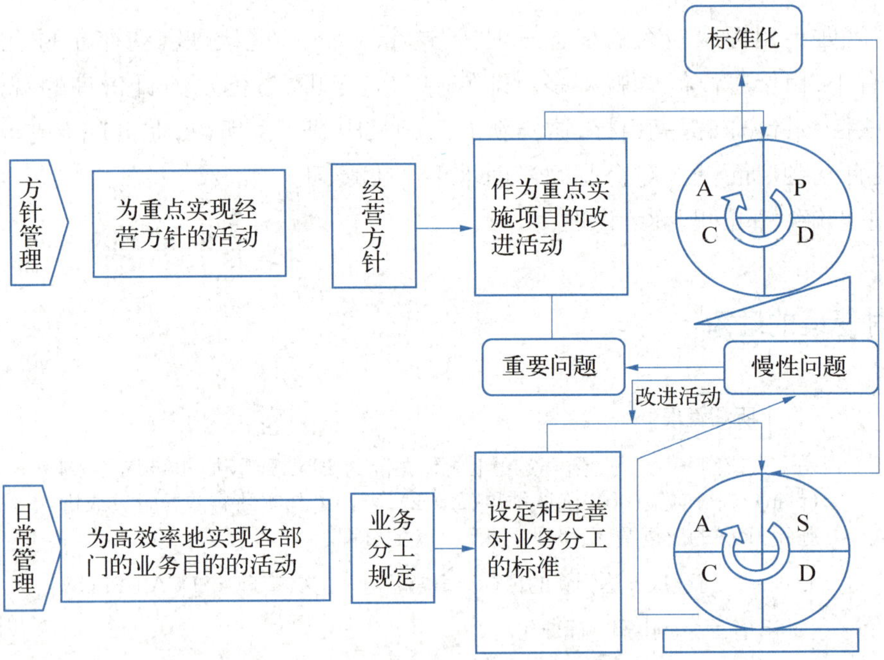

图 1－4　方针管理与日常管理关系图示

(4) 日常管理是方针管理的基础。一个企业只有日常管理做好了，才能拿出正确的数据，从数据中发现问题，改善下一步的工作。数据有简单的，也有复杂的。销售数据是相对来说简单的数据，不良数据、库存数据、成本数据等都是较复杂的数据。一个日常管理不善的企业不可能拿出正确的数据，有了这些正确的数据才可以开始讨论改善。所以，对企业来说第一步是要拿出正确的数据。

(5) 对于在日常管理中发现的慢性问题、方针管理中的重点课题进行改善、效果确认并标准化以后，就可转化为日常管理。

单元3 品质管理的基本知识

3.1 品质管理的定义和目的

所谓品质管理是企业为了以最经济的方式、更好地提供满足客户需求的商品及服务而进行的所有与品质相关的管理活动。

品质管理的第一目的是要保证到客户手中的产品是合格的,但对企业来说是否是最经济的呢?不一定,如企业进行多重检查,就会消耗大量的人力和物力,所以,品质管理既要达到客户的品质要求,又要使企业所花费的成本最小。要做到这点,就要求在商品企划、开发、设计、采购、生产的所有的阶段中,所有部门的全体人员一起参加进来。其方法是依据品质管理的观点,运用品质管理的方法对生产系统和产品品质进行全面的管理。

品质管理的目的如下。

(1) 实现公司素质的改革,使其能够适应任何环境的变化。素质改革的目的有以下三点。

第一,提供得到客户信赖和满足的产品和服务,从而获得订单的素质。

第二,提高业务品质,降低不良品、成本、利息负担,通过接受有利订单,提高收益的素质。

第三,为了实现企业目的,以方针管理和自主管理活动为中心,汇集全体人员的力量的素质。

(2) 获取客户的信赖和满足,谋求利润的确保和提高。

3.2 品质管理的内容

品质管理的内容包括图 1-5 所示的四方面内容:品质计划、品质控制、品质保证和品质改善。

图 1-5 品质管理的内容

(1) 品质计划。各阶层领导必须对本部门品质管理有一个明确的计划,即本部门是依据什么进行品质管理,以满足客户的品质要求,这就是品质计划。品质计划包括:品质理念或指导思想、品质的方针、某时间段要达到的品质目标、达到目标的对策等,也统称方针管理,关于方针管理会在本章单元4详细阐述。

(2) 品质控制。品质控制的过程就是各过程按照标准化的工艺文件进行产品相关环节的生产活动,以保证所生产产品的一致性。

作为品质管理的一部分,品质控制适用于对组织任何品质的控制,包括产品企划、开发设计、零部件的采购、生产、市场营销、人力资源的配置等。品质控制的目的是保证品质,满足客户的要求。为此,要解决要求(标准)是什么、如何实现(过程)、需要对哪些过程进行控制等问题。

品质控制是一个依据品质要求设定标准,测定结果,检查是否达到预期要求,对发生的品质问题及时进行纠正及预防的过程。例如,在开发设计之前,对设计的目标、设计的方法进行评审;为了控制采购过程的品质,采取的控制措施有:对供应商的评价及选定、确定采购文件(规定产品及其品质要求)、进货检查;为了控制生产的某一过程品质,可以通过过程设计规定该过程使用何种规格的设备、加工方法、检查方法和标准等。

(3) 品质保证。品质保证是站在客户的角度去看问题,要保证到客户手中的产品是符合相关品质要求的,即致力于提供的产品品质以得到客户的信任。

狭义的品质保证是"通过检查达到满足客户的要求"。但这样的品质保证虽然满足了客户的需求,但不能满足企业经济成本的要求。我们需要的是广义的品质保证,即依靠企业的品质管理体系来满足客户的要求,而不是仅仅通过单一的"检查"来实现。

品质管理体系将所有影响品质的因素,即人、机、料、法等方面都采取有效的方法进行控制,因而它是具有减少、消除特别是预防不合格功能的机制。

企业规定的品质要求,包括产品、过程、体系等方面的要求,必须满足客户的要求,才能赢得客户足够的信任。客户可以提出对厂家的品质体系进行证实。证实的方法包括:供方提供的形成文件的基本依据,如品质手册;第三方的检查报告;由其他客户反馈的信息;客户亲自对供方的品质体系进行审核;第三方的审核等。

保证品质定义的关键词是"信任",即对达到预期品质要求的能力提供足够的信任。这种信任是在订货前建立起来的,如果客户对厂家没有这种信任就不会向其订货。保证品质、满足要求是品质保证的基础和前提,品质管理体系的建立和运行是提供信任的重要手段。

品质保证是一种对客户的承诺,这种承诺不是一句话、一句口号,而是与人的信誉一样要通过日常的品质管理体系、日常的行动、企业资源的保证等方面来达到的。换句话说:品质保证体现在企业品质管理的全过程中,包括企业品质方针、目标的贯彻、资源的提供、过程的控制和品质改善等方面。所以,在朱兰的品质管理三部曲中只有：品质计划、品质控制和品质改善。

(4) 品质改善。生产中各过程要达到同一结果的方法有多种，我们现在采取的方法可能不是最佳的方法，所以，要对产品、对生产的各个环节进行不断的改善，以使产品的QCDS(品质、成本、交货期、生产过程的安全)达到不断进步状态，这就是品质改善。

从另一个角度来说，为了保证到客户手中的产品品质是合格的，企业必须在各个环节对过程进行控制和强化检查，但这种做法必然产生成本的增加。作为厂家当然要考虑自身的利益问题，即生产销售商品必须有一定的盈利，所以必须对生产过程的各个方面进行改善，以求得最佳的方法，否则企业无法生存。

3.3 品质管理的观点

所谓品质管理的观点，就是指进行品质管理各个环节的指导思想。详见表1-3。对PDCA、问题意识已在前面讲过，对方针管理、全员参与、以客户为关注焦点、品质第一、下一个岗位是客户等基本观点会在本章的后面单元中作详细阐述，其他方面也会在后面的章节中说明。

表1-3 品质管理的观点

序号	内容	品质管理的观点	说明
1	品质计划	方针管理	
		提供资源	
		全员参与	
2	品质控制	问题意识	
		PDCA循环	
		4M管理	
		标准化	
		品质统计分析手法	
3	品质保证	以客户为关注焦点	
		品质第一	
		下一岗位是客户	
		供方也是客户	
		品质体系的建立	

续 表

序　号	内　容	品质管理的观点	说　　明
4	品质改善	重点指向	强调的是一种方法，实际上方针管理、过程控制都是持续改进的管理
		问题解决的顺序	
		防止再发生	

单元4 方针管理

4.1 方针管理

1. 方针管理内容

方针管理的内容是：制定企业基本方针、目标和基本计划并贯彻实施。

方针是企业在某一阶段前进的方向，是为了实现根据公司的基本理念、经营理念、中长期计划等而制定的年度经营方针（总经理方针），各部门据此制定各自的方针、目标和行动计划。

一般情况下对企业来说方针是不会随便改变的，除非外部环境有巨大的变化，所以，在时间概念上方针是一个长时间的概念，但我们工作的成果是以某一时间段为界限的，如到某月某日为止、到某年为止，所以，我们要把方针以时间段来进行划分，这个值就是我们经常说的具体的目标。

2. 方针管理的特点

(1) 管理的系统化。在方针的指引下，通过从上到下进行目标的分解，确定各部门、各员工的年度目标，按 PDCA 进行循环。

(2) 重点管理。在同一方针方向，企业每年要解决的课题有很多，由于各方面的精力、财力的有限，我们只能抓住重要的课题来进行解决，方针管理就是通过解决重点课题来达到目标。

(3) 自律性。依据企业的方针、目标，制定各部门、个人自身的目标，然后制定具体的实施对策和行动计划，即自己考虑、计划、行动并承担责任。

(4) 强调过程控制。

4.2 方针的制定与实施

对企业的经营者来说，当年的年末和下一年的年初是最忙的一段时间，因为必须总结当年的工作成绩及存在的课题，并据此制定下一年的方针、目标和对策。方针管理的全过程如图 1－6 所示。

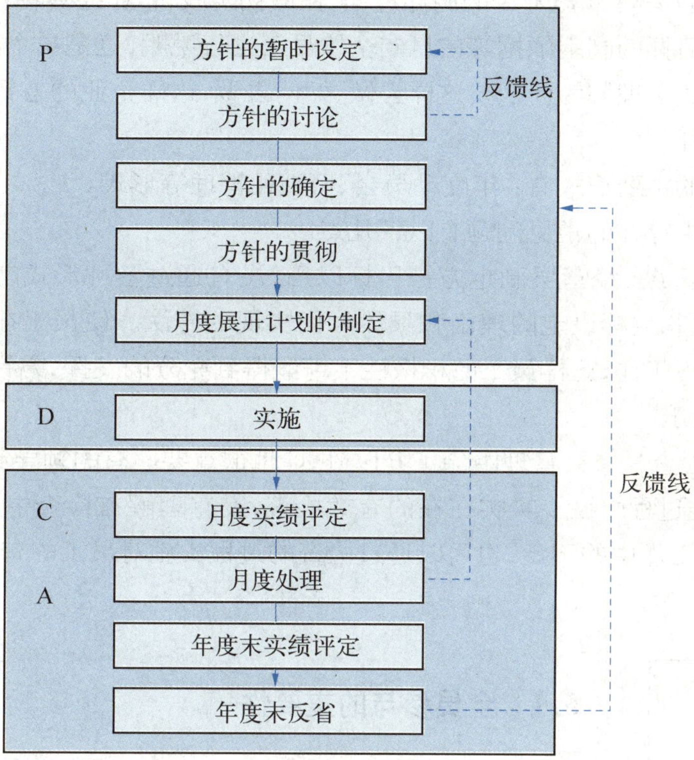

图 1－6　方针管理全过程

1. 方针的制定

(1) 方针的种类。

① 经营方针。指导企业如何经营，如：创造社会需求、作为企业市民的自我意识与实践、以人为本、客户满意度的最大化等。

② 品质方针。指导企业的品质管理，如，品质第一、用心生产等。

③ 环境方针。指导企业的环境保护工作，如，减少环境负荷、制造绿色产品等。

④ 行动方针。指导员工的日常行动，如，不断挑战、马上行动等。

(2) 方针制定的依据。

① 客户的要求。

② 企业对社会、员工、客户、股东的承诺。

③ 竞争对手的状况。

④ 企业的中长期计划。

⑤ 上一年发展中存在的重要课题等。

制定方针主要由企业的经营层来完成，经营层要依据相关信息进行反复的讨论，才能制定出一个既有针对性、挑战性，又有合理性的方针和目标。

2. 方针的贯彻

方针的贯彻是一个PDCA的循环过程，在最初阶段，企业经营者要通过各种形式把企业的方针目标的制定依据等信息向全体员工进行说明，这是一个沟通的过程，目的是要让全体员工理解为什么要这样去做、如何去做，这样企业的方针目标在执行过程中才能不走样。

贯彻方针的主要形式有：年度动员会、可视化管理等形式。

方针贯彻中存在的常见问题有以下几点。

(1) 沟通不足。经营层制定方针目标以后，没有通过各种形式向员工说明制定方针目标的背景、目标设定的理由和具体如何实现的方法。使员工在不清楚方针目标管理的情况下工作，这样员工的积极性不可能得到充分的发挥，方针目标也不可能得到充分的贯彻。

(2) 没有检查。方针管理中除了P以外，C也很重要。有的领导年初一个指示下去以后，在实施过程中缺少实实在在的有效检查，没有理解在检查中可以发现问题，可以弥补在P工作中的不足，也可以通过检查的过程实施对员工的有效教育等。

单元5 全员参与

5.1 全员参与的重要性

品质管理需要全员参与的理由有如下两点。

1. 产品的生产活动需要各个部门的参与

从图1-7中可以看出，要满足客户的QCDS与全公司的所有部门有直接的关系，只有达到了客户满意，才能确保企业的正常效益。

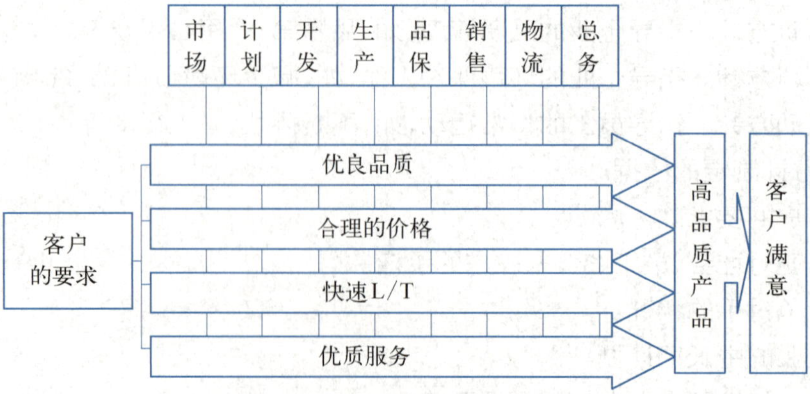

图1-7 全员参与

2. 企业的长期发展需要全员的参与

如图 1－8 所示，企业各层次人员都有各自的责任。一般的员工解决当前的工作中存在的问题，如品质、安全、效率等问题；企业的中层干部解决企业短期存在的问题，如如何达到年度的目标计划等问题；而企业的经营层则解决企业长期发展的问题，如一些全局性、综合性的问题。各个层面员工工作的分工不同，使企业具有长期的发展性。

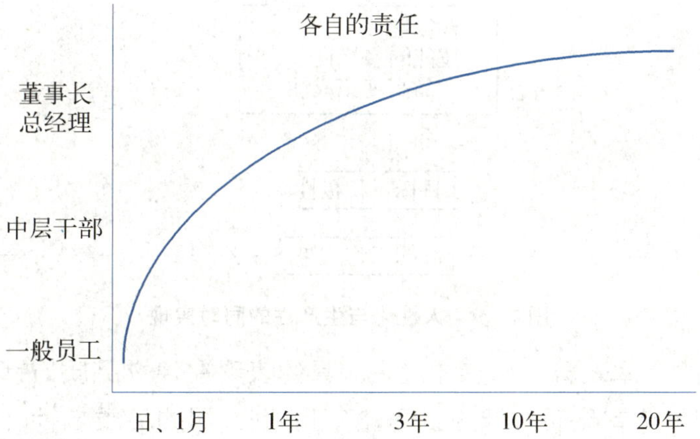

图 1－8　企业各层次人员的责任

管理的过程是企业各职级的人员以 PDCA 为手段不断解决问题的过程，只有各个层次员工的积极性被充分调动起来了，以主人公的态度进行工作，管理才称得上刚合格。企业的总经理是企业的经营者，员工是某生产线的经营者，只是管理范围有所不同。

3. 强化培训教育，强化以人为本的经营

制造产品的过程是培养人并对社会做贡献的过程。企业要生产一流的产品，必须要有一流的员工，要有一流的员工，企业必须对他们进行有针对性的培训，让他们掌握必要的技能、充分发挥他们的主观能动性，让他们的自身价值得到充分的发挥，实现员工能力得到提高、价值得到发挥，又为企业创造价值这样双赢的良性循环。

现代的企业就要如图 1－9 所示，实现人性化管理与生产性、提高品质的同时实现，这才称得上现代企业的管理。

5.2　全员参与的内容

全员参与指以下几个方面。

(1) 企业的全面品质管理活动。在商品企划、开发、设计、采购、生产的所有的阶

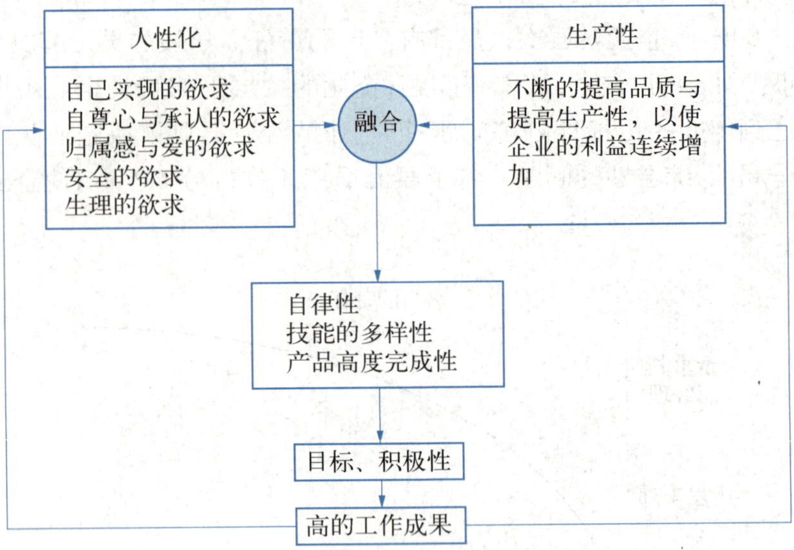

图 1－9　人性化与生产性的同时实现

段中，所有部门的全体人员一起参加进来。具体表现在建立品质方针、目标管理连锁体系方面：公司每年有品质方针的目标，部门依据公司的品质方针、目标制定本部门的方针目标，每一个员工依据部门的目标制定自己的品质目标。

(2) 客户指向在全公司每个人中的展开。公司有使用产品的最终客户，下一个岗位同时也是每一个员工的客户，要提高工作品质就必须考虑客户的满意度。

(3) 全员不但要树立品质第一的理念，而且须表现在日常的行动中。

(4) 全员参加 QC 小组活动，通过活动每天对工作进行改善。

(5) 全员得到品质管理理念、知识、技能的教育。

单元 6　以客户关注为焦点

6.1　了解客户的方针和课题

企业产品是销售给客户的，没有客户就没有企业，所以，以客户关注为焦点这是天经地义的事情，问题是我们如何才能做到以客户的关注为焦点，怎样才能聚焦到客户的关注焦点？对这个问题，市场营销的书上有各种不同的介绍，本书以如何知道客户的方针、课题为切入点作一定的介绍。

受到客户欢迎的商品无非有以下几种作用。

(1) 能帮助客户解决存在的问题，如节能设备解决企业用电浪费的问题、解决生产线品质的问题、解决环境的问题等。

(2) 能给客户创造附加价值，如产品生产厂家使用各供应商提供的零部件生产产品后,就产生了企业所得的附加价值。

根据我们对本章第二单元中对问题的定义,以上两种情况都是客户存在的问题,所以我们关注客户就是要了解客户的方针、目标、课题是什么? 如图 1-10 所示。

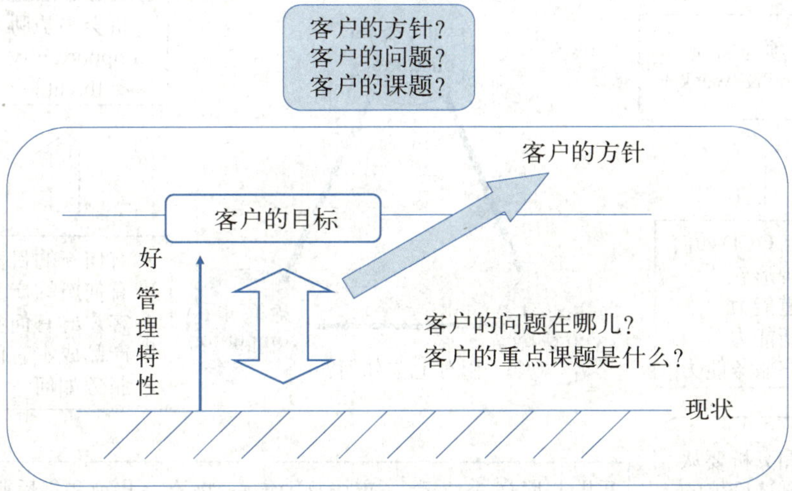

图 1-10

要了解客户的方针、目标、问题和课题有两种方法:一是客户有明确的方针、目标、问题和课题,但不知道如何去解决,我们只要提供整体解决方案,帮客户解决问题;二是有些客户没有明确的方针、目标和课题,我们要依据下面介绍的 3C 分析法去帮客户分析存在的问题、课题,然后提供给客户相应的对策。

采用问题分析法、3C 分析法,我们一定能聚焦客户的需求焦点,解决客户的问题,帮客户带来附加价值。

6.2 3C 分析

公司的业务领域是在行业/客户(customer)、竞争对手(competitor)及本企业(company)这样的一个三角关系中决定的。如果客户与竞争对手发生了变化,公司的业务领域也将随之变化。作为一个企业应经常考虑公司的 3C,根据 3C 的分析结果,采取相应的行动。但这还不够,更要想到用户的 3C,这样你就更能聚焦客户的需求,会根据客户的方针、课题、解决问题的程度采取相应的解决方式。如图 1-11 所示。

战略中常用到 SWOT 分析,即通过对公司内部的分析找出强项与弱项,通过对外部的分析找出机会与威胁。3C 分析的本质与 SWOT 分析一样,目的同样是要找出公司的强项与弱项、机会与威胁,只是把分析对象更明确化,把外部对象分为行业/客户与竞争对手。

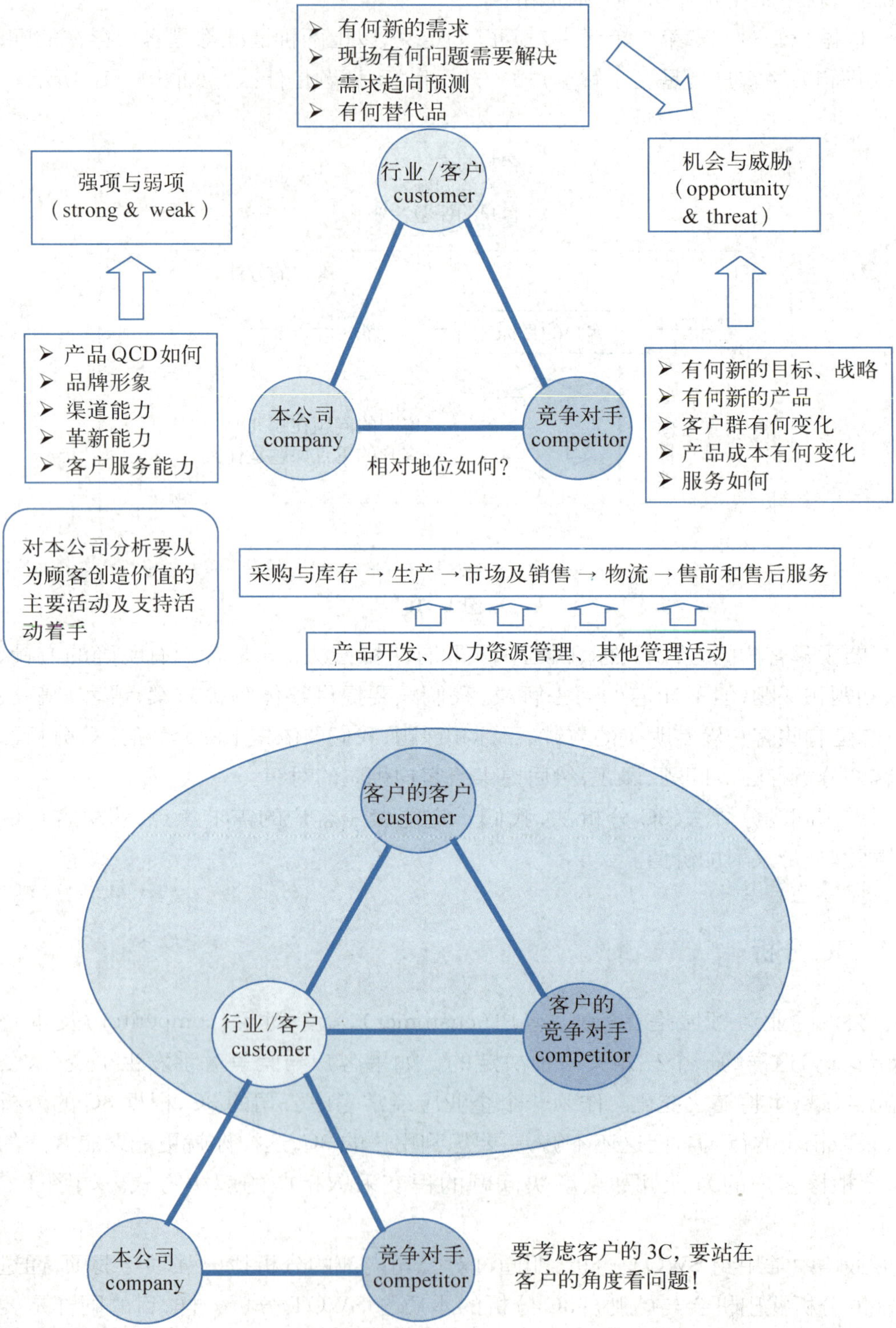
➢ 有何新的需求
➢ 现场有何问题需要解决
➢ 需求趋向预测
➢ 有何替代品
强项与弱项（strong & weak）
行业/客户 customer
机会与威胁（opportunity & threat）
➢ 产品QCD如何
➢ 品牌形象
➢ 渠道能力
➢ 革新能力
➢ 客户服务能力
本公司 company
竞争对手 competitor
相对地位如何？
➢ 有何新的目标、战略
➢ 有何新的产品
➢ 客户群有何变化
➢ 产品成本有何变化
➢ 服务如何
对本公司分析要从为顾客创造价值的主要活动及支持活动着手
采购与库存 → 生产 → 市场及销售 → 物流 → 售前和售后服务
产品开发、人力资源管理、其他管理活动
客户的客户 customer
行业/客户 customer
客户的竞争对手 competitor
本公司 company
竞争对手 competitor
要考虑客户的3C，要站在客户的角度看问题！

图1-11　3C分析

单元7 品质第一

现在每个企业都把品质第一作为公司的基本方针。所谓品质第一就是将品质作为第一，生产出对客户而言，品质、服务都能得到保证的、满意度高的产品。换句话来说，“比起销售额、成本和交货期，要把品质放在第一位，提高品质”。品质提高了，销售额、成本、交货期自然会变得更好。

20世纪五六十年代日本产品的品质是不好的。手表一天慢几分钟、用几次就坏的包等，东洋货曾经是日本品质不好的代名词。而今 Made in Japan 是世界品质顶端的标志。

中国现正处于发展阶段，品质问题比较突出，对品质的认识不足，品质改善的技能不够。能否像日本一样跨过品质这一关，严重一点来讲，关乎国家的生死存亡。没有品质不可能发展经济，没有经济的发展何来国家的繁荣昌盛？

每个企业都把品质第一作为企业的基本方针。但是否能使其渗透到企业的文化中、流在员工的血液中是十分重要的，相比仅仅停留在口头上的品质，其效果大相径庭。可以这么说，当前大部分企业的品质第一仅仅是停留在口头上和贴在墙壁上。而如果不理解品质第一的真正含义，没有品质管理的指导思想，没有一套完整的品质管理体系，其结果只能是落实在形式上，而不是员工的具体行动上。

7.1 为什么要品质第一

有没考虑过为什么要品质第一？可能大家马上想到的答案是：只有产品的品质好，才能销售好。但仅有这样的理解是不及格的，因为有了这样肤浅的理解以后，导致一些企业生产假冒伪劣产品。他们唯一的目的就是为了销售、为了利润，而忘了最根本的一点：生产产品是为了帮助客户解决问题，也就是说是在对社会作贡献。理解了目的是为了客户、为了社会以后，我们对为什么产品要品质第一就很好理解了。因为只有品质第一，才能贡献社会，最后企业得到更大的利润。

不良品导致安全事故、引起社会不安的例子比比皆是，丰田“召回门”等事件，引起了社会的强烈震荡，造成了不可估量的损失。

品质第一是否一定导致增加企业的成本？答案是否定的。不好的品质导致大量的过程内的不良率和市场投诉，而大量的报废及对不良品的处理、甚至产品的召回才会导致企业成本的增加。所以，品质第一与企业的效益改善在某一阶段是成正比的。当然品质提高到非常高的程度后，再为品质的提高投入大量的成本就没有必要了。另外，品质第一可以缩短交货期。

在日常工作中，品质的含义很广，除产品的品质以外，还有工作的品质，如某部门、小组、员工的工作品质等，所以，每个企业都把“品质第一”作为企业的基本方针。

7.2 如何做到品质第一

1. 贯彻基本工作方式

基本工作方式主要有以下几点。

(1) 遵守工作流程,按规定程序开展工作。

(2) 努力理解工作流程的内涵(规章依据及过去曾发生的问题等)。

(3) 随时检查工作进度,确认与中期目标的差异,保证按时、按质完成工作。

(4) 经常检查工作结果,验证品质标准的达成情况及与品质目标的偏离度。

2. 理解和追求品质

在日常工作中,始终以客户满意度的最大化为目标,在考虑及理解自己工作的意义和目标、明确自己的责任和工作方法的基础上,追求工作成果。

(1) 理解接收自己工作成果的“客户”的课题及期待。

(2) 当指示不明确时,努力使之明确,并从所从事业务的意义及目的出发,明确自己工作应达到的目标。

(3) 把握自己工作的优先顺序。

3. 公开和共享信息

相互间积极公开自己业务的进展情况、课题、方案,以及自己所拥有的信息。互相协作,共同提高工作品质。

(1) 为了及早发现问题,防患于未然,在日常工作中勤做记录。

(2) 关注他人的工作,在他人需要帮助时,热情伸出援手。

(3) 互相协作,减少问题发生的可能性。

4. 知识和技术的提高及资源化

为提供超越期待的工作品质,要不断提高作为专业人员的专业知识和技术。同时,在公司及部门内共享并活用自己的知识和技术。

(1) 能把自己为提高工作品质所总结的工作程序、考虑问题的方法等经验总结成文,与他人共享。

(2) 能从失败中学习,总结经验教训,并愿意与他人分享。

(3) 活用自己的知识和经验,在日常工作中积极指导部下的工作。

5. 从社会及发展的视点出发

从社会及发展的视点出发,推进改善和开发。

(1) 积极学习他人的成功经验(公司内外的成功事例、优秀事例)。

(2) 为提高客户服务水平、产品品质以及工作效率,从长期的视点出发不断提出改善建议。

(3) 预测将来可能发生的问题,并把它作为现在工作的参考。

(4) 关心社会所关注的课题，并把它融入自己的工作及流程中。

单元8 下一岗位是客户

如果把企业用户分成两大类，则外部用户就是企业的客户；如果把企业内部各个部门和岗位再进行细分，就形成了企业内部客户的概念。

下一个岗位的定义是：接收你工作成果的人是你的下一个岗位。

为什么下一个岗位是你的客户？虽然你与下一个岗位没有金钱方面的交易关系，但它毕竟是你的用户。如果没有下一个岗位接收你的成果，就没有你在公司里工作的必要性，你就会失业。例如：一个财务出纳，没有人到她那儿报销，就意味着公司并不需要这个岗位。所以说与企业的客户一样，下一个岗位对你来说同样重要，你必须处理好与下一个岗位的关系，像对待客户一样对待下一个岗位。

根据以上定义，在一个公司中人与人之间是一个相互的客户关系。例如，对财务部门来说，全公司员工都是你的客户，因为他们要到财务科领取工资和报销；采购员部门的客户是生产部门；生产部门的客户是市场营销部门；开发部门的客户是生产部门等。你是别人的客户，别人也是你的客户。公司内部的客户也同样适用“客户第一”的原则。建议你采取以下行动，满足“下一个岗位是你的客户”的要求：

(1) 总是能站在下一个岗位的立场去考虑问题；

(2) 知道下一个岗位的需求和困难；

(3) 上下岗位之间的沟通良好；

(4) 清楚地知道本岗位的功能、品质标准等；

(5) 强化本岗位的工作品质检查。

不站在客户的角度看问题，往往使“客户第一”变成一句空话。有些人虽然知道“客户第一”、“下一个岗位就是客户”，但当你问他：“你下一个岗位的客户是谁？”“他有什么困难？”时，许多人都答不上来。到最后实际行动上却变成了“自己第一”的本位主义。

部门本位与个人本位主义主要表现在以下几方面。

(1) 出了问题，推卸责任，不去主动寻找本部门、岗位存在的问题，把责任推托到客观因素或其他部门、岗位。

(2) 仅从本部门、自己的工作方法出发，不管下一个岗位是否容易理解或执行，不去征求下一个岗位的意见。常见的如，经常发通知，出了问题就推托说我已发过通知了，根本不了解下一个岗位是否认真地看过通知。

(3) 不知道下一个岗位的困难，不去进行帮助并加以解决。有的人即使知道了，也不去提供帮助。

(4) 以“规定”为推托，听不进客户的意见，不去进行业务方面的改善。

以上的这些“本位主义”现象是与“客户第一”的原则相背离的。

一个社会，一个企业，一个组织，应该是“我为人人，人人为我”。不合作，就是不利己；如果人人都强调自己、漠视别人，企业不会进步，国家不会强大。

图 1-12　下一个岗位是客户

“下一个岗位是客户”的进一步延伸是把与自己相关的组织、人都作为自己的客户。例如，企业的分承包商，正是由于这些企业提供优质的零部件和服务，才有自己企业优质产品的存在。企业能在市场中竞争，自己能在公司中顺利的工作，能过上正常的、幸福的生活，都是由于企业中各组织努力工作及企业外各相关公司大力支持的结果。《孟子》中有“天时不如地利，地利不如人和”之说，因此在个人的发展、企业的发展中，“人和”是其中最重要的因素。

单元9　标准化

生产现场的要素是 4M1E①，我们只要把 4M1E 的相关活动全部明确化，以标准化的形式定下来。使大家有统一的工作观点、工作流程、工作方法、工作标准。这样，企业工作有效率、有品质，能及时发现异常。

方针管理其实也是一种标准化的形式，它统一了大家的行动目标和方针。接下来就是具体工作的标准化，通过 PDCA 进行改善后，对新的方法又要进行标准化管理。

标准化的主要内容如图 1-13 所示。

---

① 4M1E 具体指：man(人员)、machine(设备)、method(方法)、material(材料)、euvironment(作业环境)。

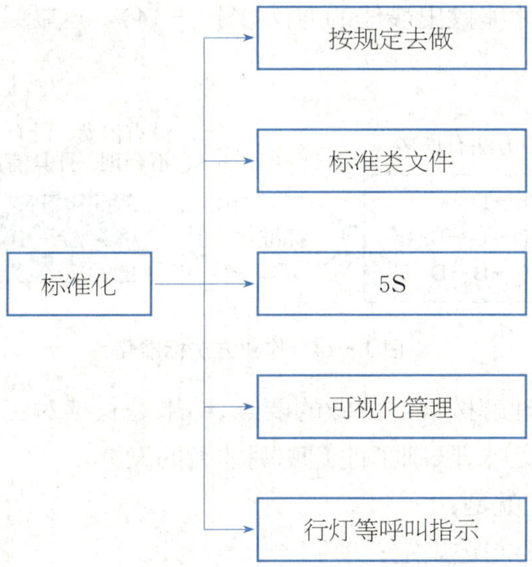

图 1－13 标准化的内容

生产世界一流产品的企业，对生产现场所有的 4M1E 都进行明确的标准化，标准化包括：按规定去做、标准作业、作业标准、5S、可视化和设备上的各种行灯和蜂鸣器警告声。当前在企业中存在的最大问题是无标准化或标准化项目不齐全，或虽然有但不能让员工一看就明白。本节中对按规定去做、标准类文件进行说明，其他 5S、可视化管理等在以后的章节中加以说明。

9.1 按规定去做的意义

1. 按规定去做，从而确保结果的同一性

要保证一家公司的正常运行，特别是公司提供的产品具有一致性，是一件非常难的事情。有人说中国企业提供的产品刚开始的时候是最好的，但往往越做越差，而日本产品刚开始发售的时候并不是最好的，但越到后面品质、性能越来越好。做 1 件产品、100 件产品保证 1 个月、1 年品质稳定并不难，难的是做 1 万件、10 万件，在 5 年乃至 10 年中始终保持稳定的品质。

企业是由各种各样不同的人组成的，他们有不同的技能、不同的想法、不同的家庭环境，要统一他们的行为只有一种办法，那就是大家都按规定去做，并把必要的成果记录下来形成规定，只有这样才能使我们的产品品质保持稳定。

2. 按规定去做是为了改变规定

完成一件工作的方法一定会有很多，A 员工有他的做法，B 员工有他的想法，各种想法一定有其特点，同时有其不足之处。如果不去统一成一种作业标准，不去实施，就不可能知道那种方法有何优缺点。先决定一种方法进行实施，在实施中不断发现问题，不断去改善，才能找出最佳的方法(图 1－14)。这就是“按规定去做是为了改变规定”的要点。

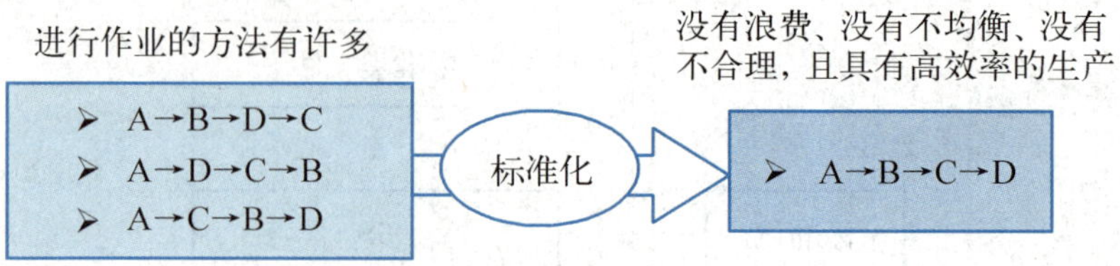

图 1－14　作业方法标准化

许多人没有正确理解按规定去做的要点，结果是长年对工作方法等不加改进，也使员工觉得工作枯燥乏味，限制了他们聪明才智的发挥。

综上所述，标准化就是：

(1) 没有规定则要制定规定；

(2) 任何人、任何时候都要按规定去做；

(3) 观察按规定去做的过程及结果，发现存在的问题，然后不断地进行改善；

(4) 留下工作记录，以便日后的检查及追溯；

(5) 按规定去做的目的就是为了改变规定，也就是为了进一步改进工作方法，如图 1－15 所示。

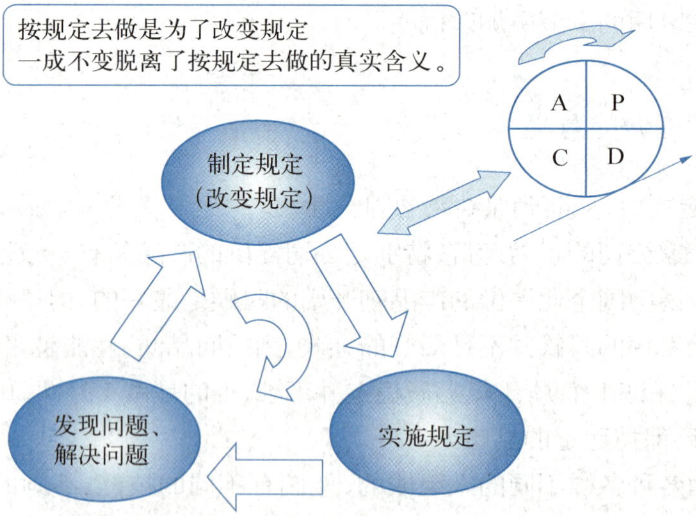

图 1－15　按规定去做的目的

按规定去做具体可以达到以下效果：

(1) 减少人员之间的差异，使过程稳定，以减少不良品；

(2) 当人员变动时也能保证品质的稳定性；

(3) 企业可以把过程中得到的经验积累起来，不断地改善品质。

9.2 标准类文件的种类

标准类文件主要分为以下几种。

1. 按作成用途分类

(1) 教育用标准类文件(新员工用、1 年以上员工用等)。

(2) 作业者用。

(3) 管理者用。

(4) 技术储存用(组织为了积累技术、经验用)。

2. 按大类进行划分

(1) 作业标准类。指作业者应遵守的作业条件、各工序规定的作业顺序及作业方法等,作业标准类有种类较多,如作业指导书、设备点检表等。

(2) 标准作业类。以人为中心规定的作业顺序、节奏等标准类文件,如标准作业三票等。

(3) 技术标准类。适用于技术员与管理者,记入认为重要的技术事项,主要有过程品质确认图、QC 管理图、品质标准、检查技术标准等。

(4) 设计标准类。主要是设计部门用以统一设计的标准,如零部件选用的标准化、设计的模块化选用等。

(5) 作业要领书。记入作业的一些要点和注意事项等。

(6) 品质记录类。按规定作成的品质记录文件。

9.3 标准类文件制作的要点

员工作业时产生不良大量是与作业标准中存在的问题联系在一起的,图 1 - 16 是常见的标准化中存在的问题。标准有了但不等于是一个可以执行的标准,如有的标准都用文字来表述,使作业者很难理解;有的标准在实际工作中很难执行等等。所以,一定要理解下面标准化的要点。

(1) 明确作成标准类文件的目的。

(2) 标准化的目的是采取预防性的对策,所以我们要作成如何预防不良对策的标准类文件,而不仅是事后找对策。

(3) 要作成非常容易执行的作业标准书。不能像有的产品说明书那样专业难懂,要做到员工稍作简单训练就能按其去做。所以,作业中要尽可能地考虑使用检测用具和工夹具。

(4) 制定的标准要符合本企业现场的实际情况,考虑到生产线的过程能力,不能制定一些不可能实行的作业标准,标准可以逐步提高。

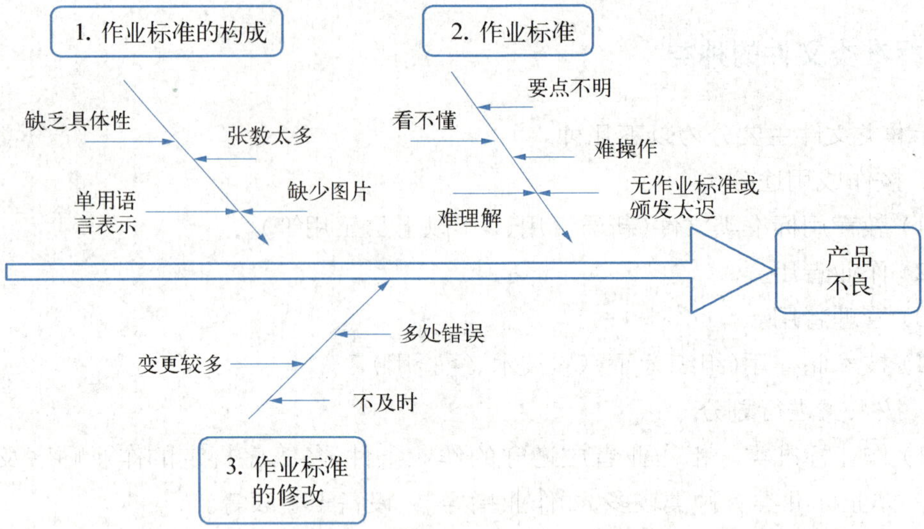

图 1－16　作业标准存在的问题

(5) 作成标准时要尽量使用图画、照片，再辅以文字说明，使人一看就懂。

(6) 在明确标准动作的同时，也要指出常见的禁止动作，以醒目的标识来表示，如：×表示禁止的动作，○表示正确的动作。

(7) 任何的现场改善其最后一步一定是文件的标准化，即把改善的要点写到文件中去，改变老的工作方法，这样改善就与以后的实际工作结合起来，否则就可能成为昙花一现的活动。

(8) 标准类文件不是一成不变的，而是要依据实际工作情况经常进行修改的，所以，企业应确立文件制定、修改、废止的方法和标准，使标准类文件真正成为企业品质保证的法宝。现在许多企业还停留在制定文件是为了应付 ISO9000 审查的阶段，即文件是睡在文件柜里，而不是活跃在企业的现场。

9.4　标准的实施

标准类文件的实施主要有以下步骤。

(1) 教育。要对相关的员工进行文件的教育，不能有遗漏。对作业相关人员的教育，有的要经过实际操作的教育，操作合格以后才能正式进行产品的生产。在实际教育过程中，还会发现制作的文件有一些没有考虑到的问题，这时可以边改边学。

(2) 文件的修改。在以下几种情况下要及时地修改文件：

① 虽然严格按规定进行工作，但还经常出现不良；

② 虽然进行过教育，但没法按规定去做；

③ 标准有许多遗漏之处，需要添加；
④ 作业方法进行改善后；
⑤ 品质标准变化后；
⑥ 发现作业标准有错误时；
⑦ 设备、工夹具变换后等。

单元10 品质管理体系的建立

10.1 品质管理体系的重要性

什么叫产业？产业就是无论谁去做都会有同一结果。但总是用同一方法就没有进步，不确立规定，就不会有变化的依据和想法。

做与企业生产方面及与生产相关联的工作，都有明确的规定，并对这些规定的制定、修改、作废、应用也有明确的规定，这就形成了一套生产方面的规定，使生产的一切工作形成了一套有据可查的体系，没有规定的则制定相应的规定，有规定的按规定去做。

一个企业由于历史的不同、积累的经验的深度不同，当然制定规定的品质有差异。为了促进不同层次企业的共同发展、使不同企业能分享人类的发展成果，ISO国际组织组织了国际上知名的专家共同编写了ISO品质体系的标准。企业依据这套标准可以使其编写的品质体系在项目上没有遗漏，但是还不能解决各企业标准的深度问题，因为各个企业经验的积累是无法用一个统一的标准去解决的。

所谓管理体系是按SDCA+PDCA运行的体系，在体系的持续运行中，产品的品质不断得到提高，客户的要求得到满足的同时，客户的满意度也持续得到提高。如图1-17所示。

10.2 各部门的品质管理活动

品质管理活动是指在公司品质方针、目标的指引下，各部门应进行什么样的品质活动，以达到使生产的产品符合品质要求。如图1-18所示。

(1) 经营者。经营者指直接经营企业的经营班子，包括总经理、副总经理和三总师。企业的经营者其最重要的工作是方针管理，即：明确企业的品质方针和目标，并跟踪和落实。有些企业虽然有方针，但没有对方针作具体说明，使员工无法落实到日常的行动中去，如“品质第一”、“品质是生命”、“客户是上帝”等若没有具体的说明，员工就不可能做好，实际上有些经营者自己也没有深刻地

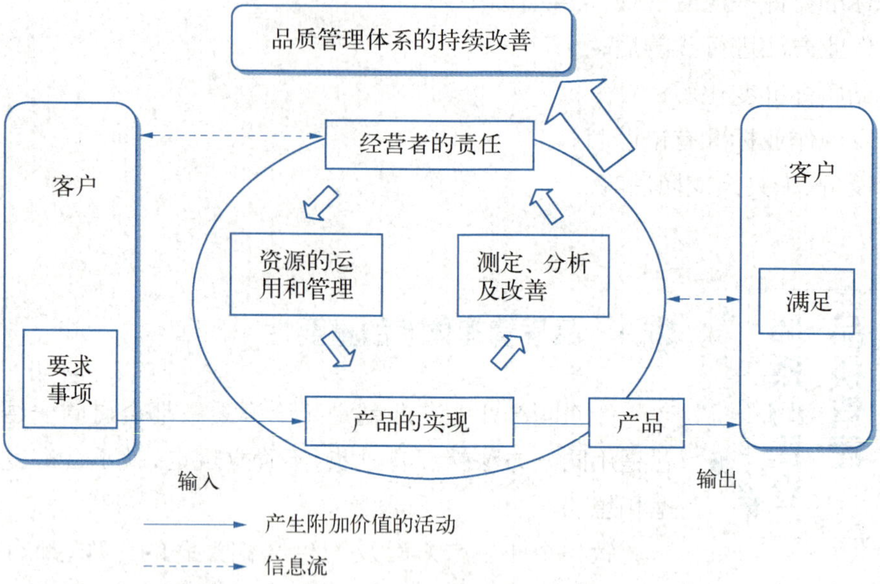

图 1－17　品质管理体系

理解。

（2）销售部门。销售部门直接与客户接触，所以，应该最了解客户的困惑和需求所在，只有为客户解决问题，才能赢得订单。好的销售人员一要能解决客户的困难，二要向相关部门正确转达客户的需求是什么，三要及时解决客户的投诉。

（3）开发设计部门。开发设计部门的品质管理活动主要是如何按产品企划的要求设计出合格的产品，在方案设计、初步设计、详细设计的各阶段要进行包括设计品质、成本、生产性、安全、环保等各方面的审查，尽早使问题及时得到解决。

（4）制造部门。制造部门是产品的生产部门，为了生产合格的产品，生产部门的品质管理活动要从产品的设计阶段开始，与设计人员一起分析类似产品过去品质问题、讨论如何解决新产品试作中存在的问题等。过程设计和制造标准类文件的制定是非常重要的一环，然后要进行员工的教育，在日常生产过程中要组织员工通过 QC 小组活动的形式，对品质不断地进行改善。

（5）采购部门。选定合格的供应商供应零部件是采购部门的首要工作，但作为采购部门的人员要具备品质管理的知识和相关的零部件制造方面的知识，以能指导供应商的品质管理工作。

（6）品质保证部门。品质保证部门代表经营层负责全公司的品质管理工作，品质计划的作成、品质标准的制定、现场品质教育的实施、预防纠正措施的制定和实施等都是品质保证部门的工作。

品质保证部门的另一个角色是代表客户检查企业产品品质的好坏，它是企业品

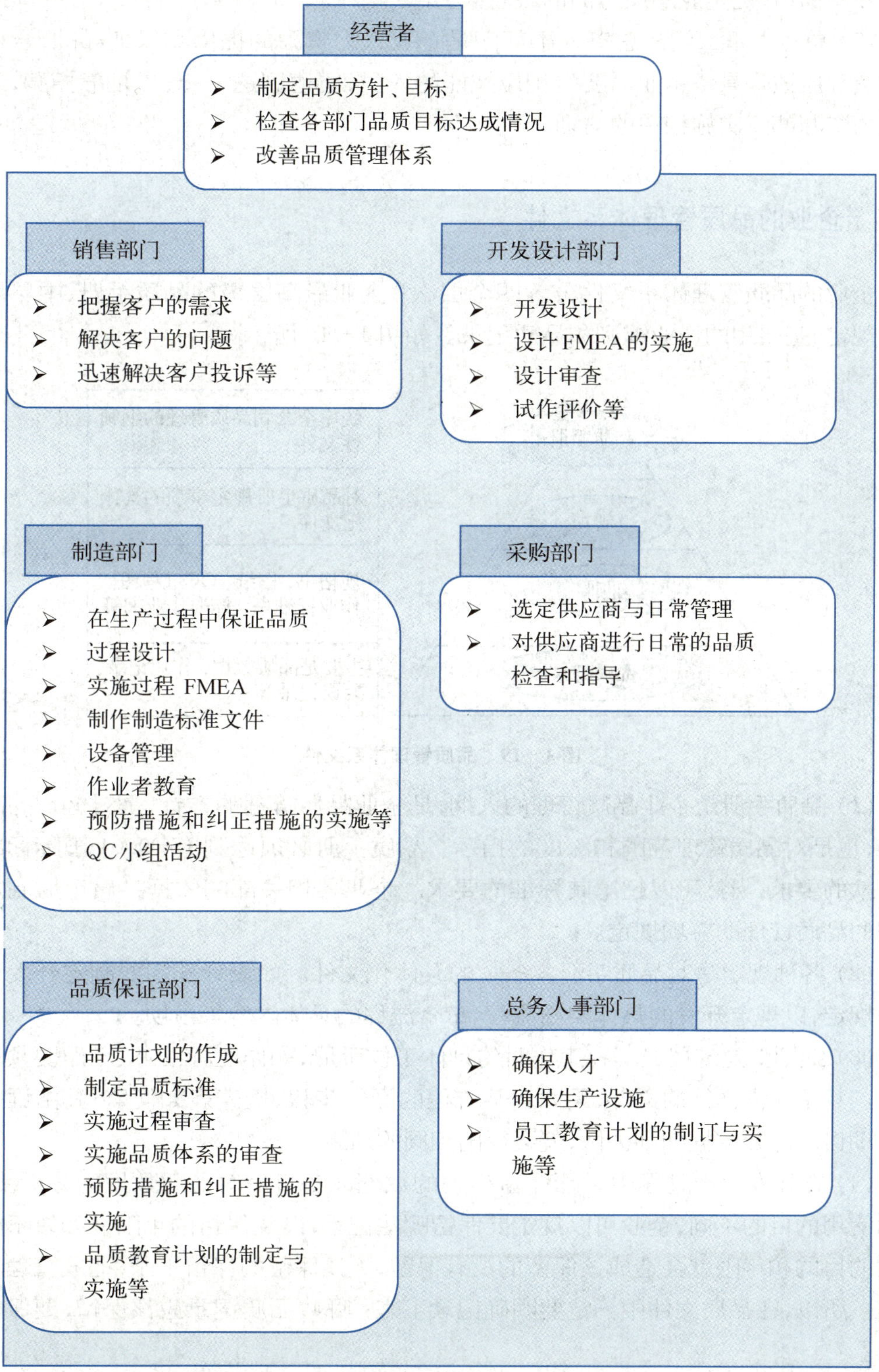

图 1－18　企业各部门的品质管理活动

质方面的窗口,是企业品质方面的最高权力部门。

(7) 总务人事部门。总务人事部门是企业人力资源的提供和保证部门,合格的人力资源应该是具备企业需要的相应技能的人员,要达到这一点,一是靠招聘,二是靠人力资源部门实施相关的培训。

10.3 企业的品质管理体系文件

企业的品质管理体系文件分为四个层次:企业最高层级的品质手册、中层用的各种规定、基层用的作业细则和品质记录。如图 1－19 所示。

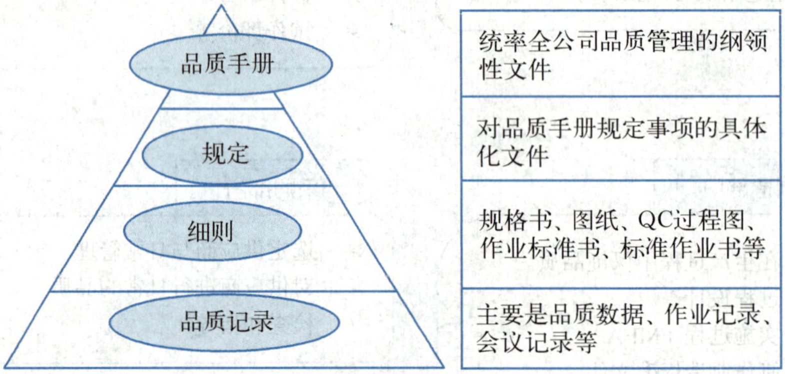

图 1－19　品质管理体系文件

(1) 品质手册是企业品质管理的大纲,是企业品质管理的方针,是对客户的品质承诺,也是对品质管理范围和深度的指示。品质手册必须达到 ISO9001 国际标准的各条款的要求,当然可以超出其标准的要求。企业各相关部门依据品质手册制定本部门的品质管理的各项规定。

(2) 各种规定是对品质手册各条款的具体化文件。如设计部门要制定开发设计管理规定,以规定开发的具体实施流程、每个流程的具体内容等事项。

(3) 细则就是基层员工在工作时的具体工作手册,如作业标准书、工作要领书等文件。其是非常详细的文件,具体到某流程的操作步骤、检查表如何填写、由谁来操作等项目。只要依据细则去做,就会得出相同的结果。

(4) 在开发生产过程中必须保留相关的数据以备日后对品质数据的分析使用。依据使用的目的不同,企业可以规定要保留哪些记录,以及保留的年限。如果不明确保留的目的和年限就会造成该保留的没有保留,不该保留的保留下来,造成管理上的浪费。所以,在品质文件中一定要明确记录下来:哪些品质记录应该保留,要保留多少年。

图 1－20(a),(b)是两个不同企业的品质管理体系图,供大家参考。

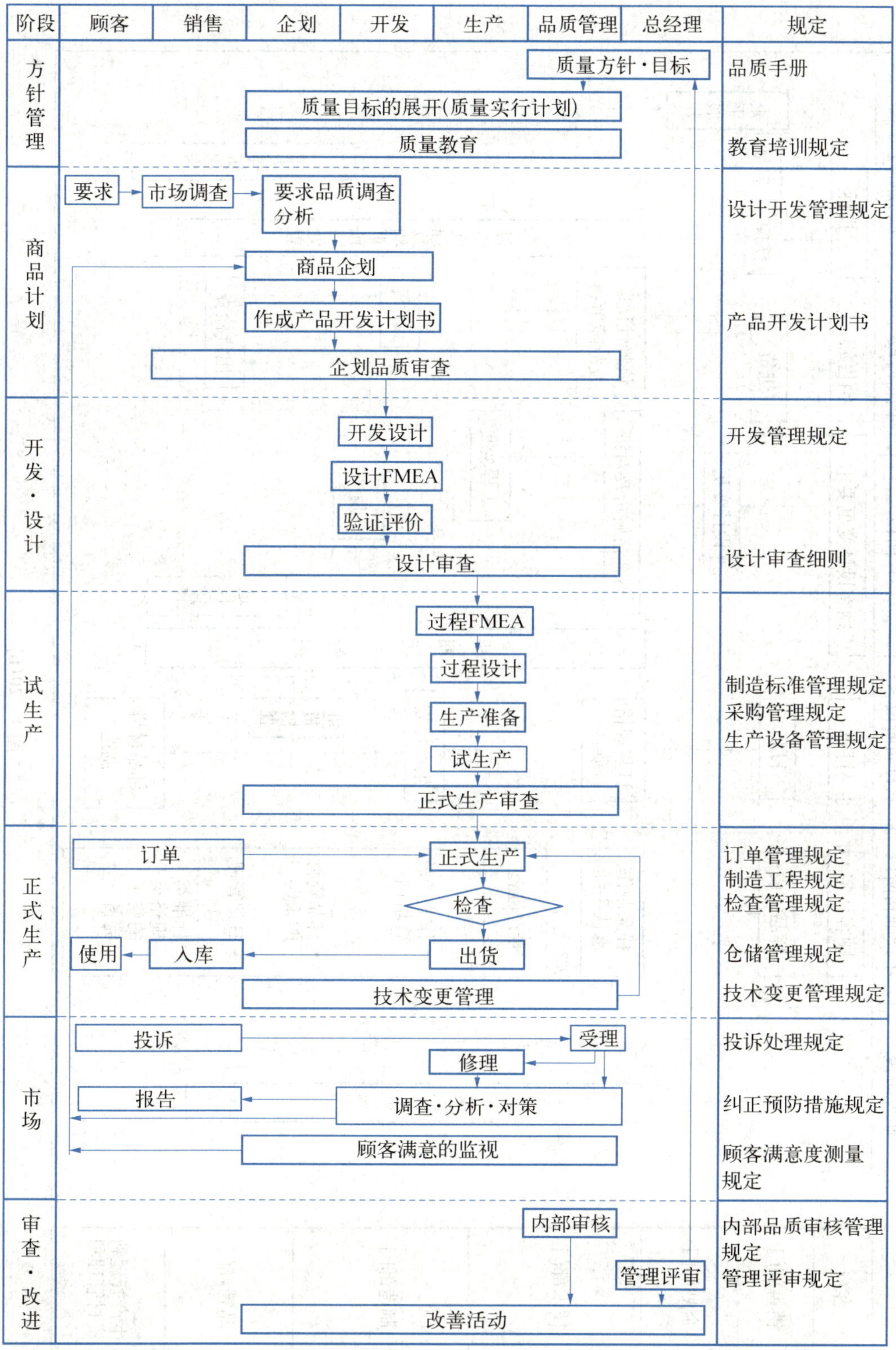
阶段
顾客
销售
企划
开发
生产
品质管理
总经理
规定
方针管理
质量方针·目标
质量目标的展开(质量实行计划)
质量教育
品质手册
教育培训规定
商品计划
要求
市场调查
要求品质调查分析
商品企划
作成产品开发计划书
企划品质审查
设计开发管理规定
产品开发计划书
开发·设计
开发设计
设计FMEA
验证评价
设计审查
开发管理规定
设计审查细则
试生产
过程FMEA
过程设计
生产准备
试生产
正式生产审查
制造标准管理规定
采购管理规定
生产设备管理规定
正式生产
订单
正式生产
检查
使用
入库
出货
技术变更管理
订单管理规定
制造工程规定
检查管理规定
仓储管理规定
技术变更管理规定
市场
投诉
受理
修理
报告
调查·分析·对策
顾客满意的监视
投诉处理规定
纠正预防措施规定
顾客满意度测量规定
审查·改进
内部审核
管理评审
改善活动
内部品质审核管理规定
管理评审规定

图 1－20(a)

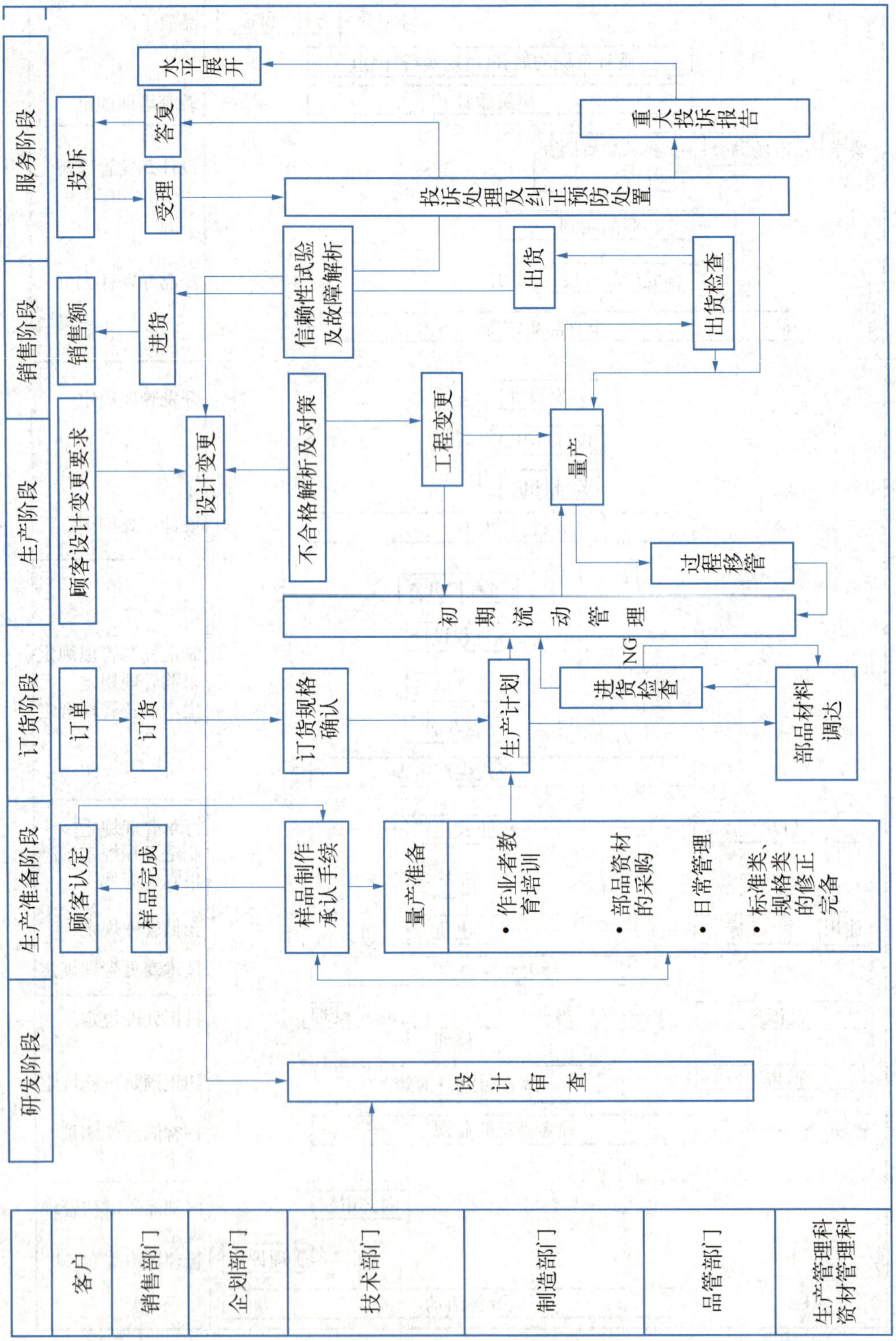
研发阶段
生产准备阶段
订货阶段
生产阶段
销售阶段
服务阶段
顾客认定
样品完成
订单
订货
顾客设计变更要求
销售额
进货
投诉
受理
答复
水平展开
设计变更
样品制作承认手续
订货规格确认
不合格解析及对策
信赖性试验及故障解析
投诉处理及纠正预防处置
重大投诉报告
量产准备
• 作业者教育培训
• 部品资材的采购
• 日常管理
• 标准类、规格类的修正完备
生产计划
初期流动管理
工程变更
量产
出货
出货检查
过程移管
进货检查
NG
部品材料调达
设计审查
客户
销售部门
企划部门
技术部门
制造部门
品管部门
生产管理科
资材管理科

图 1-20(b)

单元11 品质管理与经济性

11.1 品质成本的构成

品质成本是指为了保证产品的品质所投入的成本。品质成本由预防成本、评价成本、失败成本三个部分组成。这是美国品质管理协会对品质成本的分类方法,称为 PAF 分类法。品质成本的构成如图 1－21 所示。

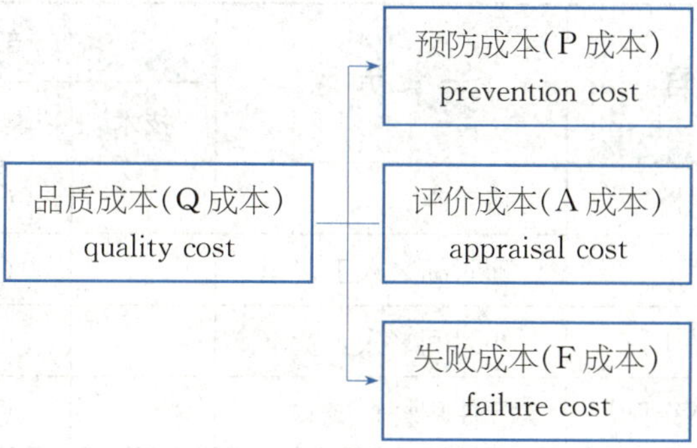

预防成本：为预防故障所发生的费用。
评价成本：为评价品质要求是否被满足而进行试验、检验和检查所发生的费用。
失败成本：由于在生产过程和售后发生品质问题而发生的费用。

图 1－21 品质成本的构成

1. 预防成本

预防成本是为预防故障所发生的费用,主要包括品质策划费用、过程控制费用、客户调查费用、品质培训费用、品质体系管理费用、供应商评价管理费用、日常点检费用、品质信息作成费用等。以上这些费用在企业的实际工作中发生了,但无法较精确地统计,所以,大家只要有预防成本的概念就可以了,在一般企业中不作管理。

2. 评价成本

评价成本是为评价品质要求是否被满足而进行试验、检查和检查所发生的费用,主要包括采购品的试验和检查费用、产成品检查和试验费、核对工作费用、客户满意度调查费用、仪器仪表校正点检费用等。与预防成本一样以上这些费用在企业的实际工作中发生了,但无法较精确地统计,所以,大家只要有评价成本的概念就可以了,在一般企业中不作管理。

3. 失败成本

失败成本是由于在生产过程和售后发生品质问题而发生的费用。生产了不良品后,有的不能修理必须要报废,其报废的金额就是失败成本;出现了市场不良就必须要对投诉进行处理,处理中的出差费用、商品替换费用、必要的赔偿费用等都属于失败成本。与预防成本、评价成本不同,失败成本是企业中品质好坏的一个重要指标,所以，必须对其进行统计，并不断改善品质水平以降低失败成本。失败成本计算的目的是为了每年能不断地减少失败成本，要减少这个成本必须要不断改善品质水平。所以，每一个企业可以自己决定失败成本的项目及计算方法，定下来以后在一定期限内不变，这样每年的失败成本高低就可以作比较。

失败成本由内部失败成本和外部失败成本组成，其主要项目和计算方法如表1-4，表1-5所示。

表1-4 内部失败成本项目和计算方法

区 分	项 目	计 算 方 法	部 门			
			技术	制造	计划	品管
报 废	报废材料费用	材料成本		○		
	处理人工费用	处理时间×人工费率		○		
挑 选	寻找不良品费用	寻找时间×人工费率		○		○
修 理	修理用材料费用	实际使用材料成本		○		
	人工费用	修理时间×人工费率		○		
库 存	死库存	零部件、产品的成本			○	
原因追究	原因、对策分析费用	分析时间×人工费率				○
再设计	设计变更费用	设计时间×人工费率	○			
	相关材料费用	实际发生的金额	○			
	试验费用	实际发生的金额	○			

表1-5 外部失败成本项目和计算方法

区 分	项 目	计 算 方 法	部 门			
			技术	制造	计划	品管
投诉处理	出差费用	差旅费	○	○		○
	处理人工费用	处理时间×人工费率	○	○		○
	材料费	更换产品的成本		○		
产品责任	损害赔偿费用	实际支付的金额				○
保修期内修理费用	无偿替代品	工厂成本价×台数+运费				○
	退还品报废	产品成本价				○
	无偿修理费	修理人工费+材料费		○		

11.2 品质、成本之间的关系

预防成本是防止发生品质问题的费用，包括教育培训费、过程控制费用等。这些费用是必需的，如果不进行预防成本的投入，必然会产生过程的不良和客户的投诉，会造成失败成本的增加。不仅如此，为了不让这些问题产品流出到市场上，也会增加评价成本。其结果就会产生恶性循环，你会每天都忙于制定相关对策，反而不会有进行预防活动的时间。为了停止这样的恶性循环，关键是要进行有效的预防成本投入，将品质成本从负循环转换到正循环。即我们要增加预防成本的投入，这样过程中的不良和客户投诉会减少，过程的能力提高以后可以放宽各种检查，使评价成本得以降低，由此又有足够的费用去投入到预防成本上去，形成了一个良性的正循环。如图1－22所示。

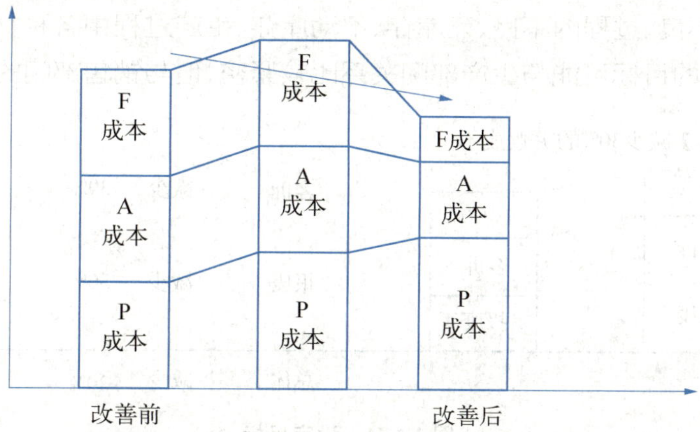

图1－22 成本循环

要达到不合格率为零，要花去无限大的预防和评价成本才能达到，而预防和评价成本越低，产生的失败成本就会越高，所以在理论上存在一个最佳成本点，也即是最佳品质控制点。(见图1－23)当然，以上都是理论上的说法，实际工作中企业一般不可能精确地达到这一控制点。

11.3 品质成本的改善

品质成本的改善主要着重于对失败成本的改善，即如何减少过程中的不良和市场的投诉。在进行改善活动时可以将品质成本作为目标管理的指标来灵活运用，同时也可以利用这一个指标将最高方针、整体目标展开到末端的个别主题。

1. 设定目标

企业设定品质目标时最常用的目标是如何减少失败成本。因为对整个企业来讲

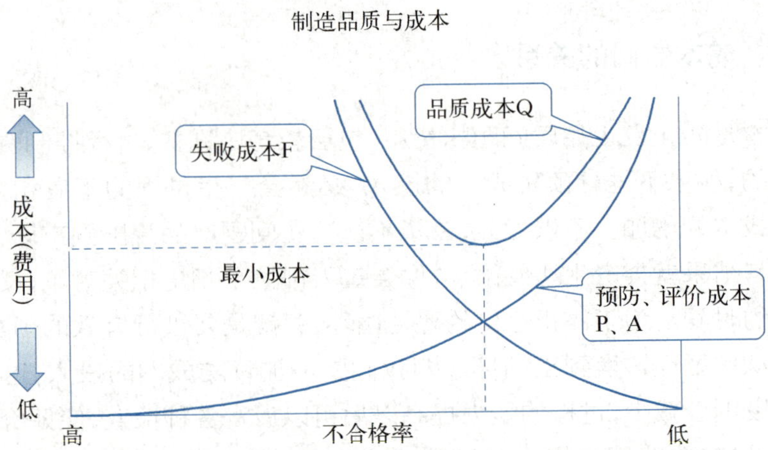

图 1-23　制造品质与成本的关系

失败成本涉及的面最广，下面的部门容易制定与其对应的目标(见图 1-24)。失败成本必定与市场不良、过程内不良、死库存、不动库存、生产过程中各种材料的报废联系在一起，而其他的目标可能与生产部门关系比较紧密，但与销售部门的关联性不强。

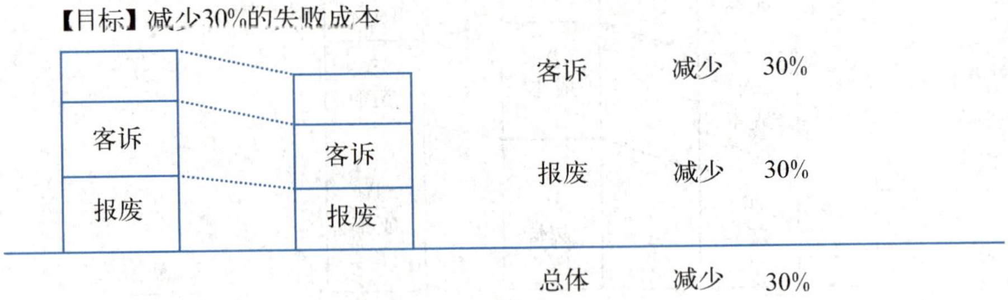

图 1-24　设定目标

2. 对如何减少各项分目标要进行详细的分析

下一步要对各个项目进行不良细分，如图 1-25 所示，把报废项目分为是哪些产品的报废、是什么原因的报废。

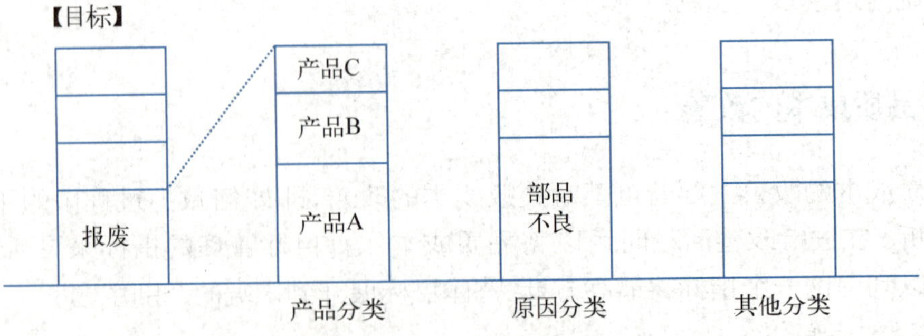

图 1-25　不良分类

3. 选定课题,进行改善

依据产生的原因,选定分项目,设定目标进行改善。如:

减少产品 A 报废,从每月 3 000 元降到 1 500 元。

减少产品 B 报废,从每月 6 000 元降到 4 000 元

减少产品 C 报废,从每月 2 000 元降到 1 000 元等。

4. 效果的显现

过程内不良改善后的效果表现如图 1-26 所示。

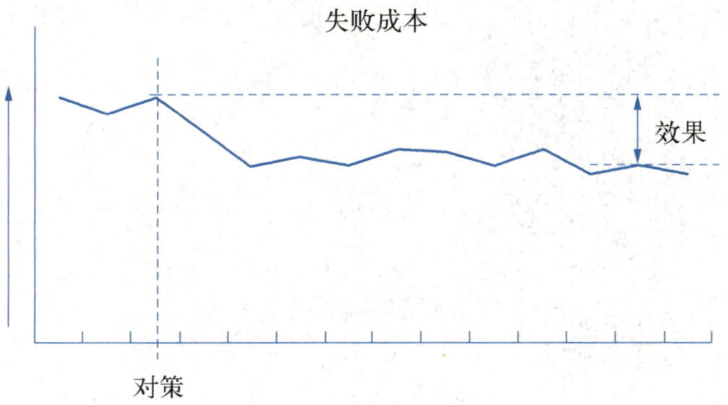

针对过程内不良的改善效果,从进行改善后的次批开始就会表现出来,因此马上就可以进行效果确认。

图 1-26

市场投诉改善后的效果表现如图 1-27 所示。

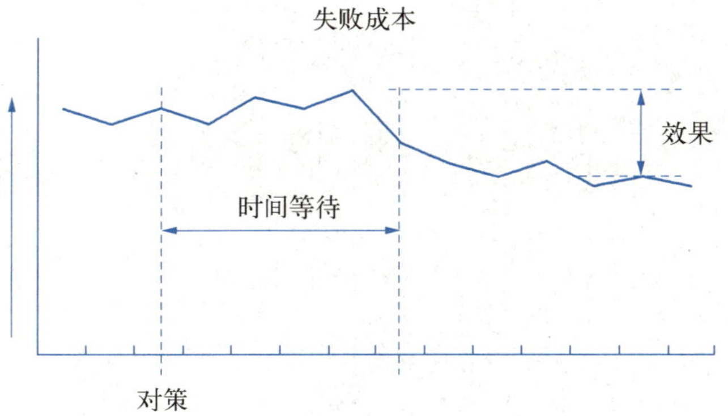

针对市场客诉的改善效果,要等到产品出到市场上才会表现出来,因此其表现会有半年到一年的等待期。

图 1-27

复习与思考

1. 客户满意度的内容是什么?
2. 品质的定义是什么?其由哪几部分组成?
3. 品质管理的内容是什么?品质管理的基本观点是什么?

4. 何谓管理?

5. 何谓方针管理?

6. 品质不良重要度一般按什么标准划分？可分为几级?

7. 什么是客户的3C分析?

8. 按规定去做的要点是什么?

9. 品质文件体系由哪几部分组成?

10. 何谓失败成本?

第二章

开发过程中的品质管理

学习目标

学完本章,你应该能够:

▲ 掌握开发设计的基本流程;

▲ 掌握开发设计各阶段的品质控制活动

▲ 掌握开发设计品质审查的要点

基本概念

方案设计、初步设计、详细设计、FMEA、设计审查、产品实验

单元1 开发设计部门的品质控制活动

西安“6·6”空难:1994 年 6 月 6 日,西北航空公司 TY-154M型 B2610 号飞机实行西安—广州 2303 航班飞行使命。8 时 13 分由西安咸阳机场起飞,8 时 23 分,飞机在空中解体,坠毁在西安市长安县鸣犊镇。机上乘员 160 名全部罹难,其中旅客 146 名(外籍及境外旅客 13 名)、机组人员 14 名!

是什么导致空难的发生?

在执行飞行任务前,该飞机更换了一台飞行控制计算机。就是这次更换引发了这次空难!

当正常起飞后,飞行员接通了自动驾驶系统。飞机正在爬高,原本用于控制爬高的控制信号实际却是在控制飞机改变航向,结果就是飞机在空中解体。事后调查结果显示是维护人员将控制飞机升降和航向的连接器接错了,如图 2-1 所示。维护人员为什么会接错?为什么没有防插错的措施呢?(比如,用不同引脚数的连接器,或者分别设计为针和孔)。所以结论应该是设计品质问题。

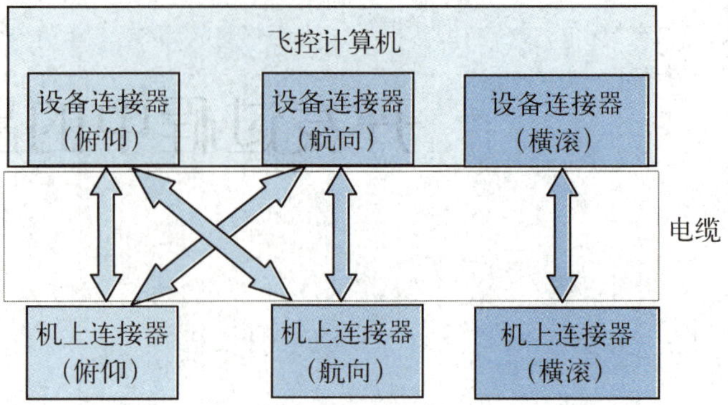

图 2-1

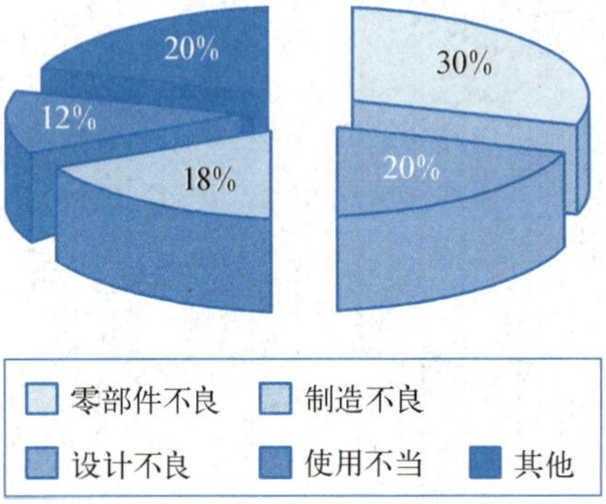

图 2-2

从一系列市场投诉的分析来看，产品品质好坏的源头之一是在开发设计阶段。如图 2-2 所示，这是某企业对市场投诉进行的数据统计分析，其中设计不良占了 20%，客户的使用不当占了 12%。客户使用不当有客户不按说明书要求使用而产生问题，也有我们设计中设计不到位产生的问题，如设计时考虑到客户的误使用，采取了相应的措施，这样即使客户存在误使用的情况，也不会发生问题。再者，如果对零部件发生的不良进行更详细的分析，可以发现也与设计有一定的关联，不太合理的设计、对零部件加工的过高要求等导致零部件发生不良率的可能性增加。

1.1 开发要满足三方面的要求

开发是将客户的需求转化为产品设计，设计的产品要满足以下几方面的要求：客户的要求、生产的要求、社会的要求。如图 2-3 所示。

（1）客户的要求。客户的要求包括功能、使用性、价格、安全性、环保、节能等方面要求，开发者要站在使用者的角度去考虑设计的最佳方案。

（2）生产的要求。设计部门要清楚地认识到自己设计的产品最终是由生产部门生产出来的，所以必须要考虑到后过程是否有能力生产出来。这里讲的生产不是生产一两个产品，而是能成批量的生产，在这种成批量生产的前提下，既要保证生产产品的品质，又要保证较高的效率，否则产品是没有商品化价值的。

设计的产品要便于生产，具体表现在以下几个方面：一是能生产出来，有些企业不具备某些特殊设备，那只好修改设计；二是即使能生产出来，也要具有一定的生产

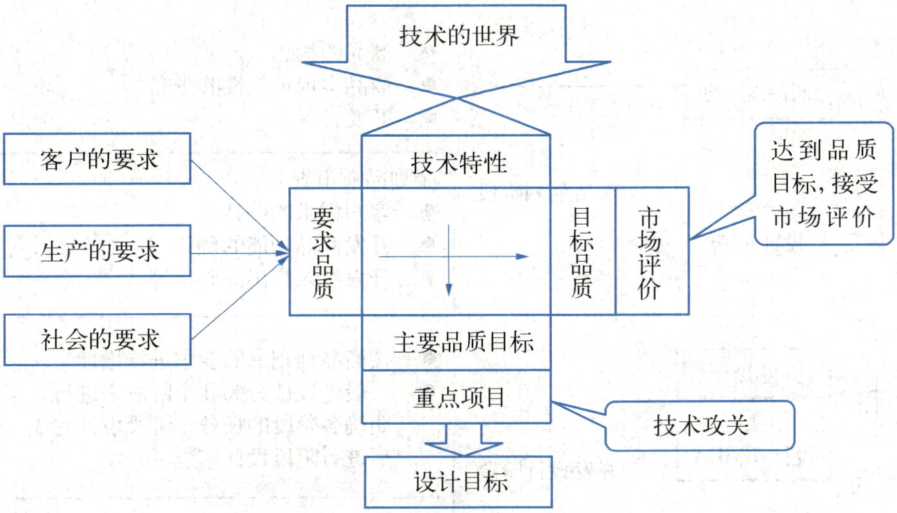

图 2－3

性，有的设计使产品的制造工时很高，导致生产成本很高，结果是无法让最终客户接受；三是设计的生产导致生产线上不良品极高，不但生产性不好，还会引起不必要的报废，增加成本。

我国每年有许多得到国家、省市科技奖的发明和设计，全国有众多的研究所每年也有大量的成果，但这些成果评奖以后，也就寿终正寝了。因为批量生产后不能保证品质和效率，也就经不起市场检验了。

所以，设计人员了解现场的生产过程情况是非常重要的，只有了解现场、熟悉生产过程的技术员才是好的开发设计人员。

(3) 社会的要求。社会为了保证广大人民群众的利益，为了社会的持续发展，对有些产品作出了相关强制性的要求，如食品安全、电气安全、消防安全、环保要求等。对有些产品作推荐性的要求，如产品的节能、消耗材料等。所以，在设计时一定要达到国家规定的要求，尽量向国家、行业推荐的标准靠近，力争超过标准。

1.2 开发过程设计

开发设计阶段是产品品质的源头，设计品质好，生产时不良就少，客户使用过程中发生的不良也少。如何进行一个产品的设计，使投入产出达到最大化是本节主要讨论的问题。

开发过程设计包括开发的流程，每个过程的输入、输出内容，每个过程的品质控制内容。

1. 开发的流程

一般企业的开发设计流程如图 2－4 所示，主要分为四个阶段。

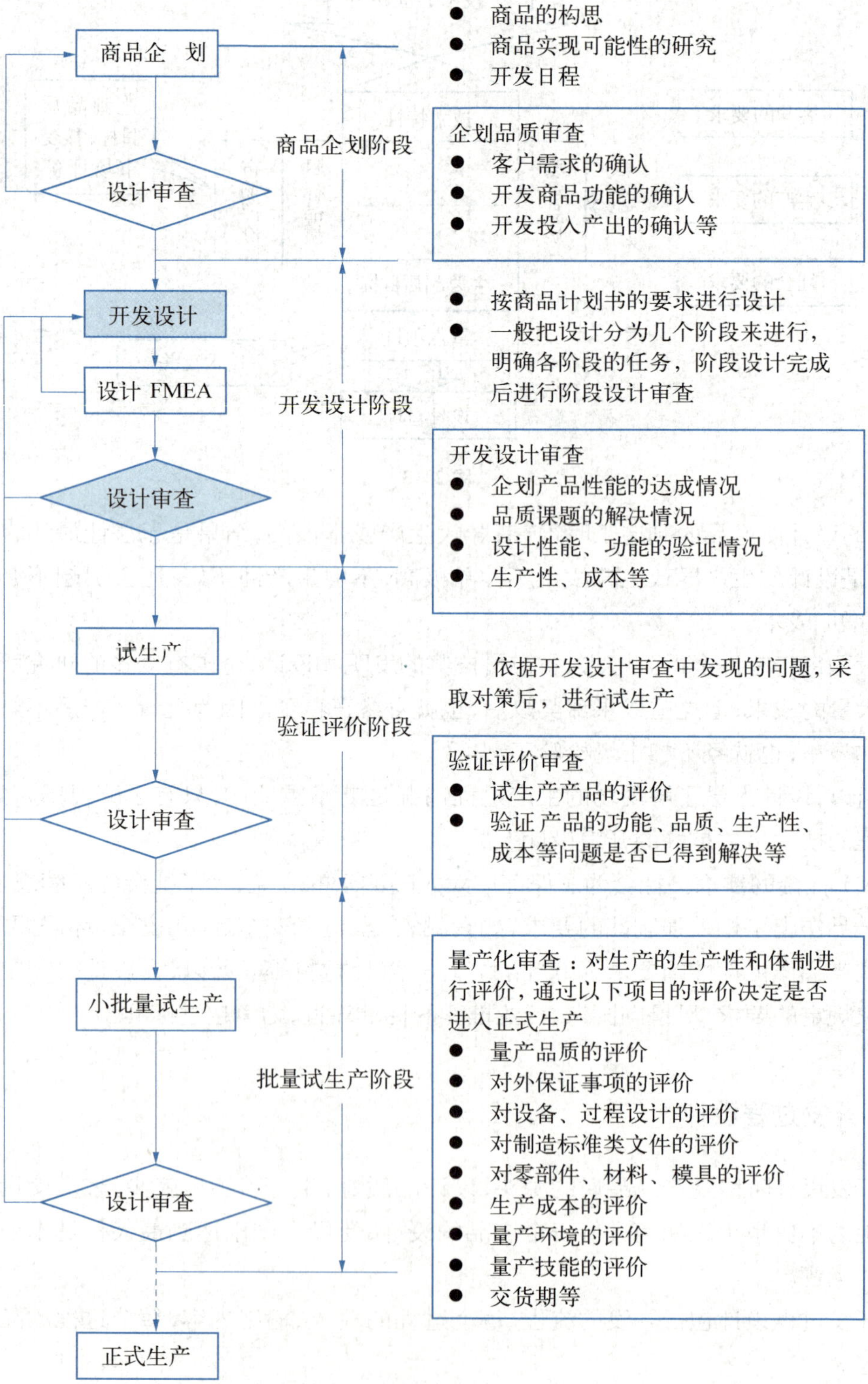

图 2－4　开发设计主要过程和内容

（1）商品企划阶段。

（2）开发设计阶段。完成产品的设计。

（3）验证评价阶段。验证中试品的各项试验是否达到设计要求；检查生产全过程是否合理、存在什么问题，对存在的问题从产品设计和生产过程设计两方面进行解决。

（4）批量试生产阶段。通过小批量生产验证生产过程中是否存在问题。

同时对上述每个阶段的成果进行审查，将存在的问题反馈到设计阶段进行修改。

我们可以对图中的开发设计阶段作进一步的分析，开发设计阶段可以分为以下几方面的设计，如图 2－5 所示。

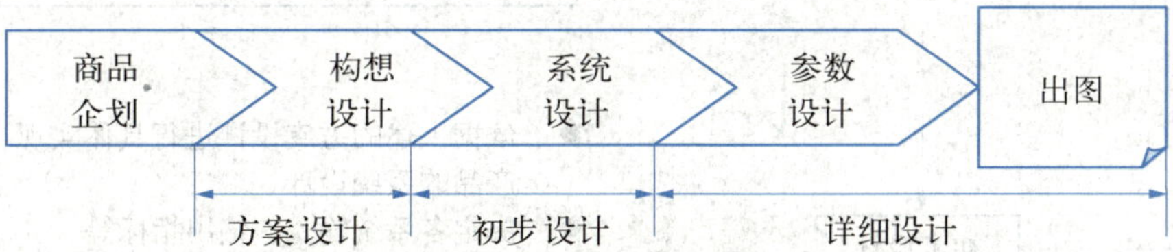

图 2－5　开发设计过程

（1）构想设计：主要是明确新产品的功能、性能和规格，确定实现新产品的方案，包括如何解决新技术问题、可能遇到的品质问题等，称为方案设计。

方案设计要解决要达到什么样的功能、性能和规格，用什么样的方法去实现及如何防患于未然的品质保证三个问题。

（2）系统设计：对实现以上方案设计的系统作初步的设计。

初步设计完成产品的系统设计，明确各部分的输入、输出指标。

（3）参数设计：确定零部件、公差等所有部分的参数。

（4）出图：制作生产等相关部门能用于制造产品的图纸。

参数设计和出图是实现产品的具体设计，即依据图纸，生产现场能生产合格的品质，所以，日常工作中称为详细设计。

在有的企业把“系统设计”到“出图”定为详细设计，这样可以缩短一定的开发设计时间，但条件是方案设计要尽量做得详细，品质问题一定要有充分的讨论。但在有的行业中必须把设计分为三个阶段，如在建筑的设计中必须将设计分为方案设计、初步设计和详细设计三个阶段，因为除了设计院内部的设计审查以外，国家相关部门必须对建筑物的消防、防震措施、安全等方面进行审查，这些功能是否符合相关规定，在方案设计阶段还没有办法判断其设计是否符合标准，但如果到最后出图后再发现问题，返工量又太大，所以，必须有初步设计阶段，在初步设计阶段对相关项目进行严格的、详细的审查。

依据上述对设计各阶段的分类，对设计和审查同样可以分成几个阶段来进行，某一阶段设计完成以后就进行阶段性审查，以使问题及时得到发现，并立即解决。如图 2－6 所示。

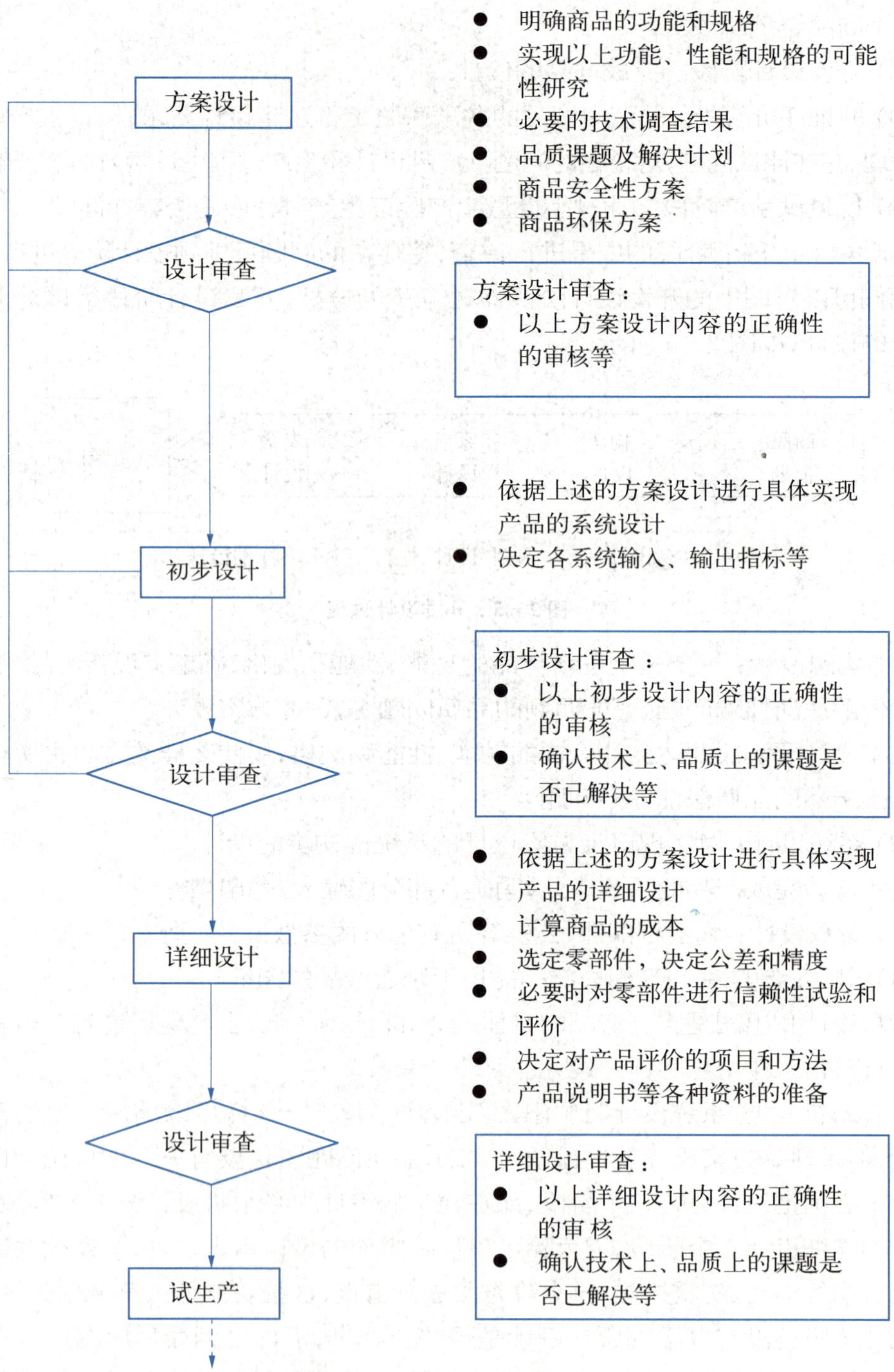

图 2－6　开发设计审查流程

2. 开发设计的过程品质控制内容

(1) 开发设计资格的认定。

每一个企业依据开发设计内容，对胜任开发设计工作所需的能力进行规定，然后进行认定,只有达到规定资格的人员才能进行开发设计。设计有不同的阶段和工作,如设计、设计审查、试验、图纸制作等工作,根据规定只有具备相应资格的人员才能从事相应的工作。

(2) 输入内容的确认。

对输入内容要进行确认,确认的要点是:

- 功能和性能的要求,功能指产品应具备的机能,性能指功能的能力,如同样的汽车,虽然功能一样,但有的跑得快,有的跑得慢,即性能不一样;
- 使用的要求;
- 法规、行业标准的要求;
- 环保的要求;
- 节能的要求;
- 其他要求。

设计开始时应对这些要求进行讨论、评审,以确保这些要求是否合理和可达。输出的成果是《产品规格书》。

(3) 通过相关试验进行设计参数的确认。

在该阶段应对开发设计产品进行部分设计参数和全部设计参数的试验确认。

- 某个设计模块的过程参数、输出参数试验确认;
- 产品整体的过程参数、输出参数确认。

按国家的规定,对有些产品安全方面的验证要通过国家或行业认可的实验室进行,否则,不能通过相应的安全方面的认证,如 UL,CCC,CSA 认证等。

(4) 开发设计输出内容的审查。

为了确保每一个设计过程产生的成果达到设计要求,必须对每一个阶段开发设计输出的成果进行严格的审查,这就是设计审查,如发现不符合计划要求,就必须对设计进行修改,以达到计划要求。设计开发成果应满足以下要求:

- 满足开发设计的输入要求(计划要求);
- 规定对产品正常使用所必需的条件,如该产品不能在水下使用、不能在海拔 3 500 米以上的高原使用等条件;
- 规定产品安全使用的安全注意事项;
- 提供采购部门零部件等采购信息;
- 提供生产部门生产需要的图纸、技术标准等信息;
- 提供销售部门关于产品功能、性能、使用方法等方面的资料;
- 提供给售后服务部门相应的修理等方面的服务资料和信息;
- 提供其他信息等。

3. 开发阶段的常见品质问题

(1) 技术计算错误。

(2) 图纸错误。

(3) 设计不能反映技术输入的要求。

(4) 设计评价不足(对功能、性能、信赖性等)。

(5) 实验项目遗漏。

(6) 设计的产品难以生产。

(7) 生产的过程能力难以提高。

(8) 含有有害物质。

(9) 未考虑节能设计。

(10) 产品消耗的材料多。

(11) 选用的零部件难以采购等。

单元2 品质方案设计与

1. 方案设计的主要内容

方案设计是依据市场、客户的要求及安全性等社会要求,做到以下方面:一是确定产品功能、性能和规格;二是明确用什么方法(系统)来实现以上目的;三是在开发设计时要注意的品质问题。即要问答三个问题:① 要做什么并达到何等水平? ② 如何去做,用什么方法(系统)才能达到? ③ 如何才能做好? 即如何保证产品的设计品质。基于以上考虑,方案设计的主要内容如下:

- 明确商品的功能、性能和规格;
- 实现以上功能、性能和规格的可行性研究,即用什么方法(系统)来实现。
- 必要的技术调查结果;
- 品质课题及解决计划;
- 商品安全性方案;
- 商品环保方案。

方案设计阶段的主要输出文件有《系统规格书》、《品质计划书》、《相关产品的市场投诉分析》以及《相关产品的制造品质数据分析》。

2.《系统规格书》的主要内容

《系统规格书》作为开发文档,是对产品功能分析的具体化。其作用是详细说明商品及各项目功能和规格,为随后的开发工作决定开发方针。它是硬件、软件和结构设计的指导性文件。因此,《系统规格书》也成为方案设计阶段评审的主要对象。

《系统规格书》的主要内容如下:

- 目的和基本方针;
- 开发对象说明;
- 系统概述;

➢ 规格详述；

➢ 外形尺寸；

➢ 特有功能说明。

3.《品质计划书》的主要内容

《品质计划书》是对特定的项目、产品、过程或合同，规定由谁及何时应使用哪些程序和相关资源的文件。

为了使新产品的设计取得成功，开发设计人员必须事先采取相应的预防措施，做到防患于未然。所以，事先要从以下两个方面着手。

(1) 对使用的新技术的调查。

(2) 对已有品质问题的反省，把对策实施于新产品的设计中去。

当开发一种新产品时，应该选择一种或多种与其在某方面有可比性的成熟产品作为参考，收集该产品相关的市场投诉信息和制造品质数据，并进行处理分析，以取得有价值的结论，落实到新产品中，以提高新产品的品质。

具体应该收集的数据包括：市场发生的重大投诉、市场投诉统计分析数据、生产过程不合格率等与产品品质有关的数据，可能的话也可以收集该产品在开发过程中的设计评审意见等相关资料。

数据具有波动性，但也有其规律性，通常统计技术能从波动的数据中找出其规律性。常用的统计技术有：因果图、排列图、直方图、散布图、控制图、试验设计和回归分析等。

例　品质不良数据的收集和分析

某产品开发时，对相类似的A商品的生产品质不良数据进行收集和分析，收集数据期间自2003年1月至2008年9月。商品名称：A商品。表2-1列出A商品品质不良数据及原因分析，而其故障分析见图2-7。

表2-1　A商品品质不良数据及分析

生产不良种类	不良次数	比例	对　策	原　因　分　析
电阻阵列(RA)短路	654	61%	不使用电阻排	在现有生产条件下，电阻阵列的脚之间间距太小
……	……	……	……	……
其他	15	1.4%	无	……

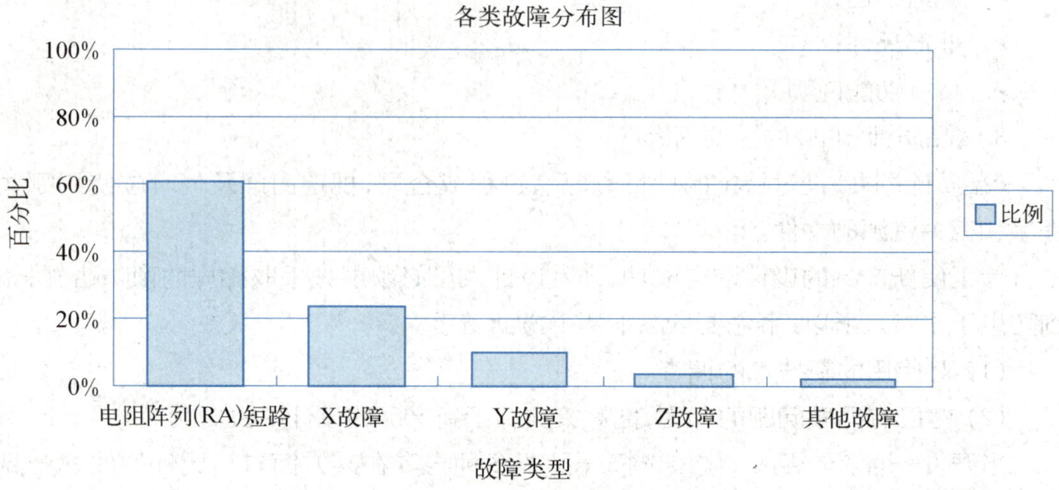

图 2－7　故障分析

根据上述数据的收集和分析，为确保新产品的开发品质，针对故障不良率非常高的电阻阵列，必须采取相应的措施，如在新产品中不使用类似部品，或改造生产线。当然针对除此以外的不良，也应尽可能地采取相应对策，以确保产品品质。

另外，品质保证部门还应该根据历年来发生的各类品质问题，作成提高品质用检查项目一览表，供开发人员在开发新产品时进行参考。如表 2－2 所示。

表 2－2　某开发项目提高品质用检查项目一览表

序号	检查项目	检查标记	注释	数据来源	详细内容
1	100%镀锡且脚之间间距小于 1 毫米的连接器有使用吗?	○	建议不使用	品质管理部门	在上述条件下使用有可能产生晶须并导致产品短路
2	……	……	……	……	……

例　某电子产品中对外设端口的特殊说明

该产品为客户提供接口 1 和接口 2 两个串行通信接口。其中接口 1 用以连接设备 A，接口 2 用以连接设备 B。为防止客户误将设备 A 接入接口 2，必须进行防插错设计。对此该产品的《品质计划书》中给出了相应对策，如表 2－3 所示。

表 2-3 某电子产品《品质计划书》

序号	等级	问题点	负责部门 负责人	对　　策	对应完成 日期	输出 成果物
1	A	客户误接外设	A 部门 张×	分别使用 X 针和 Y 针连接器	09/5/8	技术研讨书
				分别使用 X 针和 X 孔连接器		
……	……	……	……	……	……	……

在上述实例中，都是一些看似简单的设计小缺陷，然而设计者如果忽略了这一点，将来可能会给客户带来巨大的损失。

由于初步设计是方案设计的进一步深化，许多企业把方案设计与初步设计合并在一起，当然设计审查内容也作了一定的调整，所以，对初步设计中如何确保品质不在这里阐述了，基本上与方案设计相同。

单元3 详细设计与品质

详细设计是依据方案设计或初步设计的要求完成具体的系统设计、参数设计和出图，换句话说，是以上设计的具体实现。

万丈高楼平地而起的道理大家都明白。工作之所以变得复杂，是因为构成元素多、元素间的关联要素多。那么，为了把复杂的工作简单化，我们第一步要做的就是将大的项目/课题逐级分解。其实这就是一个详细项目计划的作成过程。最理想的状态，输入应该是客户要求的产品，细分后的具体工作应该是一张图纸、一次计算或者一份技术检讨报告书等。做个形象的比喻，复杂的工作是建造一栋高楼的话，我们需要先搞清楚盖这栋高楼需要多少材料，材料间的施工步骤是怎样的，哪些工程是最关键的。这些搞清楚之后，看起来很难的盖楼工作就可以从简单的添砖加瓦开始了。设计工作也是同样的道理，为了保证设计的品质、设计的效率和设计的成本，可以从以下几个方面去提高详细设计的品质。

1. 设计工作的标准化

面对设计中可能出现的各种各样的问题和状况，在设计标准上做足做细，形成内部标准。这样，之后的设计人员在设计中只要遵守标准，部分问题就迎刃而解了。

在我们的工作中，有些工作并不困难，但是非常烦琐，步骤多、工作量大、重复性强。比如做一些简单的产品基本特性的实验，在大量的重复性劳动中一个测试数据如果发生了错误，将直接影响到设计人员对于产品品质的判断。那么，如何避免这种状况的发生呢？首先能做的是将工作过程标准化，进行到任何一个步骤，都能够根据标准判断下一步该做什么。

2. 零部件选用的标准化

零部件选用的标准化是指企业对一些常用的零部件及其供应商进行评价，认可了零部件的性能和供应商的品质后，把这些零部件作为标准化的零部件，供设计时选用。

一个企业使用的零部件品种可能很多，有的达到数十万种。无论企业使用的零部件是多是少，在设计中尽量使用标准化的零部件有以下好处。

(1) 从购买的量上来讲，单一品种数量的增加，当然增强了企业与供应商的议价能力，可以在一定程度上降低价格。

(2) 零部件品种的减少可以减少采购订单的数量，从而减少采购工作量，同时也可以减少进货验收等间接工作。

(3) 可以降低库存，同时又可以减少仓库的使用面积、减少日常仓库管理的成本。

(4) 提高开发品质。由于使用标准的零部件，不存在初次使用时的品质风险，可以提高开发的品质。

(5) 提高开发效率。由于使用了标准的零部件，不需要对相关零部件进行品质等方面的评价，可以提高开发效率。

(6) 可以提高新产品试生产的品质、缩短试生产的时间，同时也减少了试生产的成本。

3. 产品设计的模块化

一个企业一定有其基本的产品，如自动控制器、机床设备等，企业又在这个产品的基础上发展系列化产品或类似的新产品。而产品必定是由各个不同的功能组成的，我们可以把这些功能模块的设计、使用实绩进行评价，必要时进行改进，发展成标准的功能模块，这样，在进行系列化设计或类似的新产品设计时可以选用这些模块。

模块化设计的最大好处是对品质的保证。技术人员一般都有自己的想法，想比别人做得好一点，想与别人有不同之处，往往设计人员不同，设计的构成就不同。但这样对企业品质管理不是一件好事情，不同的设计往往意味着新的品质风险的存在，所以，为了保证设计的品质，如果有标准化的模块可以被选用，我们一定要选用这些模块。当然企业在一定的阶段要对这些模块进行设计变更，以适应品质方面、成本方面的要求。

4. 设计过程的共享化

将进行中图纸全部通过软件服务器进行管理。每日的工作开始前将图纸从服务器中取出，完成后将最新版的图纸存进服务器中，不断循环。这样，实现了工作的不断有效累加，避免了重复劳动的状况。在由不同的设计人员从事同一项工作时，效果尤为突出。

5. 工作的专业化

在电器产品设计过程中，基板设计和产品实验是必不可少的。那么，通过成立专门的基板设计和评价实验部门，将这部分工作由专业化部门或人员来承担。专业化后，这部分工作因为不同的人员进行担当出现差错的可能性大大减低了。以上举了电器产品设计的例子，其实在每一个行业的设计中都可以进行对某个部分设计的专业化运行，这样可以提高品质和开发的效率。

6. 生产性的考虑

作为设计人员，必须意识到你的下一道工序的执行者也是你的客户，因此在设计新产品的过程中，应该严格贯彻“以顾客为关注焦点”的质量管理原则，充分考虑到产品的生产性。在设计过程中，首先要了解产品生产线的生产能力，什么样的设计产品才能够很好地被生产出来？所以非常有必要将设计的思想与生产部门的技术专家进行沟通，请他们进行生产性评审，并及时将评审意见落实到设计当中去。

例　充分考虑到生产性的设计

某企业的 SMT 生产设备不具备贴装 BGA 封装部品的能力，而该公司的设计人员在新商品的设计过程中大量使用了 BGA 封装的 IC。在与生产部门的技术专家进行沟通后，决定了以下三个方案：

(1) 引进新设备以实现 BGA 封装的部品；

(2) 更改设计，替换掉 BGA 封装的部品；

(3) 委托其他有能力的企业生产。

以上对策都是可行的。根据公司的具体情况，该设计人员最终选择了方案(2)，如果没有事先和生产部门进行沟通，将来生产时会是什么样呢？所以，设计人员必须从产品功能的可实现性、产品的生产性及元器件的可靠性等诸多方面进行充分的论证。只有这样才能真正确保详细设计的品质。

单元4 FMEA

进行新产品设计和制造时必定会有不良发生，不良无非是设计不良、制造不良和零部件不良。那如何防患于未然，在设计和生产过程中杜绝不良的发生？这要求我们在开发设计的过程中、在生产过程设计中对各种可能产生的故障进行事先的预测，能在设计阶段回避的就在设计阶段回避，不能回避的就靠检测装置进行检测，再不行就在使用说明书上明记，如标记“本产品不能在水中使用”、“不能在海拔 3 000 米以上的高原使用"等警示语。

这种事先对不良可能现象的分析、讨论对策的方式称为 FMEA。

4.1 FMEA 的目的、定义

FMEA 是 failure mode, effects and criticality analysis 的简称，中文为：故障模式、影响度及重要度解析。

所谓 FMEA 是对产品及过程在问题发生前进行问题的识别，从而达到防患于未然的目的，是一个预防的体系。实施 FMEA 可以防止产品的缺陷、强化安全、增加客户的满意度。

最初 FMEA 的应用是在 20 世纪 60 年代中，美国的航空航天产业针对安全问题进行实施，以后逐渐应用于其他行业的强化安全方面工作。现在 FMEA 已经广泛应用于产品的设计开发、服务、市场、采购等方面。

FMEA 的切入口是通过对可能发生的故障模式的严重程度、发生频度、检出可能性三个方面着手进行分析，得出该故障模式的风险度，然后对所有可能发生的故障模式的风险度进行级别排列。从大到小根据能力逐一解决。

4.2 FMEA 的分析步骤

FMEA 分析表详见表 2-4。

FMEA 的十个步骤如下。

第一步，过程的审查。

第二步，用头脑风暴法整理潜在的故障模式。

在开发阶段主要讨论各种可能使用条件下的故障、特性/性能劣化、零部件不良产生的故障等。

在过程设计阶段主要讨论作业失误、零部件不良、设备不良、作业条件不良等产生的各种故障。

第三步，分析各故障模式的潜在影响。

潜在影响主要指故障以后是否产生功能性的影响，还是使用不方便、外观不良等。

第四步，进行各故障模式潜在影响的严重程度分析。

严重度指故障对客户的影响程度，对其按级别进行分类。对严重度的评价各企业可以根据本行业的情况决定，表 2-5 供参考。

表 2－4 FMEA 分析表

FMEA											处置结果				
功能	潜在的故障模式	潜在的故障影响	严重度	潜在的故障原因	发生频度	现在的管理方式	检出的可能性	风险度	对策	责任者	采取的对策	严重性	发生频度	检出的可能性	风险度
风险度合计									处置后风险度合计						

表 2－5　严重性评价基准(参考)

评价点数	说　　明	定　　义
5	极危害	会造成人命及火灾的可能性
4	极高	引起丧失功能或设备重大故障
3	中	引起功能降低及较轻的故障
2	小	引起轻微故障
1	无危险	非常轻微,可以忽视

第五步,进行各故障模式发生频度的分析。

发生频度是指这种故障发生的频率,是 1 日发生一次,还是 3 年发生一次,当然发生的频度高其风险度就大。表 2－6 供参考,各企业可以根据实际情况决定分值及对应内容。

表 2－6　发生频度评价基准(参考)

评价点数	说　　明	定　　义
5	极高	发生频度非常高
4	高	发生频度较高
3	中	经常会发生
2	低	偶尔发生
1	极少	鲜有发生

第六步,进行各种故障模式被检出可能性的分析。各企业可以根据实际情况决定分值及对应内容,表 2－7 供参考。

表 2－7　检出可能性评价基准(参考)

评价点数	说　　明	定　　义
5	绝对不可能	不可能检出
4	几乎不可能	近似于不可能检出
3	中	能检出,但有漏检的可能性
2	高	普通状态下能检出
1	极高	一定能检出

发生故障以后在生产等过程中能否被检查出来，是判断风险度的一个重要因素。虽然检查是不产生附加价值的，理想的情况是生产过程中没有检查，但这是不现实的，无论任何企业在开发、生产产品的过程中必定会出现不良品，必须要有相应的检查。能被正确检查出的故障分值最低，反之则为最高。大量故障的对策是检查过程的强化。

第七步，计算出各种故障模式的发生风险度。

其计算公式如下。

风险度＝严重性×发生频度×检出的可能性

如果严重性、发生频度、检出的可能性三项最高为 5、最低为 1，则风险度的最大值为 125，最小值为 1。

第八步，排出处理的优先顺序。

根据以上计算出来的风险度的大小从大到小确定解决的优先度。品质控制小组可以决定先解决在风险度数值多少以上的故障模式，如，先解决 80 以上的项目。

第九步，讨论消除或减少风险高的故障模式对策。

运用 QC 的问题解决法去解决。

第十步，计算对策实施后的效果。

对策实施后、进行效果确认，对严重性、发生的频度、检出的可能性三方面进行重新评价，然后计算出风险度的大小，与改善前进行比较，就可知道改善的效果。

4.3 FMEA 的适用范围

1. 开发设计阶段的 FMEA

在开发设计阶段，预测产品对变更点的故障模式及原因，探讨设计的对策，并对生产过程的不良可能性进行预测。设计阶段 FMEA 包括功能 FMEA、变更点 FMEA 和零部件选择 FMEA，如图 2－8 所示。

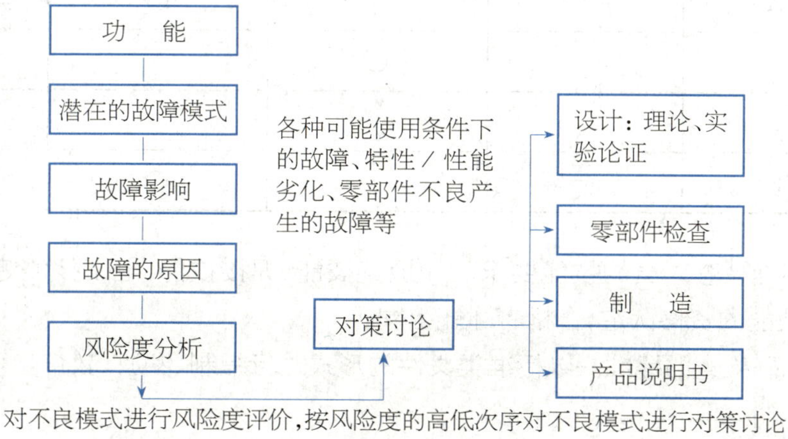

图 2－8　设计阶段 FMEA 示意

2. 过程设计阶段的 FMEA

预测制造中可能产生的故障模式及原因，探讨预防对策，需要从根本设计上解决时要反馈给开发设计部门，如图 2－9 所示。

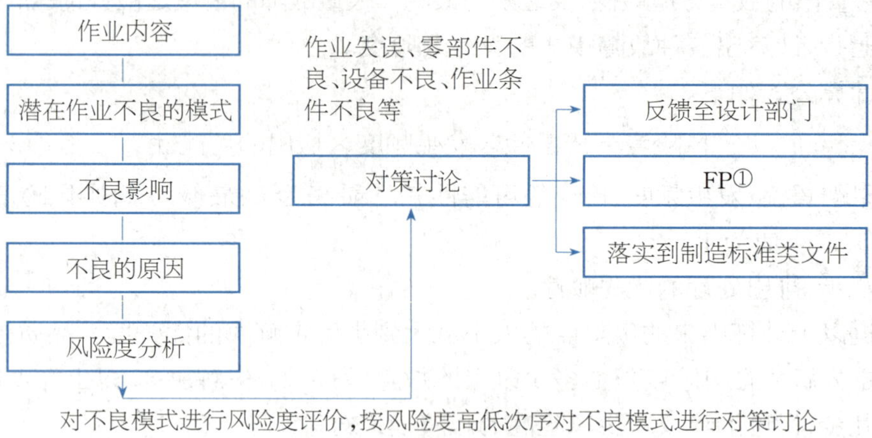

图 2－9　过程设计阶段 FMEA

4.4　检查过程的设计

降低风险度的方法之一就是强化检查，对产品进行全数检查。检查要明确以下事项

(1) 对各种故障模式要通过下列的表格明确在什么过程进行检查。如表 2－8 所示是某企业设置的主要检查过程，各企业可根据其产品的性质设计各自标准的检查过程。

表 2－8

故障的模式	目视检查	中间过程检查	最终过程检查	出货检查
故障 A	○		○	
故障 B		○		
故障 C				○
故障 D			○	

(2) 明确检查人员的技能要求。如检查技能、焊接技能、电工技能等，要对检查人员进行技能的资格认定，合格者才能上岗。

(3) 明确检查的标准。以标准类文件的形式进行编制、发放、教育。

① FP(Fool proof) 是防止低级错误的缩写。

(4) 决定检查的设备、参数及外部温度、湿度等要求。

单元5 设计审查

设计审查又称设计评审简称DR(design review),是指通过对设计各方面的审查,确保设计品质满足客户需求的活动。

设计评审是在设计和开发的适当阶段,采用会议或传阅的方式,针对设计和开发的策划安排,评价设计和开发结果满足要求的适宜性、充分性和有效性,识别存在的问题的活动。

设计评审是开发工作阶段性成果的最后保障,一个企业应该选择各部门有经验的人员负责。通过对设计资料的评审,找出设计中存在的问题,并由开发人员进行解决。设计评审记录应作为十分重要的开发记录进行存档,并用以指导将来的其他开发工作。

作为设计评审时的遗留问题,在之后的工作中必须进行跟踪管理,并在解决之后进行再一次的报告。

作为设计评审的补充,请部门内部有经验的其他人员进行交叉检查,以确保开发品质,也是一种很好的工作方式。

5.1 设计审查的主要内容

设计审查的主要内容如图2-10所示。

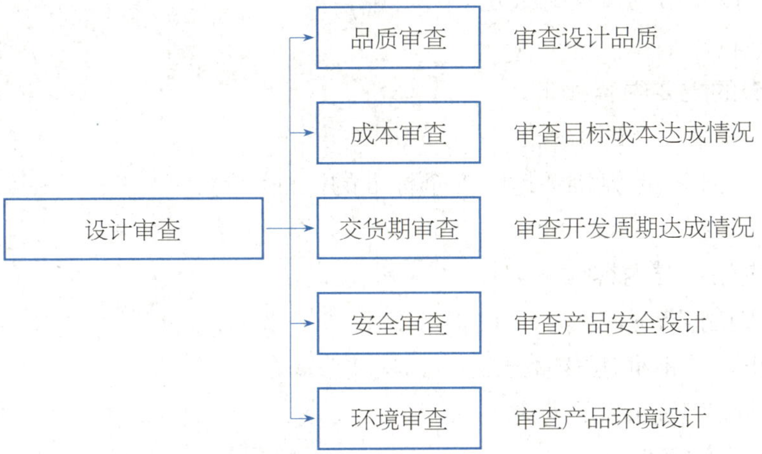

图2-10 设计审查的主要内容

1. 品质审查

品质审查的主要内容为以下几点。

(1) 客户需求的确认,性能、使用条件、使用的方便性、过去同类产品在市场上投诉情况及初步解决方案,以上项目在产品企划阶段实施。

(2) 企划产品性能的达成情况。

(3) 品质课题的解决情况。

(4) 设计功能、性能的验证情况和出现问题以后的解决方案。

(5) 产品设计的标准化设计,如尽量使用企业常用的标准的零部件情况。

(6) 产品的生产性。

(7) 产品。

2. 成本审查

成本审查的主要内容如下。

(1) 零部件成本的合理性。

(2) 生产工时数。

(3) 制造直接费率的合理性。

(4) 制造间接费率的合理性。

(5) 制造成本和企业利润。

(6) 产品的销售价。

3. 交货期审查

交货期审查的主要内容如下。

(1) 各开发周期的 L/T 达成情况。

(2) 产品试生产 L/T 达成情况。

(3) 正式量产日期的决定。

(4) 正式投放市场日期的决定。

4. 安全审查

安全审查的主要内容如下。

(1) 相关安全设计的审查。

(2) 行业、国家、世界相关地区安全标准的认证计划。

5. 环境审查

环境审查的主要内容如下。

(1) 产品节能情况。

(2) ROHS 等标准达成情况。

(3) 产品废弃后回收的考虑。

(4) 生产中的环保计划。

5.2 设计审查的实施步骤

1. 计划

为了有效地实施设计审查,必须有计划地在各阶段实施。在实际工作中,各个企业对于每一个项目都有具体的实施日程,应依据其制定的规定,在开发的各个阶段进行相关的设计审查。当开发日程调整时,相应的设计审查计划也作调整。

(1) 实施时间：规定的各开发设计阶段完成后。

(2) 参加人员：企划部门、开发设计部门、销售部门、品质保证部门、制造部门、采购部门等相关部门和人员。

(3) 审查方式：会议或书面方式。

2. 资料的准备

在审查前必须准备相关的被审资料,发放至审查人员。

(1) 企划部门：新产品企划书。

(2) 开发设计部门：设计图、各种试验报告。

(3) 销售部门：销售企划书、市场情况调查资料、销售的计划和要求等。

(4) 品质保证部门：品质计划书、市场投诉情况、生产现场不合格情况。

(5) 生产部门：生产技术相关资料,生产、采购方面的问题点,过程改善计划等。

3. 审查的实施

审查实施时主要依据审查检查表进行各项目的审查。

(1) 设计是否与客户要求、销售要求符合。

(2) 确保品质的审查与建议。

(3) 生产性的讨论与建议。

(4) 标准化设计的审查与建议。

(5) 其他。

4. 事后落实工作

(1) 审查记录的作成与发放。

(2) 向设计人员反馈不符合项目、建议项的情况并加以改善。

5.3 设计各阶段审查的重点

1. 商品企划审查

企划品质审查的重要内容有以下几方面。

(1) 客户需求的确认：要明确客户在哪里？客户的问题、课题在哪里？新商品能为客户带来什么价值?

(2) 行业、竞争对手分析。

(3) 开发商品功能的确认。

(4) 对使用新技术可行性的确认。

(5) 品质风险的确认。

(6) 开发投资预算。

(7) 商品成本、销售价预测。

(8) 3 年销售额的预测：销售部门必须拿出相应的销售计划，及达到销售计划的可行性报告。

(9) 投资回收的确认：ROI 的计算。

在完成以上审查，并经过大家充分讨论以后，按职责权限由相关人员作出是否进行开发设计新商品的决定。

2. 方案设计审查

商品企划审查解决了做与不做的问题，决定要做以后就进入了如何去做和如何才能做得更好的阶段，这阶段就是方案设计与审查阶段。本阶段要审查的主要内容有以下几方面。

(1) 商品的功能、性能和规格。

(2) 实现以上功能、性能和规格的系统。

(3) 必要的技术调查结果。

(4) 品质课题及解决计划。

(5) 商品安全性方案。

(6) 商品环保方案。

3. 初步设计审查

初步设计是实现新产品的结构设计和系统设计，要审查的内容主要有以下几方面。

(1) 系统是否能达到功能、性能和规格的要求。

(2) 相关指标是否符合客户、行业、国家的要求。

(3) 解决品质课题的具体设计。

4. 详细设计审查

详细设计是对初步设计的细化，要决定所有零部件、公差配合、安装尺寸等数据，实际上是设计的详细作业阶段，所以，一旦方案设计有差错，初步设计的预期效果就不可能达到。详细设计主要审查项目有以下几方面。

(1) 产品功能、性能、规格、结构。

(2) 产品的可操作性。

(3) 新技术的可实现性。

(4) 品质目标达成情况。

(5) 是否符合相关法规、规格，如 UL，CCC 认证等。

(6) 产品的可靠性和安全性。

(7) 产品成本。

(8) 产品的生产性等。

(9) 图纸的确认。

5. 验证评价审查

验证评价审查的主要内容有以下几方面。

(1) 试生产产品评价结果报告。

(2) 产品性能实验项目及实验结果的确认。

(3) 产品环境实验项目及实验结果的确认。

(4) 零部件品质的情况。

(5) 第三者设计评价。

(6) 产品的保养和维护。

(7) 成本的确认等。

6. 量产化审查

量产化审查是对生产产品的生产性和体制进行评价,通过以下项目的评价决定是否进入正式生产。

- 量产品质的评价。
- 对外保证事项的评价。
- 对设备、过程设计的评价。
- 对制造标准类文件的评价。
- 对零部件、材料、模具的评价。
- 生产成本的评价。
- 量产环境的评价。
- 量产技能的评价。
- 交货期等。

单元6 验证评价

以上的开发设计和设计评审都是纸面上的东西,虽然在开发设计过程中技术员对部分模块做过一些试验,但依据设计图纸制造成产品以后,还必须依据本企业的标准、行业的标准和国家的标准,进行一系列的实验,确保向顾客提供的产品满足预期的要求,同时也满足安全方面、环保方面的要求。验证评价主要项目有以下几方面。

6.1 产品性能实验

产品性能试验用于验证新产品是否满足预期功能、性能的要求。产品性能实验是对产品的基本功能和各种条件下的适应性及其能力进行检查和测量,以评价产品性能是否满足预期设计的要求。不同的产品其性能要求是不同的,实验的项目、要求和方法也不同。就机电产品而言,产品的性能试验主要包括以下方面。

(1) 功能实验。对产品的基本使用功能通过实验取得数据。如汽车的速度、油耗、载重量、制动力和距离、平稳性等。

(2) 结构力学实验。结构力学实验一般用于承受动、静载荷的产品进行机械力学实验,实验时模拟外界受力的状态加以静力和动力等。实验中往往加载到规定的载荷值和时间或直至结构破坏以测定其结构强度,验证产品参数计算的正确性。

(3) 空运转实验。产品在无负载的情况下,按照实验规定要求(时间、速度、位移、温度、压力等)进行检查、测试和评定各运动部分工作的灵活性、平稳性、准确性、可靠性、安全性,检查其控制、驱动、冷却、测量等系统的工作情况。

(4) 负载实验。按照相关实验规定,在加载条件下测试、评定产品的各项性能参数;检查各运动部分的可靠性、安全性;检查控制、驱动、冷却、测量各系统的工作状况。

6.2 环境条件实验

产品出厂后,在储存、运输和使用中会经历不同的环境条件,在各种不同的环境条件下,产品的品质是否能满足预期的品质要求,我们必须在开发设计过程中通过一系列的环境实验来进行验证,这就是环境条件实验及其作用。

1. 环境实验的主要项目

环境实验有自然暴露实验、现场实验和人工模拟实验三类。前两类实验所需的费用高,耗时也较长,实验的重复性和规律性也较差,但是在实验中能比较真实地反映实际使用的状态,因此这两种实验是人工模拟实验的基础。在品质实验中广泛使用人工模拟环境实验。为使实验结果具有可比性和再现性,现在机电产品的环境实验方法已经标准化。环境实验的主要项目如下。

(1) 高低温实验。高低温实验是对产品在按技术标准规定的高、低温恶劣环境条件下,评定产品工作的稳定性和可靠性。

(2) 湿热实验。湿热实验是把产品放置在湿热实验箱中进行,靠喷雾水或使水加热蒸发来调节湿度。产品湿热实验是考核产品耐受湿热空气影响的能力,是评价产品在湿热空气中使用可靠性的一种方式。其目的是检验产品在湿热空气条件下金属零部件是否会严重生锈、电工绝缘材料的绝缘性能会否降低,以保证产品的安全性。

(3) 防腐实验。防腐实验是检查产品对含盐水分或工业废气腐蚀的抵抗能力。

(4) 温度冲击实验。温度冲击实验是检查产品在温度剧烈变化条件下的工作适应性和结构承受能力。

(5) 霉菌实验。产品长时间在温湿度较高的环境条件下使用,表面均可能有霉菌生长，其菌丝易于吸收潮湿气体，分泌有机酸性物质，使产品的绝缘性能遭到破坏、光学玻璃的光学性能下降、加速金属零部件的腐蚀等，为此，要进行产品的霉菌实验。霉菌实验目的是检查产品或非金属部件抵抗霉菌侵蚀的能力。

(6) 密闭实验。密闭实验是评定产品防尘、防漏气、防液体渗漏的密闭能力。

(7) 振动实验。振动实验是检查产品经受振动的适应性以及评价其结构的完好性。

(8) 老化实验。塑料、橡胶、油漆等高分子及非金属材料制品在储存和使用过程中因受外部环境条件的影响，其性能会不断变化甚至失效。老化实验是考核塑料、橡胶等高分子材料制品抵抗环境条件影响的能力。

(9) 运输包装实验。

2. 通过环境实验的基本条件

环境条件实验后一般在符合下列要求时可认定其通过。

(1) 产品的技术性能符合技术标准或实验的作业指导性文件的规定要求，产品功能正常，无任何故障缺陷。

(2) 产品及可解体组成部分检查不应有脱落、松动、裂纹、折断、损伤、变形、非正常磨损及其他不应有的缺陷。

(3) 产品组成部分外观检查：金属件表面涂层不出现剥离、起泡、锈蚀、变色等；非金属表面不出现膨胀、起泡、开裂、脱落、麻斑等；橡胶制品无软化、黏结、老化、龟裂等。

开发人员在进行评价实验之前，首先应根据新产品的特点，由有资格的开发人员决定实验项目并制作《实验指导书》。实施实验的人员必须严格遵照《实验指导书》进行实验。

对产品的验证、评价过程就是发现产品设计缺陷和使用隐患的过程。有缺陷并不可怕，可怕的是实施评价的人不懂装懂，不知道什么是异常现象，或者明知是异常现象，却不及时报告。所有实施的实验必须做好详细的记录，使得评价过程也符合ISO对于产品“可追溯性”的要求。实验报告至少应该记载以下内容：实验名称，被测试产品名称，实验实施日期，实验地点及实验环境情况（温度、湿度等），实验人，实验合格与否的判断基准，实验所使用的设备，实验方法及其结果。

例 ＊＊＊品牌手机无法开机

＊＊＊品牌手机最近在市场上很受大家关注，一切皆因其具备超薄的机身设计以及出色的待机能力，但是最近暴露出了许多该手机的品质缺陷，其中最为严重的便是无法开机这一现象。

主要现象为以下几点。

(1) 该手机在使用的过程中发生死机后，拔下电池意图重新开机，这时手机便会变为传说中的“砖头”，进入无法开机的状态。

(2) 该手机在读取存储卡数据的时候如果强行拔出存储卡，也有很大的几率导致手机死机，然后化为“砖头”。

(3) 非正常的关机，例如在运行的状态下拆下电池而使得其直接断电关机。

以上几点均会引起该手机无法开机。

产品存在如此严重的品质缺陷，如果在开发阶段能够严格地进行验证评价实验，相信这样的缺陷一定能够在流入市场前就可以被发现并解决。存在严重品质缺陷的产品流入到客户手中，企业失去的将是客户对企业的信任。而这种在客户心中积累起来的信任，是很难用金钱来弥补的。

单元7 小批量试生产与品质

企业的生产不像画家创作作品，只有一幅，企业是要生产出成千上万台一样的产品。因此，在大量生产时会暴露出一些新的生产性问题，而这些问题在为验证而进行试作时很难发现。小批量试生产的主要目的就是为了确认产品的生产性。

例　某电子产品的电源标签

某企业在对某电子产品进行量试的过程中，发现电源标签有贴反的可能性。这样的商品流入市场，有可能对客户造成相当的损失。

为了防止在大量生产时贴错电源标签，有必要将标签及粘贴处作45度的切角处理。（见图2－11）

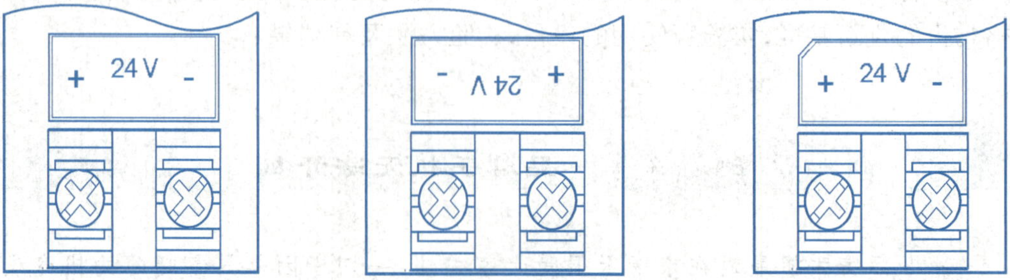

正确的贴法　　错误的贴法　　变更后的贴法

图2－11　电子产品电源标签贴法

看上去十分简单的缺陷，如果设计时忽略了它，将来这样的微小缺陷会给客户带来很大的影响。

小批量试生产主要要解决以下两个问题。

(1) 生产中的品质问题。

(2) 生产性问题。

企业一般有专职的部门(工厂的技术部或商品技术部)负责新产品的试生产。通过小批量试生产后可以发现大量的问题，有些是制造的问题，有些是开发的问题。如制造电器产品的电器印刷线路板时，发现某一零部件的引脚焊锡太少，经生产部门对设备进行调整也不起作用，这样相关部门只有向开发设计部门发出整改报告书，写明不良内容、不良程度、建议改进方案及完成日期。开发设计部门在接到整改报告书以后，必须明确是否采纳，给出不采纳的理由和采纳以后所采取的对策、负责人、完成日期及确认流程。同样，如果是制造的原因，制造部门同样会收到类似的整改报告书。

一般新产品的市场投放日期是有计划的，而要解决以上所有的问题在短时间内是不可能的。须依据问题的轻重缓急，先解决显在的影响品质的问题，其他问题在以后的新产品初期流动管理和以后的日常改善中去解决。

复习与思考

1. 产品设计要符合哪几方面的要求？
2. 开发设计一般分为哪几个阶段？
3. 开发设计过程品质控制的内容是什么？
4. 方案设计的内容是什么？
5. 如何强化详细设计的品质管理？
6. 设计审查包括哪几方面的审查？

第三章

制造过程中的品质管理

学习目标

学完本章，你应该能够：

- ▲ 掌握如何去控制制造过程的品质；
- ▲ 掌握如何对员工进行品质教育；
- ▲ 掌握如何进行生产现场的4M变动管理。

基本概念

过程品质设计、QC管理图、作业标准、标准作业、异常管理、低级错误、初期流动管理、技术变更

单元1 生产起步阶段的品质保证活动

1.1 新产品的起步阶段

开发设计完成以后，作为制造部门的最大工作就是如何按质按量地制造出新的产品，“质”就是品质，“量”就是交货期。如图3-1所示，开发设计部门的输出就是图纸和新产品的QCD要求，制造部门要依据这些要求建立产品的生产线。从新产品的第一次试作到正式开始批量生产，我们把这个阶段称为新产品的起步阶段。

新产品的起步阶段是根据新产品的开发理念、方案，设计生产新产品的过程，即以何种生产过程来保证新产品的品质和达到生产L/T的最短及成本的最低。在新产品的起步阶段，开发部门要与生产部门紧密结合，通过生产过程的各种方案设计比

较、试生产，求得最佳方案。如图 3－1 所示，生产起步阶段的过程设计最终是要定下生产过程，选定生产设备，制作过程品质确认图等各种制造标准类文件。

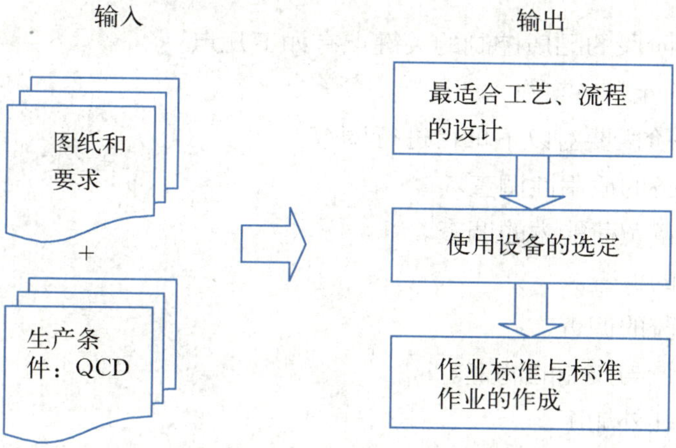

图 3－1　生产过程设计的输入与输出

为了保证过程设计的品质，生产过程设计同样也要经历企划、方案设计、初步设计、详细设计和实施的几个阶段。各个生产过程设计的内容也要在各阶段的设计审查中审查。如图 3－2 所示。

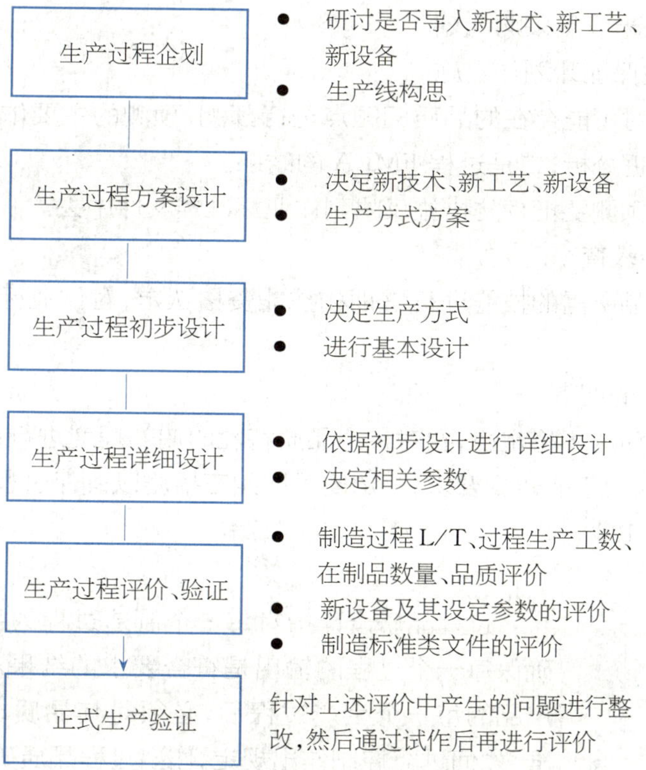

图 3－2　生产过程设计流程

1.2　品质控制关键点

新产品起步阶段的品质控制的关键点有如下几点。

1. 生产准备计划与实施

在生产准备阶段要对以下项目进行调查。

(1) 生产设备的适用性调查。

(2) 生产设备负荷能力的调查。

(3) 工夹具的调查。

(4) 制造物流的调查。

(5) 人员数量与技能的调查。

(6) 是否委托外加工。

依据以上的调查,要决定以下计划。

(1) 生产设备导入计划。

(2) 工夹具采购计划。

(3) 制造物流。

(4) 人员计划。

(5) 零部件、半成品采购计划。

2. 制造品质保证计划与实施

制造部门要对可能存在的品质问题点进行预测,预测的主要依据一是过去的类似产品的品质数据分析,二是过程 FMEA 的结果。

依据以上的预测要把预防措施反映到作业标准类文件中去。

3. 对员工的教育

对制造新产品所需的技能进行培训和技能资格认定,对作业标准书进行教育与操作练习。

4. 过程能力的调查

为了减少品质的不稳定性,要对各个品质特性的偏差程度进行调查,进行过程能力计算,如过程能力不能达到要求,一定要采取纠正措施以确保过程能力。过程能力详见第五章单元 10。

单元2 过程品质设计

过程品质设计指对每一个制造过程的品质进行控制,以确保每一个过程的输出是符合要求的结果。所以,在确定了产品的每一个生产过程后,必须对其品质控制项目、控制基准、如何进行控制作出规定,作出过程品质确认图,图 3－3 就是某企业的过程品质确认图。

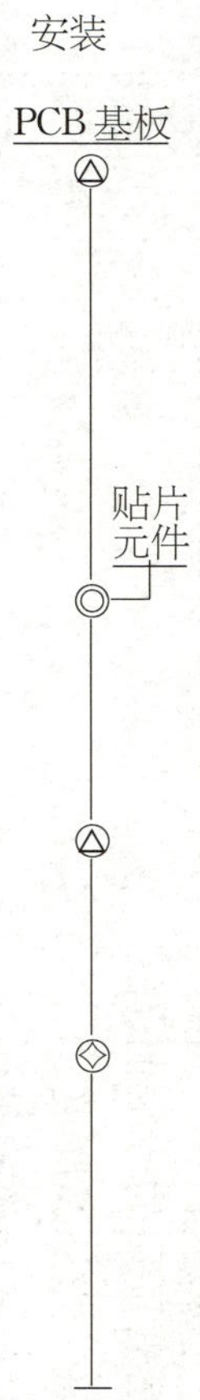

过程号	过程名	管理点		管理方法			
		品质管理项目	规格基准	确认方法频度	计测器名称	精度	记录方法
2	焊膏印刷	焊膏印刷设备管理	根据焊膏印刷QC管理图	点检　1次/天	焊膏印刷机		焊膏印刷机日常、定期点检表
		印刷网板的管理	根据印刷网板一览表	目视　使用时	印刷网板		
		印刷网板清洗的管理	根据印刷网板清洗机QC管理图	点检　1次/天	网板清洗机		印刷网板清洗机日常、定期点检表
		印刷程序的管理	根据NC数据一览表	目视　使用时	FD磁盘		
		焊膏的管理	焊膏的规格、保管方式	点检　1次/天	冷藏柜		冷藏柜点检表
		印刷品质的管理	根据焊膏印刷极限样本	目视　每个order			
		焊膏规格的管理	型号：LFM-48W				
3	贴装	高速贴装机设备管理	根据高速贴装机QC管理图	点检　1次/天	高速贴装机		高速贴装机QC管理图
		高速贴装机NC数据的管理	根据NC数据一览表	目视确认　使用时			
		供料器的使用	根据Z轴表指示	使用时			Z轴表
		贴装状态的管理	根据贴装位置的极限样本	目视确认　第1枚基板			
5	回流焊接	回流炉设备管理	根据回流炉QC管理图	点检　1次/天	回流炉		回流炉日常、定期点检表
		回流炉温度曲线管理	根据温度曲线基准	点检　1次/月	温度测试仪		温度曲线记录
		回流炉NC数据管理	根据回流炉NC数据一览表	数值设定　产品切换时			
11	目视检查	部品贴装状态的管理	根据部品贴装极限样本	目视检查　全数	放大镜		
		部品修正的管理	根据Z轴表				
		作业人员的管理	具备手工焊接资格				
		焊接工具的管理	根据SMD目视检查QC管理图	点检　1次/日	电烙铁		电烙铁日常点检表
		焊接材料的管理	根据SMD目视检查QC管理图	标签确认　使用时			
		焊接温度的管理	350℃			0——20℃	

过程分析记号：一,部品　○,加工　◎,组装　△,辅助　◇,调整　◇,确认　◇,检查　=,经时

图3-3　过程品质确认图示例

2.1 过程品质设计的主要内容

(1) 要确定每一过程的品质管理项目，如对设备的管理、材料的要求、人员的要求、环境温湿度的要求等4M1E方面的内容。

(2) 确定每一管理项目的管理基准。

(3) 决定管理方法。管理方法包括确认方法和频度，如有的是1日1次，但有的是全数检查。

(4) 确定品质记录的方法。有的过程品质确认图中还列出了具体工作的担当者、发生不良品以后的处理方法等项目，各企业可以依据自身产品和生产的特点进行更加详细的品质设计。

2.2 过程品质确认图的使用方法

(1) 一般来说一个企业生产的产品都是同一类型的，其生产过程大致相同，所以，企业可以制作标准过程品质确认图，此图适合于所有的产品。但有些产品可能只通过一部分生产过程，即使通过同样的过程，使用的作业条件也可能不同，所以，对每一产品要相应地制定不同的过程品质确认图。

(2) 过程品质确认图是某产品生产的纲领性文件，依据此规定要相应地制定作业指导书、QC管理图、各种检查表等下位文件。

(3) 与其他标准类文件一样，要依据现场反馈的品质信息及品质改善活动的成果不断修改过程品质确认图。

单元3 QC管理图

QC管理图规定了各个关键制造设备和过程的重点管理标准和方法，以达到确保品质稳定的目的。QC管理图是依据过程品质确认图的要求进行制作的。设备的点检表等管理项目，则依据QC管理图作成。

过程品质确认图是生产现场整个过程品质管理的纲领性文件，而QC管理图则是关键制造设备和过程的品质管理纲领性文件。

QC管理图制作要领有如下几点。

(1) 重点管理项目。如波峰焊的温度、皮带传输的速度等。

(2) 管理项目的标准值范围。

(3) 确认方法及频度。

(4) 其他品质管理事项等。

图 3－4 就是一张某企业的 QC 管理图。

QC 管理图

过程编号和设备编号	过程名	设备名和附属设备名
320	自动焊接	20MDX

制　作	审　核	认　可	批　准

管理项目	管理值标准	确认方法	频度	关连标准名 No.	管理方法规格	检查管理记录	实施部门
1. 设备操作				自动焊接机操作要领书 Q－IVT0055		自动焊接机定期点检记录	制造部
2. 参数设定							
2－1. 焊锡缸温度	100±10℃	测定	2 次/12 小时		数字温度计	Q－1093	
2－2. 传输速度	设定值1±0.2 m/min	显示值确认	始业时		显示器〈校正外〉 喷流确认板	日常点检记录 Q－1034	
2－3. 焊锡喷流高度	35 mm	目视确认	2 次/12 小时		温度时间测试器	温度检测记录	
2－4. 基板底面预热温度	100±30℃	测定	1 次/周				
2－5. 预加热区温度	设定值 80℃						
2－6. 导轨宽度调整	导轨宽度调整一览表	表示确认	每批	导轨宽度调整一览表			
2－7. 1 次喷流开/关设定	① 基板焊接面有点胶贴装部品时 1 次喷流开	目视确认	每批				
	② 基板焊接面无点胶贴装部品时 1 次喷流关	目视确认	每批				

图 3－4　QC 管理图示例

单元4 作业标准与标准作业

4.1　作业标准

1. 作业标准

作业标准是指对各过程规定的作业的顺序、作业方法和作业条件。其目的是无论是谁来做，只要按照标准规定的方法、顺序去做，就会生产出同一品质的产品。作业标准类文件

型号 ……	品号 ……	过程名 包装	作业指导书	过程号 1	制作	审核	认可
NO	过程分析	作　业	作业要领、注意事项	略图、参考事项			
1		1. 根据产品外观检查基准书进行外观确认	1. 每批第 1 与最后 1 台需 1 人读 1 人确认，其余每台根据外观检查基准书进行确认				
2		2. 在如图 1 位置贴规格标签，标签字体为正向	2. ① 根据制造指示书确认标签型号、批号正确有 RO 字样 ② 标签贴付位置如图　图 1 ③ 标签贴付时需沿包装盒边 1—2 mm 贴 ④ 确认标签字体无缺损 ⑤ 确认标签上的二维码标记				
3		3. 外包装盒成型成如图形状　图 2					
4		4. 如图 3 按箭头方向将衬垫两侧翻起折叠衬垫，并将产品两侧放入衬垫的缺口内	4. 产品放入时字体朝向自己　图 4				
5		5. 将产品放入包装盒					
6		6. 如图 6 在产品放入说明书、EC 纸片，并盖好包装盒盖	6. 说明书为日文 EC 纸片为英、日文 放入时 OMRON 字在右上方　图 5				
7							

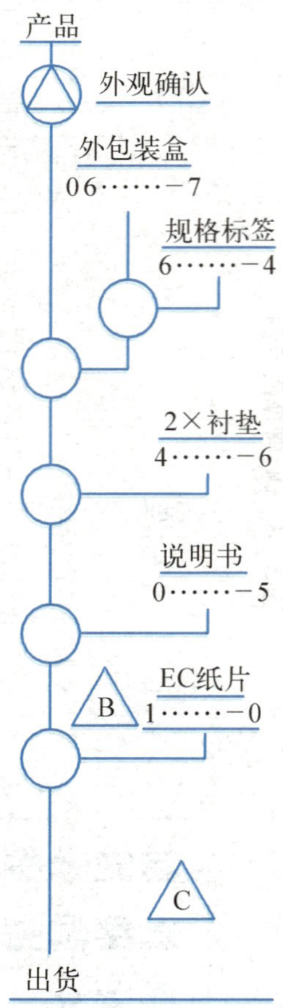

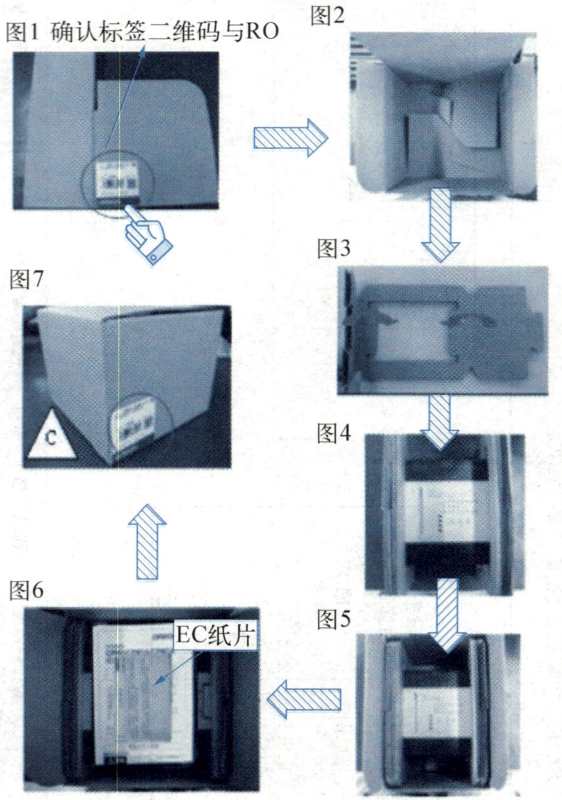

图 3－5　作业指导书示例

有各种形式，如作业指导书、设备点检表等。具体标准如热处理加工时的温度是多少、时间是多少，冷却的条件、冷却液等都有规定。

在生产中要达到规定品质的前提条件是有这样的作业标准书：通过其能达到无浪费、均衡、合理，且具有高效率的生产。图 3-5 是常见的作业指导书。

2. 作业指导书制作要领

(1) 产品型号、产品号(品号)。作业指导书涉及的产品型号及产品号。

(2) 过程名称。过程品质确认图中规定的过程名称。

(3) 作业顺序。用流程图的形式明确作业的先后顺序，必要时明确列出零部件的规格型号及零部件号。

(4) 作业要领、注意事项。以文字的形式说明作业的方法、作业时使用的工具、注意事项及作业的品质要点。

(5) 图例及参考事项。尽可能采用照片、简图等形式，使作业者能够容易地理解和掌握作业要领和注意事项，必要时采用颜色标志以起到提示和警示的作用。

4.2 标准作业

所谓的标准作业是考虑人、物、设备的最有效组合，为了高效快速地、安全地、无浪费地制造出优质产品，依据生产的“节拍”、反复动作的“作业顺序”及“标准在制品”三个要素进行生产，符合以上条件的作业称为标准作业。

标准作业也可以称为定常作业，其具有以下特点。

- 简单化：彻底去除因疏忽产生的错误。
- 节奏化：既不会让员工产生疲劳，又能激发员工的工作欲望。
- 物流：产品及材料的整流化、设备效率的提高。

非定常作业则是高技能作业者的工作，如异常状况的排除等。

1. 标准作业的三个前提

(1) 以人的动作为中心：人的动作要没有多余、要平衡及没有勉强。

(2) 重复的作业：以规定的节拍进行重复的作业。

(3) 在现场作成：监督者要进行示范、指导，让别人遵守。标准作业以监督者为主作成。

2. 标准作业的三要素

(1) 节拍：是指必须用几分几秒制造一台或一件产品的时间，这是由生产数量和工作时间决定的。

(2) 作业顺序：是指作业者在加工物品时作业的顺序，它包括运输物品、手工作业、在机械上安装拆卸等。这是伴随着时间的流动而进行作业的顺序，不是指产品流动的顺序，换句话来说：决定一个作业员的作业顺序可以不按产品流动的顺序来安排,即也可以是跳跃式的顺序。

(3) 标准在制品:生产线上各过程有一定的差异,为了不产生等待可以设置必需的在制品数量,数量中也包括在设备中的加工半成品。

3. 标准作业三票

(1) 过程能力票。过程能力票记录在产品加工各过程中手工作业时间、设备加工时间、刀具切换时间等数据,企业可据此计算出在所定时间内各过程的加工能力。通过对过程能力票中各过程加工能力的统计、分析,可以认识到问题和瓶颈所在,并着手进行改善。

(2) 标准作业组合票。标准作业组合票决定每个作业人员的作业内容、作业顺序及每个过程人工工数的标准、设备自动运行时间、步行的时间。

(3) 标准作业票。标准作业票记录每个作业者的作业范围、移动路线,并有设备配置、节拍、标准在制品、品质检查、安全等相关事项。

4. 进行标准作业的优点

进行标准作业后,可以反映以下的一些问题。

(1) 使人与设备的作业时间可视化,哪里有浪费一目了然。

(2) 在反复作业中,可以发现一些问题的真正原因。

(3) 知道了瓶颈过程,可以进行重点改善。

(4) 控制了在制品,可以逐步减少在制品。

(5) 使布局不合理的问题明显化。

(6) 监督者可以进行可视化管理。

(7) 防止作业人员进行标准作业以外的工作。

(8) 可以对生产的品质、数量、成本进行全面的管理。

5. 作业标准与标准作业的区别

作业标准是人应该遵守的作业条件、作业方法和作业顺序。

标准作业是以人为中心的改善作业的手段。

在实际工作中不可能所有的作业都可以改善成简单的、有节奏的作业。

单元5 制造阶段的品质保证活动

5.1 制造流程

制造阶段是要按设计的标准,制造出真正合格的产品,制造的一般流程如图 3-6 所示。

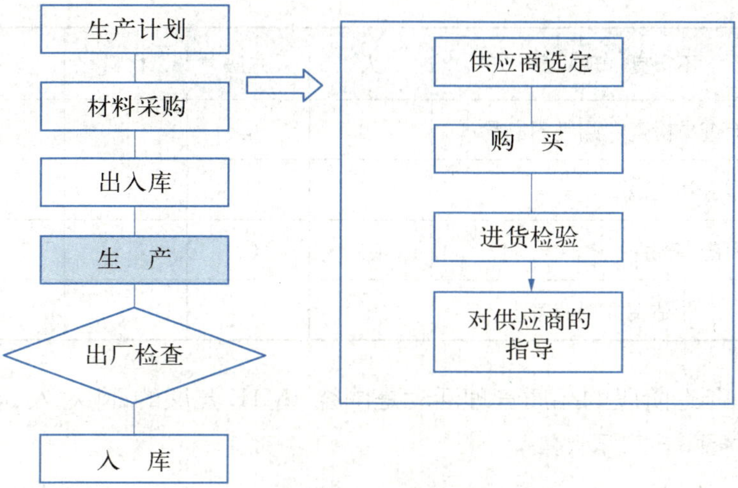

图 3 - 6　制造流程

5.2　4M1E 与品质的关系

任何一个产品都是由人(man)用其他 3M(材料 material、设备 machine、方法 method)在一定的环境条件下(environment)制造出来的,所以,一个企业生产产品品质的好坏、效率的高低完全取决于如何对 4M1E 进行管理。表 3 - 1 是某企业分析得出的不良现象与 4M1E 的关系。

日常品质管理的难点在于生产出的产品不是 1 万台品质好、100 万台品质好,而是在 4M1E 不断变化的条件下,生产的产品一直是合格的产品。这需要一个好的企业品质管理体系来维持,而不是一时的运动式管理方式。日本的产品品质为什么能在世界上独占鳌头,就是在这种看似平凡的工作中做出了不平凡的工作。

表 3 - 1　不良现象与 4M1E 的关系

No	不　良　现　象	人	方法	材料	设备	环境
1	操作失误造成不良	○	○			
2	材料中混入异物	○		○		
3	产品中有粉尘					○
4	塑料外壳变色		○	○		
5	塑料外壳在搬运中开裂	○	○			
6	检查机误判		○		○	

续 表

No	不 良 现 象	人	方法	材料	设备	环境
7	检查员检查中漏判不良品	○	○			
8	零部件生锈					○
9	用错零部件	○	○			
10	零部件贴装位置偏差				○	

所以说在制造阶段的品质管理活动是围绕 4M1E 开展的，即对人、设备、材料、方法的管理。如图 3－7 所示。

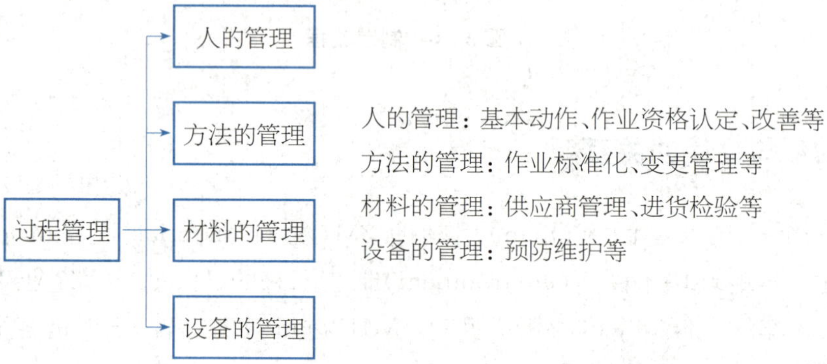

图 3－7　制造阶段的品质管理

5.3　制造阶段品质保证活动

为了消除 4M1E 对品质的影响，达到品质是生产出来的，而不是检查出来的这一高水平，制造阶段的品质保证活动分成两个层次和一个基础，如图 3－8 所示。

（1）第一个层次是如何保证每天按照制造标准类文件进行生产的产品是合格产品。所以，工作开始时要进行规定的各种点检，判断生产线的状态是否正常；做好整理、整顿等 5S 工作；要按作业标准进行工作；快速处理现场异常和正确处理生产中存在的不良品。

（2）第二个层次是如何保证进行生产的 4M 是正确的，而且 4M 是在得到不断改善的。要做到这一点必须对员工进行有效的教育培训；要进行过程审查；要消除低级错误；要进行过程目标管理等工作。如作业人员经过培训后具备相应的认定资格；设备不会在生产中经常损坏；进行作业用的文件保证是最新版的文件；材料是合格品。要达到这样的要求，必须在日常管理中下工夫，首先管理要看得见，要让大家清楚每一个过程的品质目标是什么，但现状又是一个什么样的状态。管理重视的是对过程

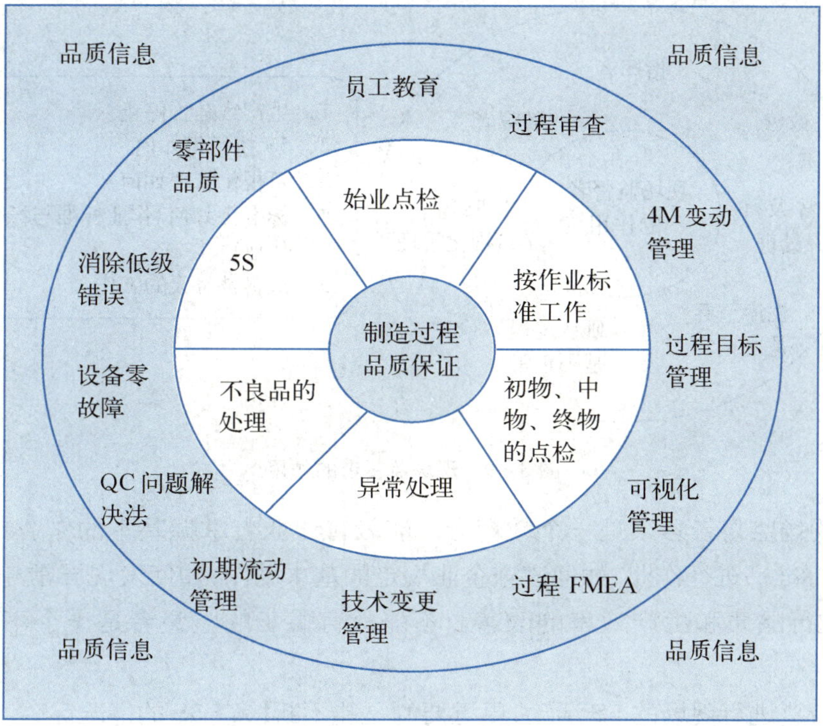

图 3-8 制造阶段品质保证活动

进行中状态的管理，而不是简单的结果管理，后者仅是数据统计。知道了与目标的差距以后，就要仔细研究对策，要考虑如何让任何人来制造都不会产生不良品。制造难就难在如何让生产的产品具有长期的一致性，只有做到这点才能形成真正所谓的产业。所以，就产生了如何消除低级错误的FP装置，产生了现场的QC问题解决法等品质改进方法。

(3) 一个基础是品质信息的快速反馈和流动。生产现场品质问题频发的一个主要原因是品质信息在生产现场没有流动，前过程不知道后过程对其品质的反馈是好还是坏；生产现场不知道技术变更的信息；新版图纸没有发到作业者手中等现象在一般的企业中到处都是。

图中的内容会在以后的章节中逐步进行介绍。由于5S和可视化管理是品质管理的基础，所以，本书特列出一章进行阐述。

单元6 现场监督者的作用

现场监督者是指生产现场的组长、领班、科长等现场领导。现场监督者是生产现场的指挥者和监督者，他们在现场的作用如图3-9所示有以下几点。

(1) 现场监督者是一个指挥者，指挥生产，指挥如何确保品质。

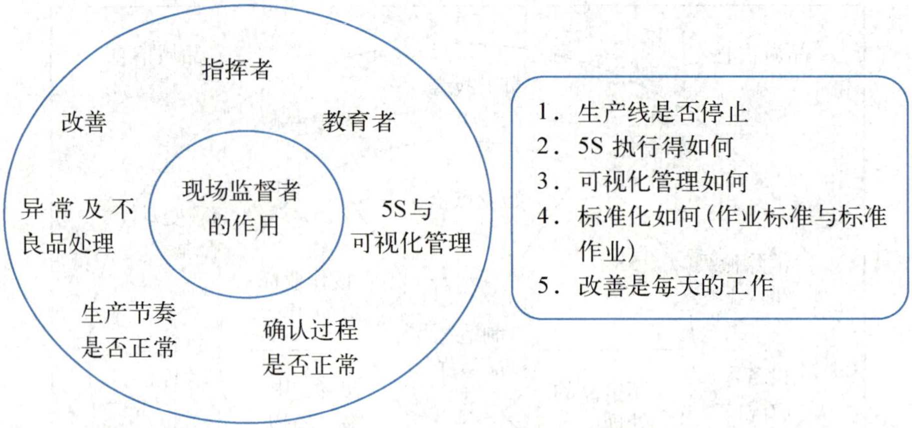

图 3-9 现场监督者的作用

(2) 现场监督者必须是一个教育者。能教育作业者掌握基本的作业技能,如何按照作业标准书进行作业,如何遵守企业规定的基本动作,如何发现异常和分析不良品,如何进行品质和生产效率的改善。不能教育员工的监督者是一个不合格的监督者。

(3) 带头进行现场的5S活动,更重要的是能不断检查5S的情况。

(4) 要确保品质信息的畅通。可视化管理是一个非常好的品质信息沟通的手段,醒目的图表可以使任何人都清楚现在的品质状态如何,并给相关人员留下一个较深的印象。在品质信息共享的情况下,大家朝着一个目标去努力。

(5) 要清楚地知道现在的生产现场(包括过程和节奏)是否正常,及导致不正常的因素,如设备异常、零部件不良、缺品、员工不断辞职等。对这些不正常的因素要及时采取对策。

(6) 处理好每天出现的异常情况及生产线上出现的不良,使生产线能正常运行。

(7) 做好改善。生产现场监督者是生产线的经营者,既然是经营者就必须使生产线的品质、效率每年都有提高。

单元7 员工的教育

图3-10表示由于人的因素所产生不良的原因分析。

从图中可以看出,员工无非分为两大类:管理者和一般员工。对一般作业员来讲其工作态度、基本动作、作业技能、品质意识、问题分析解决的方法等因素直接影响着产品的品质,一流的产品需要一流的员工去制造。对现场监督者为代表的现场管理者来说其承担的责任更大,要使自己成为一个管理者、教育者,更要在生产现场创造一种不断改善的良好文化气氛。在有些企业的管理中有一个误区:一旦在生产线上出现品质问题,就把责

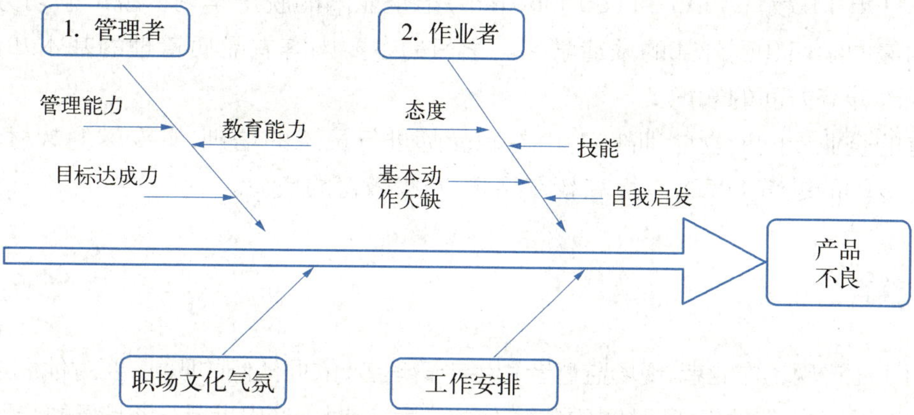

图 3-10 由人产生不良的原因分析

任全部推到员工身上去，什么都是员工的不好，这样永远解决不了问题。例如，员工没有按作业指导书去工作，一定有很多原因。首先员工没有遵守标准说明管理者的管理有问题，如有了标准以后是否对员工实施了教育？实施了教育但员工是否掌握了呢？这实际上是一个管理者的沟通和教育能力的问题。

7.1 员工教育的指导思想和内容

1. 指导思想

要充分认识到：制造产品的过程是培养人的过程和对社会作出贡献的过程。制造一流的产品需要有一流的人，一流的人不是指学历一流，而是做某项工作能达到世界一流。人的管理要贯彻以人为本的指导思想，而不是对员工进行管、卡、压，管理要充分发挥员工的自身价值。

2. 员工教育的内容

制造现场对员工教育的主要内容应包括以下几方面。

(1) 基本作业技能的指导。

(2) 作业标准书的遵照执行。

(3) 规定的基本动作。

(4) 如何发现和分析异常及不良品。

(5) 如何进行品质和生产效率的改善。

3. 教育的基本原则和方法

(1) 基本原则。讲给他听、做给他看，让他讲给你听、做给你看。

(2) 教育实施方法。

➢ OJT 教育。OJT(on job train)指在职教育，在职教育主要是技能教育和作业标准类文件的教育。

➢ Off-JT 教育。Off-JT(off job train)指企业内的脱产学习。脱产学习分为企业内的集中学习和到外部的派遣学习。学习的主要内容有品质管理的基本知识、生产现场改善等方面的知识。

有的企业专门设立培训部门,由专职教师进行员工的培训,有专门的教材,有的还制作专门的教育 DVD,以提高教育品质、减少教育的负荷。

7.2 教育的目标

对于生产现场作业者、现场监督者和生产管理者,依据他们的职能,要对他们进行职业生涯发展规划,使他们成为从事该项工作的专家,同时生产出世界一流品质的产品。

(1) 作业人员:通过教育能进行标准作业并应对异常,最终成为生产能手(见图 3-11)。

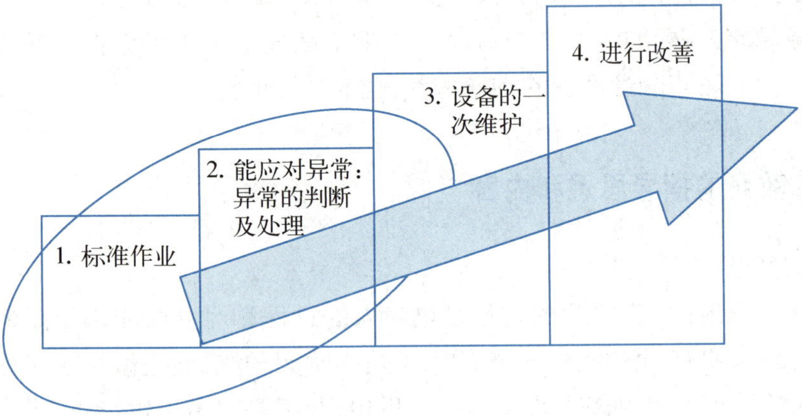

图 3-11

(2) 现场监督者:通过教育使他们成为生产线的经营者(见图 3-12)。

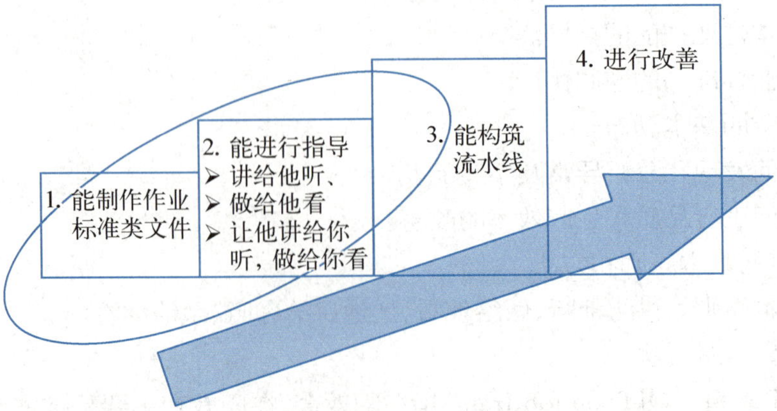

图 3-12

（3）生产管理者：通过教育掌握 JIT 的基本原理并进行实施，最终成为生产方面的专家(见图 3 - 13)。

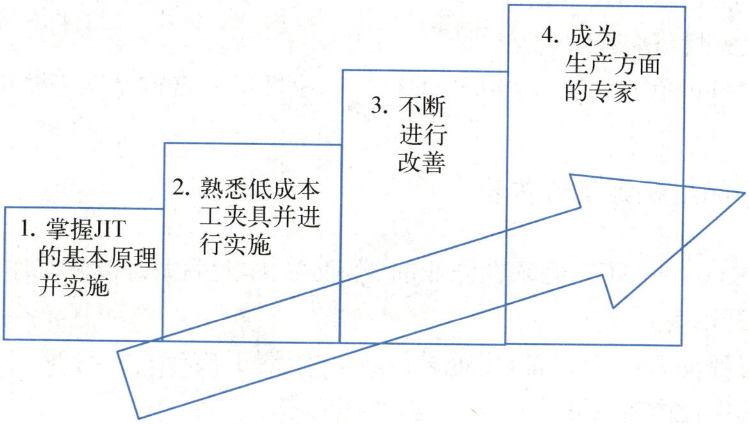

图 3 - 13

单元8 品质是生产出来的

每个生产企业除了有制造部门外还有品质保证部门，两者中到底由谁对生产的品质作出保证呢？一般的人认为既然有品质保证部门，那品质保证部门就应该保证产品的品质。站在客户的立场，这个答案是对的，因为品质保证部门是企业品质的归口部门，但在公司内部这是错的，产品是制造部门生产出来的，所以只有制造部门才能保证生产产品的品质。换句话来说：产品品质是生产出来的，而不是保证出来的。

8.1　品质是生产出来的理念

每一个过程都要认识到以下几点。

1. 不接受不良品

第一原则：后过程不能接受前过程的不良品。

第二原则：对前过程发生的不良品信息，一定要以最快的方式反馈到前过程。不良信息的迅速反馈可以使前过程停止不良品的生产，使损失减少到最小。

第三原则：不能对前过程产生的不良品进行修正，因为一旦你接受不良品并进行修正，虽然信息传递过去了，但对前过程的触动可能比较小，不会引起他们的重视，另外，你不一定能按照要求的品质对不良品进行修复。总之，谁的问题谁负责解决。

2. 不生产不良品

本过程作业者对自己生产的产品是第一责任人，所以在作业中一定要按照作业指导书的要求进行作业,并按作业开始后对第一台产品(初物)、中间一台产品(中物)和最后一台产品(终物)进行点检的要求进行检查,保证自己的过程不产生不良品。一定要有我的产品我负责的责任心。

3. 不向后过程移交不良品

后过程是你的客户,为了得到客户的信任,全数品质合格是不可缺少的。

8.2 作业中品质保证工作内容

要做到这以上"三不",必须在作业前、作业中、作业后做好以下工作。

1. 作业开始前

(1) 进行现场5S。对设备、场地进行灰尘的清扫、废弃物的清理。

(2) 明确作业内容和重点确认内容。

(3) 始业点检。为了保证一天生产的品质,要对使用的相关设备、条件等进行作业开始前的点检。点检依据事先制作好的检查表进行,检查表应列出每天始业点检的项目和合格的标准。每天作业人员只要依据检查表进行始业点检即可,发现不合格情况立即向上级汇报。要进行始业点检的4M1E一般有:设备点检、计量仪器点检、工夹具点检、温度湿度等作业条件点检、零部件及原材料的点检等。

2. 作业开始后

作业开始后各时间段品质保证的实施项目和手段如表3-2所示。

表3-2 作业开始后的品质保证工作内容

时　　段	实 施 项 目	手　　段
作业开始时(指每个批号开始生产时)	1. 设备、工夹具的点检 2. 确认作业条件 3. 确认零部件的正确性 4. 确认首件产品	1. 检查清单 2. 作业、检查指导书 3. 标准作业三票 4. 检查标准 5. 防出错装置
作业中(指每个批号生产中)	1. 按标准作业工作 2. 作业要点的确认 3. 对制造中间的一件产品进行确认	
作业结束时(指每个批号生产完成时)	1. 对最后一件产品进行确认 2. 进行整理、整顿、清扫等5S工作	

(1) 每一个批号开始生产时,由于生产的产品不同,当然使用的材料、作业标准、工夹具、软件等都不同,第一台是最容易出错的,所以,在作业开始时要确认各种制造条件,并对第一台产品进行确认,确认无误后才可以继续生产。

(2) 在作业中为了防止员工在某一个时间段的出错,除了对相关项目进行确认以外,再对中间一件产品进行确认。在生产过程中,员工可能会粗心大意、有材料的补充、作业间歇等，这些都可能会引起不良品的发生，所以抽取中间一台看是否有不良发生，如发生不良，要对之前生产的产品进行全数检查和修正。抽检中间一台还有一个好处是当抽取最后一台发现不良后只要对后面 50%的产品进行检查就可以了。

(3) 最后在本批生产结束时对最后一台进行确认。

对首件、中间件、末件进行确认一般由班组长进行，通过这样的确认可以及时地发现不良，使不良的追溯范围缩小，使不良产生的损失降至最小，在实际工作中非常有效。

3. 作业结束后

(1) 撤离生产线上多余的材料，把工夹具、设备仪器放置到规定的区域。

(2) 生产现场进行 5S 清扫。

(3) 统计相关品质和生产性数据。

(4) 做好交接班记录。

(5) 关闭所有照明、动力电源(除要求 24 小时通电的设备外)。

(6) 其他。

总之，要记住：靠强化检查不可能真正提高品质，还需自己保证生产过程的品质。

8.3 定间隔抽检方式

作业中对首件、中间件、末件进行确认的检查方式称为定间隔抽检方式，这种检查方式是生产部门的一种自主检查，以保证自己的过程不产生不良品。定间隔抽检方式也可以采取以下的方式，如图 3 - 14 所示。

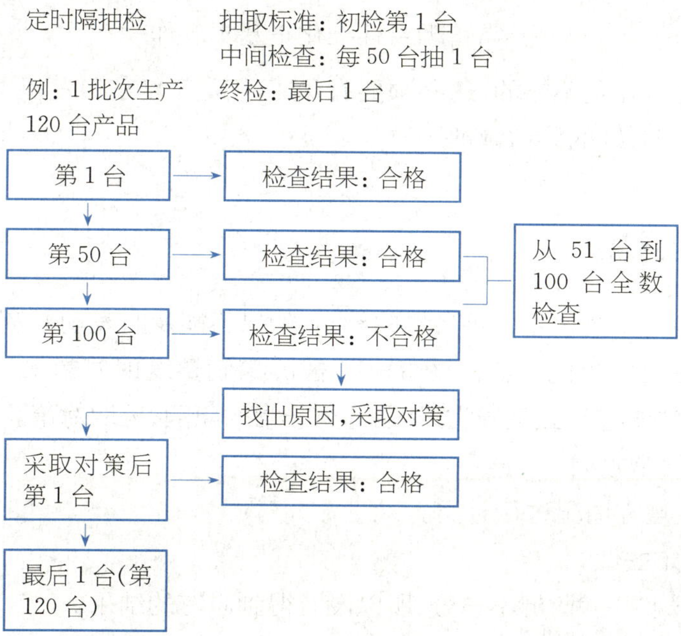

图 3 - 14 定间隔抽检

定间隔抽检方式的最大好处在于加速不良信息的反馈，以减少生产过程内的不良率，从而最大限度地减少报废的损失。

单元9 异常管理

在生产现场我们经常会发现以下问题。

- 今天生产用零部件的颜色与往常的不同，稍微深了一点。
- 零部件表面有轻微伤痕。
- 在制品区域堆放的半成品超出了规定的范围。
- 今天设备发出的声音比往常大了一点。
- 设备启动不了。
- 生产的零部件短缺。
- 按作业指导书进行作业总觉得有点别扭等。

这些现象都是生产现场的异常，如果作业员及时把这些情况向现场管理者进行汇报，马上进行判断，就可以杜绝进一步向产品不良的发展。所以，如何发现异常、解决问题是生产现场管理的重要一环，要做到防患于未然。

异常管理的第一步是要明确什么是正常，什么是异常？在第一章单元9中我们对标准化有了一定的认识，所以，答案很简单：与标准化不一致的都称为异常。异常指还未发生不良，但发展下去会导致不良的产生。

企业不同所定义的异常也不同，如有的企业把异常基准定为：超过了设定的不良目标或管理范围。

异常管理＝标准化＋基本动作

企业仅有标准化是不够的，还必须要有员工的认真遵守和发现异常后的及时汇报，否则就不可能有好的异常管理。

9.1 标准化与异常

生产现场每天都会发生各种各样的异常，如果不能及时发现并解决，那么导致的直接后果就是马上发生的不良。图 3－15 告诉我们要发现异常第一步必须是标准化，有了标准才能知道什么是异常，然后追究异常的原因，采取对策。

1. 常见的异常原因

(1) 按规定遵守情况进行分类。

- ➢ 未按规定去做。
- ➢ 虽然按规定去做，但不充分，所以没有得到应有的结果。
- ➢ 没有规定。

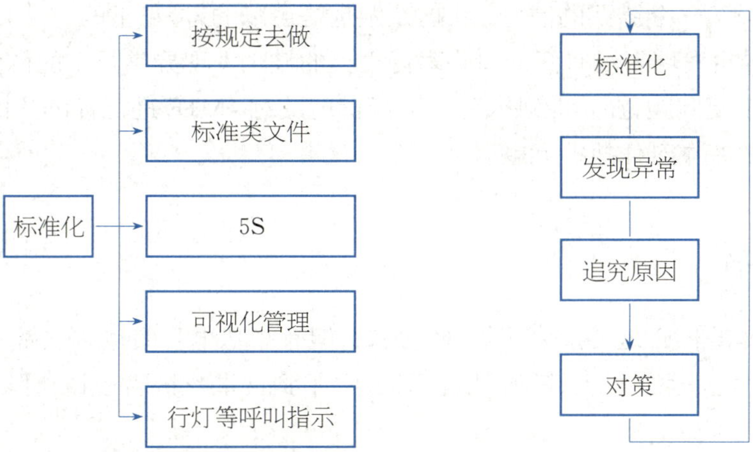

图 3-15　标准化与异常管理

- 规定没有制定好。

(2) 按管理原因进行分类。

- 管理不充分的原因，如人的原因、设备的原因、原材料的原因、检测的原因(抽样问题、测量和计算的误差等)。
- 需要进行技术讨论的问题。
- 不明的原因。

(3) 按发生情况进行分类。

- 有规律性出现的异常，一般这是设计或设备方面的原因。
- 散发的异常，这是生产线管理者的原因。

(4) 过程之外的原因。

- 抽样方法不正确。
- 测量不正确，如测量设备的误用、误读，记录错误等。
- 数据不正确，如记录不正确、计算不正确等。

2. 异常管理中存在的问题

当前在企业中存在的异常管理问题主要有以下几方面。

(1) 无标准化或标准化项目不齐全，或虽然有但不能让员工一看就明白。

(2) 员工对异常的敏感度较低，其原因有以下几点：一是企业以人为本的管理存在一定的问题，员工没有觉得自己是企业的主人翁；二是员工对标准不理解，说明管理层在沟通方面有问题。

(3) 领导的判断、指示不及时。当员工多次看到异常并向上级报告，但上级没有采取任何措施，也没有明确的指示后，员工就再不会报告发现的异常情况了，相反把异常视作正常。

(4) 视而不见。个别领导到现场来看到如违反规定之类的动作也是视而不见，这样就会给员工一个错误的信号：我这么做也是可以的，是正常的。

(5) 对异常发现者没有任何口头表扬之类的鼓励发现异常员工的行为。

要解决以上问题，在企业以人为本进行管理及对 4M1E 进行标准化的基础上，还要解决员工的基本动作执行问题。

9.2 基本动作

基本动作的核心是要按公司的规定去做，但有些基本习惯也应该做到，如早上上班看到同事时应该说“早上好”等礼貌用语，中午到食堂吃饭时应该排队打饭等都是基本动作的一部分。

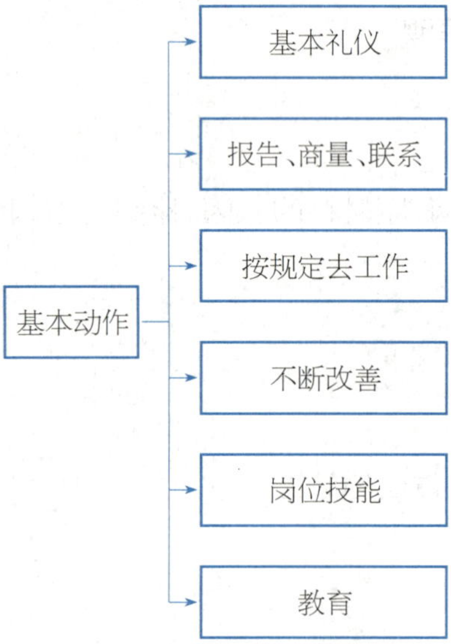

图 3-16 基本动作的主要内容

在生产现场，员工按照基本动作去做，就不大会产生品质问题，从而使组织能顺利地运行。基本动作的主要内容如图 3-16 所示。

基本动作实际上是一个合格员工的标准，也是一个合格干部的标准。一流企业的标准之一就是看其员工基本动作执行得如何？

分析不良品发生的原因，90%以上都是由于基本动作不到位造成的。基本动作不单是对一般员工而言的，也同样适用于企业的管理者，他们同样也存在不遵守基本动作的情况。

优秀的企业管理者把基本动作的教育作为日常的管理工作之一，常抓不懈。有的企业把基本动作制作成小册子，每人一本放在工作服中，每天早会时会组织大家学习几条；有的企业把标准基本动作录制成 DVD，用于教育新的员工，也反复利用午休等时间放给大家看，使大家加深印象。

9.3 异常的对应

员工发现异常后应马上向上级管理者汇报，上级管理者接到报告后，要马上作出判断：正常还是异常。如果是异常，必要时马上停止生产，查找原因，采取对策，直到明确生产产品品质有保证的前提下才能重新开始生产。

第四章单元 11 中介绍的行灯系统是生产线上发现异常以后报告的第一步。

图 3-17 是某企业过程异常处理报告书。

过程发生异常处理报告书　　NO.

作成	审核	认可

型号	过程名称	制造指示书	批号
不良率＝不良数/投入数＝ ［ ］/［ ］ ＝ ［ ］%			

现象(什么、怎么了)		
	发生日	
	作业员	
	过去相同现象	
	□有	发生日
	□无	

处理状况
(措施提出日　　月　　日)

制造部长判断
□继续生产(在停止解除栏内划斜线) □生产停止 □不良对策会议

原因(5W 原则,要反复问自己为什么,找到真正的原因)	确认项目	确认结果
	□作业者	□无问题、要对策
	□作业方法	□无问题、要对策
	□产品特性	□无问题、要对策
	□设备、工夹具	□无问题、要对策
	□流向市场	□无问题. 要对策

对策(做了些什么,怎么做的)
验证资料 NO.

项　　目	安施	预定日	确认日	项　　目	实施	预定日	确认日	确认
设备、工夹具	要、否			作业指导书	要、否			
技术变更	要、否			过程品质确认图	要、否			
作业指导	要、否							

生产停止解除判定	作成	审核	认可
□发生原因已找到。 □对策已实施,并且有效。			

图 3－17　过程异常处理报告书

单元10 品质信息的快速反馈

对于一个企业来讲，每天都有大量的品质信息出现，如何处理这些品质信息，决定着这个企业的成败。到现场去你可以经常听到下面的抱怨。

- 嗨，现场品质不好，经常会出现问题。
- 品质问题已向上级反映好长一段时间了，但没有具体的指示。
- 制定的作业指导书根本不能用，按其作业不可能制造出好的产品。
- 前过程的不良率实在太高了，但一直没有一点改善的迹象。
- 这个品质问题前过程两天以前就发现了，但直到今天才把信息告诉我们，造成我们用前过程的不良半成品制造了很多成品。
- 品质改善的建议已上报，但领导没有答复。

现场品质信息的主要组成部分见图 3－18。

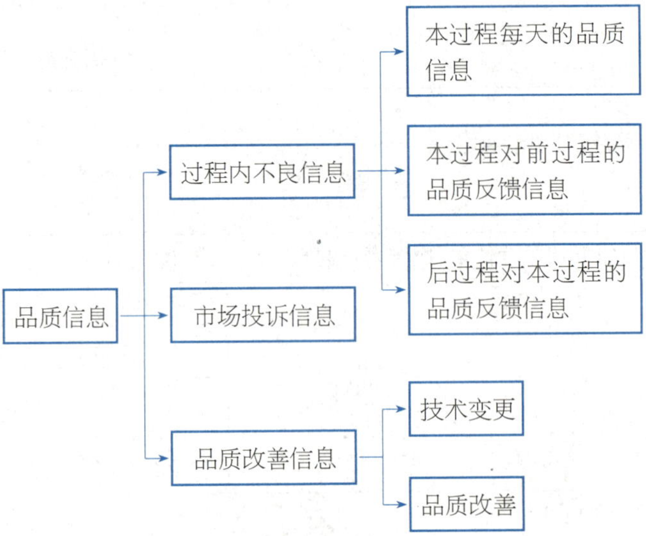

图 3－18　品质信息

10.1　过程内不良信息

1. 本过程品质不良情况

对本过程的品质不良情况每天要有统计，填入管理图中，如超出目标值或管理图中的上下限，要依据管理规定对不良进行详细的分析，采取临时或长期对策。每天的不良情况及达成率要在现场张贴，使大家对品质现状有一个正确的认识。

2. 本过程对前过程的品质反馈信息

前后过程之间的品质信息反馈要做到零报告，本过程即使没有发现有前过程的不良流入也要向前过程反馈，这样就建立了一个健全的反馈制度。

信息反馈的要点是速度要快，这样可以避免前过程继续生产不良品。信息反馈的手段一般用事前制定的品质信息反馈表。表中要记述半成品的品名、批号、数量、不良内容及数量等内容。前过程接到信息以后要马上对不良进行分析，采取相应的对策，如：检查是否有类似不良，一旦有可能存在就要对库存品等进行全数的检查。

对处理的结果前过程应该按照表格的要求，记入发生的原因、采取的对策，并向后过程进行说明，取得后过程的谅解。

3. 后过程对本过程的品质反馈信息

对后过程反馈的不良信息，本过程除了按上述要求完成外，在不良统计中应计入后过程发现的不良。

10.2 市场投诉信息

市场投诉处理部门一定要迅速将不良情况原因反馈到相关部门，并快速作出决断，必要时停止生产，甚至召回相关产品。许多优秀的企业会把市场投诉的信息张贴在企业相关区域，以警示员工注意提高品质。

10.3 品质改善信息

品质改善信息包括为了提高品质的技术变更信息及一些现场改善活动的情况。技术变更信息存在的主要问题是有时这些信息会在个别部门停止流动，没有到达生产现场，导致产生问题后生产现场不能进行判断。

10.4 会议

为了使现场信息充分地流动和及时对这些信息作出反应，进行各种会议是必要的。

1. 早会或晚会

会议内容主要有：

- 由各部门对前一段时间(一般 1—2 天)的品质情况作汇报，目标没有达成的情况下要汇报原因和对策；
- 品质方面碰到的头疼问题；

- 前过程出现的比较严重的问题；
- 改善项目的进展情况；
- 技术变更信息。

早会有以下优点：

- 是一个很好的信息沟通的场所；
- 根据现场反馈的信息，马上作出判断；
- 跟踪项目实施的情况；
- 对与会者可以进行 OJT 的教育，如报告的方式、问题分析的方法等。

2. 定期品质会议

各部门在每月要召开一次定期的品质会议，会议的主要内容是：

- 本月品质目标的达成情况；
- 不良的 ABC 分析的结果及对策；
- 改善的实施及结果；
- 下月的主要课题和对策。

3. 现场品质分析会

现场每天都会发生大大小小不同的品质问题，对有些严重的品质问题要马上停止生产，在这种情况下要立即召集相关部门人员召开现场品质分析会，集中大家的智慧来分析不良原因并采取对策。现场分析会的一个最重要的优点是在现场召开会议可以直观地了解现场的实际情况，作出现实的对策，真正以三现主义的思想来解决问题。

4. 会议的效果

通过以上有效的会议，可以达到以下结果。

(1) 同一失败不发生第二次。只要是人，工作中必定会经历失败，聪明的人会马上分析失败的真正原因，采取相应的对策，使失败不会重复发生第二次。但有些糊里糊涂的人，失败后不去分析原因，把失败归结于他人不好、运气不好等原因，最终的结果是同一失败又第二、第三次地光顾他。

(2) 从重视结果到重视方法。做一项工作，结果正确但方法不一定正确，或者方法不一定是最好的。所以，我们要从重视结果转向重视工作的方法。只要工作方法正确，结果一定是正确的。另外，通过对工作方法的改进，可以提高工作的效率、工作的品质及保证工作中的安全性、环境保护性。这正如容易感冒的人每次感冒时，不仅仅要用感冒药进行治疗，更要改善自己的体质。

(3) 从追究责任到追究原因。工作中谁都会犯错误，一个失败往往是由多人的工作失误重叠在一起造成的。不良商品流入到市场中去，主要责任当然是某个过程的制造不良，但如果后过程能正确地检查出来，或设计中能设计成避免产生这样的不良，或生产线在教育培训时对预防这种不良的措施进行过培训，则不可能发生这种情况。某些企业领导不懂管理，出了问题，动不动就查责任、扣奖金，造成许多人一出问题就先说不是自己的责任。不能勇于承认自己工作中的失误，造成没法找出产生问题的真正原因。这样，采取对策时不能对症下药，也就无法根治产生的问题。所以，我们要从单一追究责任的做法，转到主要是追究产生问题的原因，适当地对屡教不改者采取一些惩罚措施。

单元11 过程控制的层次与目标指标

11.1 目标与指标

1. 目标与指标

过程控制的目标是不断地减少不良率，为达到这一目标就要引入目标管理，从组织上将目标层层分解到下面的各个部门，即企业目标→部门目标→小组目标→生产线目标→个人目标。如公司今年的失败成本定为 0.5%，则各个部门都要把本部门的失败成本定在 0.5%以下。但是到生产现场以后，不能对每一个员工定的目标为失败成本在 0.5%以下，而是为达到部门的这个目标，各个员工要做哪些工作。理论上来讲，这些员工的工作结果之和就是部门应该达到的目标。

基于以上的讨论，本节中引入指标这一概念。指标简称 KPI(key performance indicator)，也称为重要业绩评价指标。部门的目标一定与一些相关的指标相对应，这些指标正常，目标就会正常。

如图 3－19 所示：设备运行不正常是结果，产生的原因有电源、水源、压缩空气等问题，如果我们把这些因素控制在正常范围之内，设备就会正常运行。所以，本例中指标是电源、水源、压缩空气的合格率，而目标是设备正常运行率。

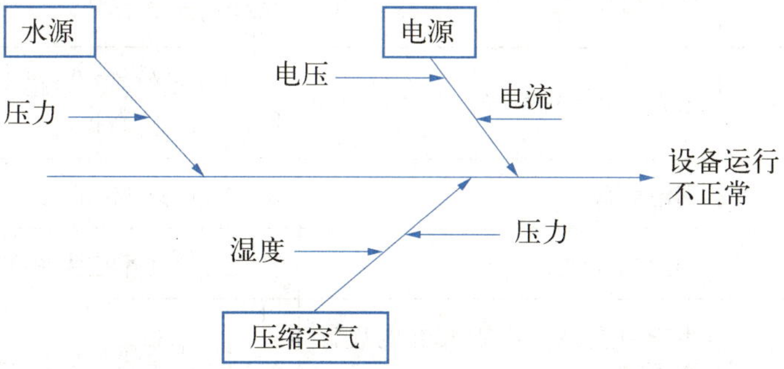

图 3－19

2. 目标与指标的区别

目标是工作的目的，是一组未达到的具体数据，如工作的目的是为了达到不良率为零。很显然我们不能把部门的目标定位在制造文件标准化率达到 100%，制造文件标准化率只是达到目标的具体手段之一，所以是一个指标。但是，可以把这个指标定位成某个员工或小组的目标。

指标可以是手段或方法，但目标不能是手段或方法。指标具有相对性，即对上位目标来说，下位目标也可以称为指标；对下位指标来说，上位指标也可以是目标。但到现场的最下层，应该都称为指标，最下层都是对具体操作点的管理，在品质上称为原因层，即上位的结果是下位的原因产生的，如图 3－20 所示。

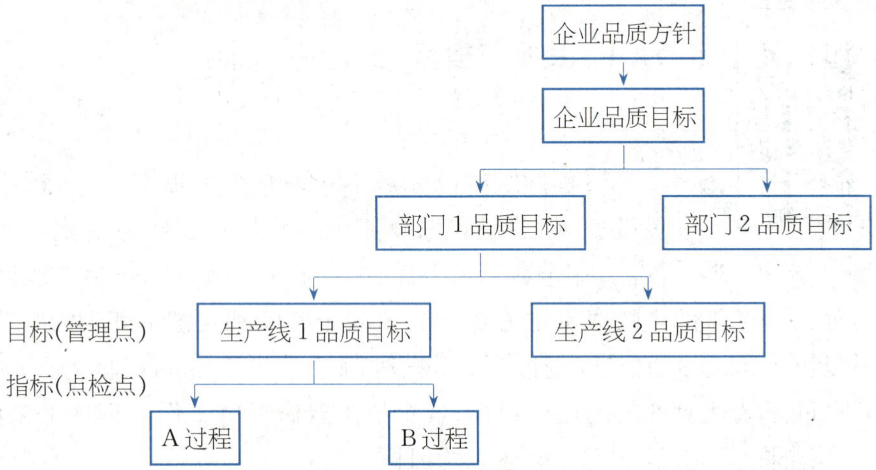

图 3－20　目标与指标

表 3－3 是某企业对其部分目标与指标的说明。

表 3－3　目标与指标的说明

目　标	对　策	过 程 指 标
设备停机时间减少 50%	QC 管理图的执行	每日对水、电、压缩空气压力等设备相关指标的点检情况
减少过程不良率 5%	新人的教育(脱产)	1. 基本动作教育合格率 2. 资格认定数据
	岗位教育	岗位技能达成情况
	作业标准化	作业标准化率达到 100%
减少零部件起因的市场投诉、过程内不良件数 50%	生产中止、VE 中零部件的设计变更对应	设计变更正确率达到 100%
	零部件供应商的 4M 变动管理	重要零部件供应商的 4M 变动确认达到 100%
	强化进货检查	进货检查合格率达到 98%

3. 管理点与点检点

在实际工作中，我们一般将品质管理项目分为两类：一是对原因的管理，采用检查表进行日常点检的方式，简称为点检点管理；二是对结果的管理，以目标管理或管理图的方式进行，简称为管理点管理。所以，在生产现场可以看到对结果管理的目标达成图或管理图，以及对设备点检的日常点检表。

点检点是作业标准、规定的反映，一般用检查表的形式进行检查。

一般情况下，职位越低，点检点越多，管理点越少。下级员工要对产生原因的点用检查表进行管理，上级管理者应该着眼于大局，对管理点进行检查。即要形成系统化管理，使每一个管理项目(点检点、管理点)都在有层次的控制之中。

过程控制的目标是减少不良率。不良率是结果，产生这一结果的原因有许多，所以，在管理上我们要通过对原因的控制来得到要达到的结果，即目标。

在实际工作中，须注意不要把应达到的结果(目标)用具体的手段来表示，其他的也没必要把目标、指标、管理点、点检点分得很清楚。

11.2 品质目标管理与品质控制图

对于管理点的管理，在生产现场常用的有两种方法：目标管理和品质控制图法。

1. 目标管理

目标管理的思路是：一个过程或一条生产线在其一特定期间(如一年、半年)的品质应比上一个周期有一定的提高，所以，只需在上一周期的数据基础上制定本周期的品质目标。例如，过程内的不良率比去年同期下降30%，然后以这个为控制线对生产线进行品质管理。这种方法一是目标制定简单，不用复杂的计算；二是体现了不断进步的改善精神，所以，在一般的企业中是一种常用的过程控制方法。另外，目标设定后，对于具体的指标也需层层设定。(见表3-4)

表3-4 某SMT实装生产线2010年度的品质管理目标与指标

目 标	指 标 1	指 标 2
过程内不良率45ppm	设备不良率为零	设备电、气供应合格率100%
		设备日常点检实施正确率100%
		设备定期维护实施正确率100%
	供料器不良率为零	……
	程序设定不良率为零	……
	零部件不良率为零	……

图 3－21 是某生产线每天品质目标控制图，其本月的目标是 200 ppm 以下，一旦某一天不良率超过目标值时，生产线上的员工就要对不良现象寻找原因，采取对策，使不良率尽快降至目标值以下。

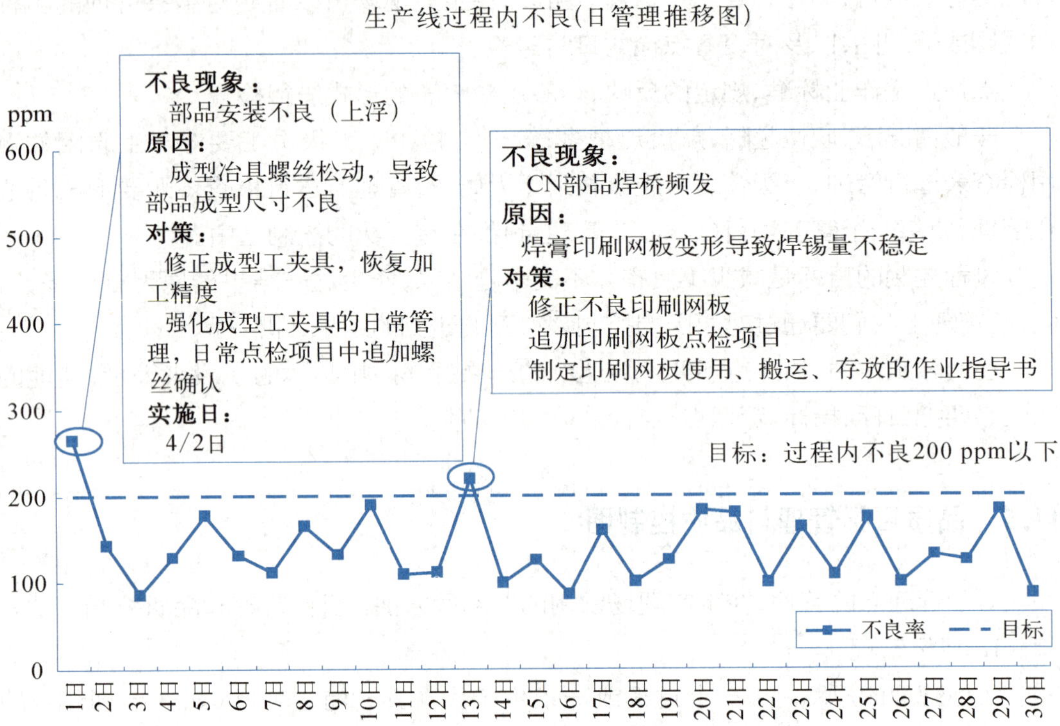

图 3－21　日管理推移图

2. 控制图法

控制图设有品质控制的上下限，可依据品质数据是否在上下限范围之内和品质曲线的变化规律，判断过程品质是否处于控制之中。详见第五章单元 9。

控制图法制定的依据如下。

生产的产品出现某品质特性的不良就是因为其与标准值（也称为设计值、规格值）有一定的偏离。出现这种偏离是一种正常现象，依据统计学的知识，这种偏离还呈现一定的规律性。假设某一品质特性的数据呈现正态分布，则衡量这个波动性大小的值在统计学上称为方差或标准差。品质越好，也就是波动性越小，即方差或标准差越小。所以，过程控制的工作就是如何控制这个波动的大小，波动越小越好。但这个波动的大小是相对于品质要求而言的，即相对于制造加工的规格要求，如加工的上下公差较大，则波动只要在这个范围之内就可以了。波动与制造加工规格要求的比较就是过程能力，详见第五章单元 10。

统计学对正态分布的研究结论是品质特性的全部数据落在正态分布均值两边 3 倍标准差之间的概率是 99.73%。在过程能力符合品质的要求情况下，则只要数据落在3倍的标准差之内,过程就是正常的,但有时即使数据落在3倍的标准差之内,如果呈现某种倾向也可以依据相关规则判断为有异常情况出现,必须去查明原因并采取对策。控制图就是依据正态分布的3倍的标准差范围来控制过程品质的。

目标管理是过程控制图的一种特殊形式,所以目标管理也是控制图。随着品质目标值的不断提高,达到生产过程不良率为零的目标。

单元12 设备与品质

12.1 品质不良与设备

生产用的设备与产品不良有何关系呢?如图3-22所示,主要有以下几个方面。

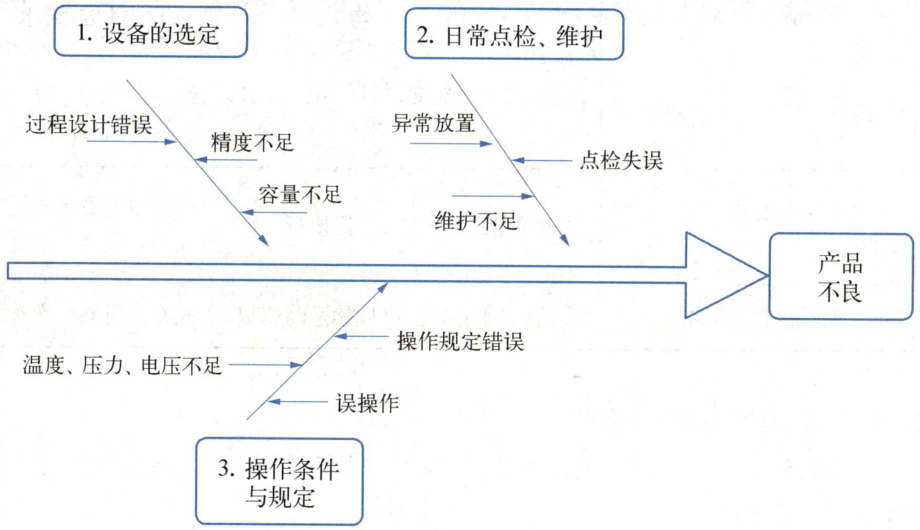

图3-22 设备与品质不良的关系

(1) 设备选用不当导致产品不良。主要包括设备的精度不能满足要求、容量不足等。这是在生产过程设计时犯的错误。

(2) 操作条件与规定不当导致产品不良。主要包括两个方面:一是设备的操作条件不能满足要求,如设备的电源波动导致生产的产品出现问题等;二是误操作等因素引起不良。

(3) 设备的日常点检、维护不足导致产品不良。设备的点检和日常维护是为了确保设备在正常条件下生产出合格产品,点检是确认的手段,如果没有确认就进行生产,可能导致设备在不正常条件下或带病状态下工作,当然生产的产品就会有品质问题了。

12.2 设备的零故障

零故障意味着设备的完好率为100%,提高设备完好率的关键人物是设备操作人员,因为操作人员每天使用设备对设备的状况最了解,如果能在早期发现故障、早期诊断、早期排除,故障时间就会大大地减少。另外,正确使用设备是保持设备一直处于良好状态的关键。要彻底消除"设备故障与我无关"的思想,养成"这是我的设备"的思想。

设备零故障的主要基本对策一是设备符合使用的条件,二是正确地使用,三是日常维护,其内容和对应人员见表3-5。以下主要围绕这三方面进行展开。

表3-5 基本对策的内容和对应人员

NO	项　目	内　容	对应人员
1	具备符合使用的外部条件	防尘、温度、湿度、气压、电力、水、排水等	操作人员的点检 关联部门的保证
2	正确地操作使用,维持基本功能	制定设备运行规定,严格执行	设备技术员制定规定 操作人员遵守规定
3	进行基本的维护保养	清扫、加油、紧固、小故障及时修复	操作人员的一次对应

1. 具备符合使用的外部条件

有符合设备要求的使用环境,如防尘、温度、湿度、防水等,另外,供给设备的水、电、气等必须符合要求。

操作人员必须定期点检这些条件是否符合规定的要求。

2. 正确地操作使用,维持基本功能

包括依据设备的设计能力进行使用,制定标准的设备操作手册并严格执行。

另外,必须防止员工的操作失误,主要对策有:

(1) 改善操作面板的设计;

(2) 追加互锁功能;

(3) 可视化管理的强化;

(4) 傻瓜功能;

(5) 操作、调整方法的标准化。

3. 设备的维护保养

设备的维护保养分为预防性维护保养和事后维护保养，如图 3－23 所示。

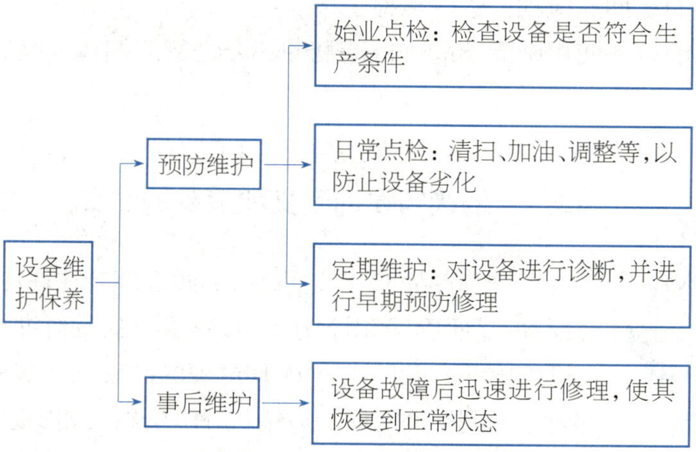

图 3－23 设备的维护保养

设备操作人员平时应做好以下的工作。

(1) 始业点检：每天作业开始前 2—3 分钟，对设备、工夹具进行一次检查，根据规定进行加油、紧固等，并作好相关记录。

- 通过 5S 活动，对设备进行点检，发现潜在的设备缺陷，能自己修理的尽量自己完成，不行的让维修人员来完成。
- 给设备的各个部分加油。
- 对设备的各个部分进行紧固。
- 对使用条件是否符合等项目进行日常点检。

(2) 日常点检：操作人员、组长要对设备可能进行的可视检查、嗅觉检查和听觉检查部分(即官能检查)进行检查。在使用中要及时发现异常，如机械声音异常、漏油等。

要完成以上这些项目，首先制造部门的管理人员、操作员工必须在观念上有一个转变，即使用好、维护好我用的设备是我的职责。其次是要学习一些设备的基本知识、原理，并从每次故障中找出真正的原因，从中学习到实际的经验，使故障或类似的故障不再发生。

设备操作人员和维护人员可以根据设备提供商的操作说明和日常的使用经验总结出一套如何早期发现设备劣化的办法。

- 日常点检基准的作成。
- 点检、检查、交换基准的作成。
- 容易劣化部位及官能检查基准的作成。

(3) 定期维护：根据提供设备厂家的指导或过去的经验，对设备过一定期间后要进行定期维护。

- 根据设备的参数对达到规定使用寿命的零部件进行无条件的更换。
- 对规定的定期点检项目进行点检。
- 对平时因设备使用中而不能进行清扫的部分进行清扫和点检。

单元13 消除低级错误

13.1 低级错误的定义和消除的意义

一个产品的生产过程中，品质管理者往往注重产品的关键过程的品质确保和控制，而忽视了一些看似细枝末节的环节。例如，电子产品只注重PCB过程的品质，而忽略了产品装配不到位，说明书等附件漏放错放，螺丝漏打或松动等等。其实，这些细微的环节更加会影响客户对产品的信任，客户会抱怨说：这么简单的生产都会出错，想必产品也好不到哪里去。而且，有些细小错误同样会造成严重的产品事故。

举个例子，一个电器产品的输入电源有两种规格：交流220 V和直流24 V。产品本身型号为直流电源输入，但由于疏忽，装配过程将本来标识24VDC电源接线的盖板错用成220VAC的。客户拿到产品后，根据标识直接输入交流220 V，结果造成产品烧毁，由于没有备品，导致客户的生产线停产，带来了巨大损失。

我们所说的低级错误，是指最简单的没有技术含量的品质问题。上面所提到的那些所谓细枝末节的过程，就是容易产生低级错误的地方。

但是，从品质管理的角度来说，防止低级错误真的很简单吗？答案是否定的。那些关键的生产工艺和过程决定了产品性价的核心部分，是由开发、制造、品管等人员共同协力，通过解决一个个技术难题，通过高、精、尖的自动化设备来实现的，而往往一个低级错误就会令这些努力付之东流。所以，低级错误是否为零才真正体现品质管理的水平。看一个企业的品质管理水平如何，只要看看他们是如何防止低级错误的，也就是人们常说的细微处见真功夫，细节决定成败。

13.2 防止低级错误方法

防止低级错误，我们从生产制造过程开始到结束，从4M1E的角度，进行严密的品质风险预防和品质管理，是可以取得成效的。

首先，优良品质是以员工的品质意识教育、作业标准化及规定的遵守为前提的。脱离这个前提，再好的管理方法也无法贯彻执行下去。

其次，优良品质的保证从产品投入批量生产之前就必须开始，也就是所谓的防患于未然。从产品设计、过程设计到制造，对批量生产可能产生的各种品质风险进行预测、评估及应对。

最后，在制造过程中针对生产制造每一个过程的品质风险，要采取对应的品质管理措施，防止不良产生。

在长期的生产实践中，前人为我们总结了大量的防止低级错误的方法，表 3－6 列出了一些常用的防错方法。

表 3－6 防止低级错误的常用方法

项目	防错方法	不良品的判别方法
1	重量防错	设定良品的标准重量，通过对重量的判别找出不良品
2	尺寸防错	以横向、纵向、高度、厚度、直径等尺寸为基准，通过其差异来判别不良
3	形状、颜色防错	利用孔、角、突起、凹槽、弯曲等形状的不同，及颜色的不同，防止安装错误
4	连锁	不做前一步不能进行下一步； 或前一步错了，不能进行后一步
5	互锁	只有两步同时动作，才能启动装置 目的是在设备工作时让双手不离开装置
6	IT 识别	用条形码代替人工识别，减少失误
7	自动警告系统	出现动作遗漏时，装置自动发出声或光方面的警告
8	数量防错	当作业次数、部品个数等数量都预先确定时将此作为基准，通过差异了解异常
9	组合防错	按生产产品数量进行成套配件，完成后根据部品有无确认有无异常
10	范围防错	在压力、电流、温度、湿度、时间等超过/未达到预先设定值时，无法进行作业
11	设备自动停止（区域防护）	进入危险区域，设备能检测到，并立即停止运行； 生产中出现不良，设备能自动停止

1. 重量防错

所谓重量防错是事先设定良品的标准重量，低于或超过这个重量就是不良品，如药厂生产线对药品剂量的控制等。在物流系统对客户发货时也常用称重来防止差错的发生及今后便于追溯，如某电器产品企业在给客户发货时，不但要按数量进行发货，而且对打包的商品要进行称重。称重一是为了托运的需要；二是一旦到月底发现库存盘点有错误，可以通过重量的大小来判断给哪家客户多发了。

2. 尺寸防错

在道路的高架桥之前、在山区隧道的入口之前，我们经常可以看到有防止车辆超高的龙门架，即欲通过隧道的车辆不能超过龙门架的高度，否则就不能通行。同样的原理也用在品质保证工作中，如在基板(PCB)的手插入过程中，由于事先准备的错误，有可能产生有的基板的引脚比较长不符合相关规定，这时我们可以制作相应的工夹具，当引脚超过规定的长度时，基板就会被从流水线上撤下来，符合规定的则可以继续被生产下去。

3. 形状、颜色防错

新买的家用电器在打开箱子进行组装时，一般不用看说明书就能自行安装，你只要按形状和颜色进行对号入座，即插头和接口形状吻合、颜色相同，就能完成安装。现在的生产厂家在设计时已考虑到不同功能的连接用不同形状和颜色的插口和相应的插头。

所以，所谓形状、颜色防错是利用孔、角、突起、凹槽、弯曲等形状的不同及颜色的不同，防止安装错误。

4. 连锁

所谓连锁是指作业者的动作与设备动作的联合，即当作业者不按作业标准进行作业时，由于与设备的连锁，下一步的动作就不能进行下去。如操作高压设备，在断电时一定要关闭开关，然后下一步才能拉开隔离闸刀，否则会产生强大的电弧，引起一系列的事故。所以，在设计上打开隔离闸刀的钥匙在开关的按钮上，要取下它必须要关掉开关，这样就保证了两个动作之间的连锁，防止事故的发生。

5. 互锁

成形设备等设置成须两手同时操作，以防止单手操作引起另一只手事故。

6. IT 设别

零部件品名、品号用条形码进行识别，防止人为的差错。

7. 自动警告系统

用传感器记录工具使用次数或作业员动作次数，次数不足时通过灯光、蜂鸣器来提醒作业员，以防止漏放产品说明书、漏打螺丝等。

8. 数量防错

所谓数量防错是与对事先确定的零部件数、动作次数进行比较，如有差异说明发生了不良，要进行检查。如在生产某个产品的一定数量之前，事先确定要多少螺丝、标签，当生产完成之后，发现还剩下两个螺丝，说明一定是在这批产品中漏打了两个螺丝，所以，要对这批产品进行检查，查出不良品。又如作业员在放置产品的附属品时，有时会漏放，我们可以对作业员的动作用传感器进行计数，正确的动作是ABCD，即做了 A 动作以后做 B 动作，依次类推。但如果作业员做的动作是 ABD，漏做了 C 的动作，动作检查装置就马上发出警报，这样就可以防止漏放某个附件。

9. 组合防错

根据生产指示某手工作业生产线生产某产品多少台，在配料作业时配料作业员就按成套的数量来配，配好后装在规定的成套配置容器中，这种容器事先规定哪些零部件放在何处、多少量，有的用零部件的照片进行标识，有的用零部件的形状进行标识，有的用文字进行标识。正确的生产是当固定台数的产品生产完成以后，应该全部用完这些零部件，一旦生产完后还有剩余则说明生产过程中发生了漏装零部件的现象，要马上追查；不够则说明产生零部件不良，以不良品到配料处去换。

10. 范围防错

所谓范围防错是对看不见的压力、温度、湿度、电压、电流等事先规定相关数值范围，当不到或超出这个范围时，就不能进行作业。如对设备用的压缩空气压力规定正常工作范围，一旦脱离这个范围就发出光和声的警告，或马上停止生产。对半导体生产厂的净化度控制也可以用粉尘传感器等来检测和控制。

11. 设备自动停止（区域防护）

在机床等设备的相关部位安装光栅传感器，人体某部位一进入该区域，设备自动停止。

单元14 初期流动管理

14.1 为什么要进行初期流动管理

新产品正式开始生产后，4M 等因素处于不稳定的状态，还有可能存在一些在开发试生产阶段没有发现的问题。为了尽早发现和解决潜在的品质问题，在新产品正式开始投产后，设定一定的期限作为新产品的初期流动管理期，在这个期限之内如果达到设定的品质目标、市场投诉目标，则初期流动就结束，否则就延长。如图 3－24 所示，初期流动管理期是在新产品投产后，为了使产品的生产尽早进入品质的稳定期而设置的特别管理期限。

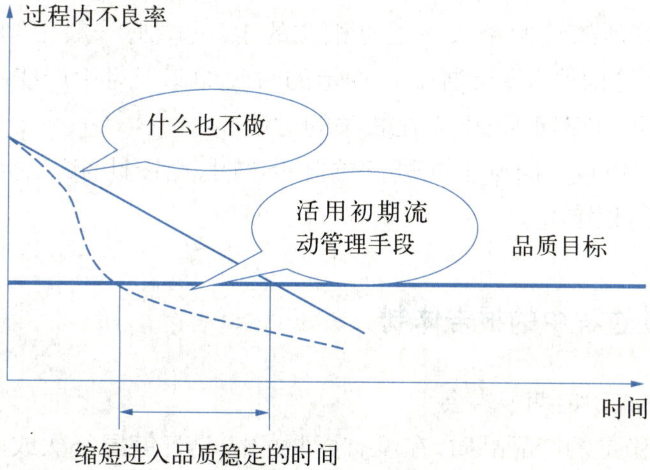

图 3－24 初期流动管理

初期流动管理适用于以下情况

(1) 新产品生产时，包括研发的新产品、接受委托生产的新产品。

(2) 设计变更时：零部件的供应商的变更，零部件的追加、减少等设计引起的变更且判断会对品质产生重大影响时。

(3) 过程变更时：作业区的变更、生产设备的变更、作业方法的变更且判断会对品质产生重大影响时。

14.2 管理项目和管理期间

1. 管理项目

新产品的初期流动管理目标主要有以下几种。

(1) 品质项目。包括过程内不良率、出货检验合格率等。

(2) 课题项目。例如在设计审查、出货判定会议、过程审查中发现的残留课题以及管理期间中发生的课题等。

(3) 生产性项目。其他作为生产性评价的非品质管理项目，如作业速度等。

2. 初期流动管理期间

初期流动管理期间由各企业自行结合产品的性质、历年来新产品从起步到稳定的时间来决定。条件是经过该段时间观察之后，新产品可以基本达到稳定生产。如电器产品一般以连续 10 批次或者 3 个月为初期流动管理期间。

14.3 初期流动管理的实施事项

(1) 品质管理部门要制定初期流动管理计划书，决定重点管理过程、管理项目和品质目标，决定结束条件和时期等。

(2) 在品质管理部门的牵头下建立相应的组织体制，一般由制造部门、品质部门、技术开发部门等相关人员参加。在规定的时间如每天对生产线的品质情况进行分析，找出产生不良的真正原因，实施相关的对策。

(3) 实施过程审查。原则上在进行首批生产时，由设计部门、生技部门、品质管理部门一起进行过程审查。

14.4 初期流动过程中的报告体制

1. 举行初期流动定期报告会

为尽早确立稳定的产品品质，在没有异常的情况下每周一次或两周一次由制造部门、设计部门、生技部门、品质管理部门共同参与，举行定期的报告会，共同分析前一阶段的品质问题，加强信息的沟通，以及早发现潜在的品质问题，并采取措施。

当发现异常情况时，品质部门根据判断可以随时召开品质会议，讨论异常产生的原因和相应的对策。

2. 月度报告

在初期流动管理期间，相关部门对本部门涉及的初期流动管理产品的不良情况和采取的措施每月要向品质保证部门汇报。

(1) 制造部门：过程的不良率，有否重大不良发生，及其原因和对策。

(2) 设计部门：对设计不良所采取的对策。

(3) 品质保证部门：市场投诉、原因及对策。

(4) 采购部门：零部件品质状况及不良原因和对策。

14.5 结束条件

经过初期流动管理以后，各项目标达到了初期流动计划书上的各项要求后，可以结束初期流动管理，否则，要延长初期流动管理的期限。

在以下项目达标后，一般可结束初期流动管理。

(1) 过程不良率全部达到目标。

(2) 过程不良内容没有无对策的不良项目存在，且在管理期间发生的课题全部结束或者已经设置了明确的解决时间表。

(3) 产品出货最终检验达到目标。

单元15 过程审查

企业规定了标准化的项目，如过程设计规定了各个生产过程应遵守的各种规定、细则；企业同时也规定了员工的各种基本动作，如生产过程中员工不能用手机打电话，要整理、整顿、清扫现场等；对过去发生的不良实施的对策等，这些过程中保证品质的措施是否在生产线或相关部门中得到落实？因此，须对过程进行确认，以保证这些措施的落实，这就是过程审查的目的。

过程审查是对开发、生产等各个过程是否按照规定在进行工作，通过检查及时发现存在的问题并督促有关部门整改。

过程审查依据目的的不同分为以下几种。

15.1 非经常性的过程审查

1. 非经常性过程审查的种类

非经常性的审查是指按照相关文件的规定，在符合规定的审查条件时，一定要对开发、生产等过程进行过程审查。这种审查主要有定期审查和不定期审查。

(1) 定期审查。按公订体系文件规定的过程审查次数进行审查,如 1 个季度 1 次。

(2) 不定期审查。当符合下列条件时进行过程审查:

- 发生重大品质问题。品质负责人认为有必要实施审查时,如出货判定出现大批不合格,过程内持续出现不合格品,市场出现重大投诉等;
- 过程或设计变更时,依据影响程度对这些变更规定要进行过程审查;
- 新产品正式开始生产时。

2. 过程审查方法

依据事先准备的检查表,对过程的现状进行检查和核对,判定生产过程是否符合规定的要求。

如果审查是属于 ISO9000 规定的审查,要求从事过程审查的人员应具备过程审查资格,否则只要是部门领导指定的人员即可。

3. 不合格重要度评价

根据审查内容中出现的不符合项对产品可能造成的影响程度,分为:

(1) 重缺陷(A 级),使产品一部分功能停止或降低的不合格项;

(2) 轻缺陷(B 级),在功能上不会对产品产生影响的不合格项;

(3) 微缺陷(C 级),不影响产品品质的不合格项。

4. 合格与不合格判定标准

(1) 合格:B 级不合格小于 3 项(含 3 项)或仅 C 级不合格。

(2) 不合格:A 级不合格 1 项以上或 B 级不合格 4 项以上。

5. 不合格项目的纠正期限

(1) A 级不合格要立即纠正。

(2) B 级不合格要限期纠正。

(3) C 级不合格希望纠正。

15.2 经常性的过程审查

有的企业为了确保品质、安全,设立专职的过程审查员,对某些过程如指定的流水线,按照事先制定的过程检查表(表 3-7)进行巡回检查,检查各过程是否在按规定工作。经常性对生产过程进行审查的优点是不断有人对过程规定执行情况进行检查,促使大家养成按规定去做的习惯,有助于提高品质;不足之处是专职过程审查员是不产生附加价值的,会造成成本的上升。所以,这种方法在人力成本高的发达国家是不可能的,但在我国是可行的方法。当然,一旦大家养成了遵守规定的习惯,可以逐步减少审查的次数,直至取消审查。

表 3-7 过程审查表

NO	检 查 内 容	确 认 资 料	审查情况
1	作业标准是否是最新版本，能否马上拿到	● 作业指导书 ● 检查指导书 ● 检查标准类文件	
2	作业者是否理解 ISO 相关文件，能应对生产线上发生的变化，如异常、设计变更等	● ISO 文件 ● 现场询问	
3	是否有影响品质稳定的作业： ● 比较难装、修正比较多 ● 作业指导书较难理解 ● 设备经常发生故障等	● 生产线的状态 ● 作业指导书 ● 作业检查书	
4	是否有作业记录	相关记录票	
5	设备是否进行日常点检和定期点检	● 设备点检记录 ● 设备清扫规则	
6	作业场所的环境是否合格	生产线状态	
7	生产线、设备、零部件、周转箱等上有无灰尘，是否定期进行清扫	生产线状态	
8	有否对温湿度、洁净度进行管理	温湿度、洁净度记录	
9	对相关作业是否进行了技能认定	技能认定一览表	
10	对新员工是否进行了相关的教育培训	教育记录	
11	不良品的标识、放置区域是否按规定执行，不良品是否及时分析处置	● 生产线现场 ● 不良品记录	
12	生产线现场 4M 标识是否清晰	生产线现场	

这种审查主要是检查现场的动作与规定的一致性程度。依据发现的问题，会在检查表中不断地增添新的检查项目。

单元16 技术变更

16.1 技术变更的定义和分类

1. 技术变更的定义

新产品投产以后并不意味着对这一产品的技术工作结束了，而是刚刚开始，就好像生下一个小孩以后，如何让他健康地成长仍是一条漫长的路。正因为对以上认识的一些差距，有些企业的产品越做越好，但有些企业的产品则越做越差，原因就是正式开始批量生产以后的技术维持工作没有做好。

正式批量生产以后技术维持工作之一是如何做好技术变更管理工作，技术变更管理工作的好坏对品质的影响极大。我们在日常工作中经常会碰到这样一些问题：

- 产品投放到市场以后发生投诉，原因是设计不良，需要对部分功能进行修改设计；
- 考虑到生产性，对设计进行修改；
- 供应商对某一零部件供应的交货期太长，不能适应产品的生产，所以需要用其他供应商的零部件来替换；
- 依据某一大客户的要求，要对现有产品进行某些设计变更；
- 为了适应激烈竞争的市场环境，开发部门每年会对现有大量产品进行 VE 设计，以增强功能、降低成本；
- 对生产过程进行了改善，采用了新的设备；
- 对作业方法进行了改善，需要用新的作业方法进行生产；
- 对设备的参数进行调整，以降低不良率等。

以上的一些变化，企业中称为技术变更。

2. 技术变更的分类

技术变更如图 3－25 所示，由设计变更与过程变更两种组成：设计变更是对原产品设计的更改；过程变更是对原产品生产过程设计的更改。

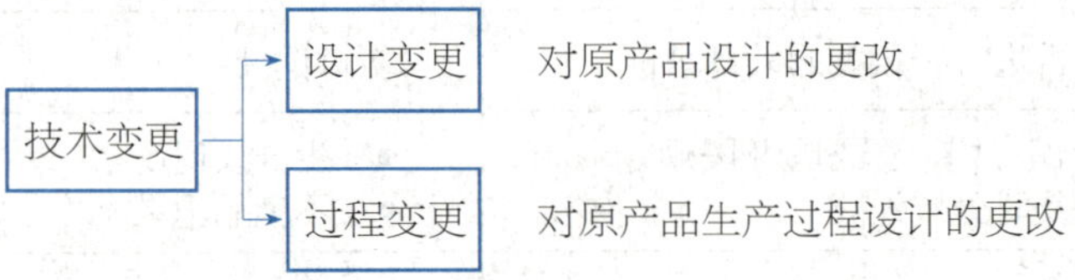

图 3－25　技术变更

（1）设计变更。

由于下列因素的变化，要对产品进行设计变更：

① 顾客对产品的要求变更；

② 法律、法规的变动；

③ 因资源改变而引起的变更；

④ 为提高竞争能力而采取措施进行的产品变动；

⑤ 持续改进。

设计变更的内容包括：产品规格的变更、应对设计不良的变更、零部件采购的变更、安全规格的变更、考虑到生产性的设计变更等。

（2）过程变更。

过程变更的内容包括：作业区的变更、生产设备的变更、制造方法的变更、制造文件的变更，同样也包括外包企业的以上这些变更。

16.2 技术变更的品质保证手段

对技术变更部分必须实施相应的品质保证对策，否则会造成严重的品质问题。

对于技术变更，应该控制如下几个方面。

(1) 识别并确定更改的需要，明确更改的原因、更改的内容。

(2) 对设计和开发的更改进行评审，应包括评价更改对产品各组成部分的影响。

(3) 进行必要的验证和确认，尤其对产品影响程度较大的更改，必须对更改进行验证和确认。

(4) 批准确认的更改，予以实施。

(5) 对更改的评审结果及任何必要的措施(包括更改信息的传递、更改的实施和相关的更改)予以记录并保存。

在实际工作中，针对特大客户的客户化产品，一般型号都会作局部的变化，所以，实际的品质保证都是通过新产品的开发这一途径来实现的。

相关部门提出设计变更的申请以后，如采购部门提出需要替换某零部件、制造部门提出需要改进装配结构等，先由技术部门进行相关的技术研讨，讨论是否可行，如可行就进而实施相关设计，经审核后，进入零部件评价、组装后的产品评价，以验证设计变更后的产品品质状态。

设计变更项目有的会涉及过程变更，有的不牵涉到过程变更，进入过程变更阶段就依据过程变更阶段的品质保证要求来执行。

如表 3-8 所示，某企业将过程变更按对制造过程的影响度分为 ABC 三类，根据影响度的大小，实施不同的品质保证措施。

表 3-8　过程变更按影响度分类及对应的品质保证措施

分类	内　　容	过程确认	产品确认
A	变更引起制造过程的追加、消除、变更 例：检查过程、制造过程的追加，检查设备、制造设备、工夹具的变更	实施过程审查，进行初期流动管理	首批产品进行全数出厂检查，符合事先规定的标准后，方可以认定为合格
B	制造过程无变化，但作业方法有变更 例：设计变更引起的制造标准类文件变化	对变更部分过程实施确认	按正常出厂检查进行
C	有设计变更，但过程没有变化，制造标准类文件也无变更	不需要	按正常出厂检查进行

16.3 技术变更实施流程与常见错误

1. 技术变更的流程

技术变更的流程如图3－26所示。

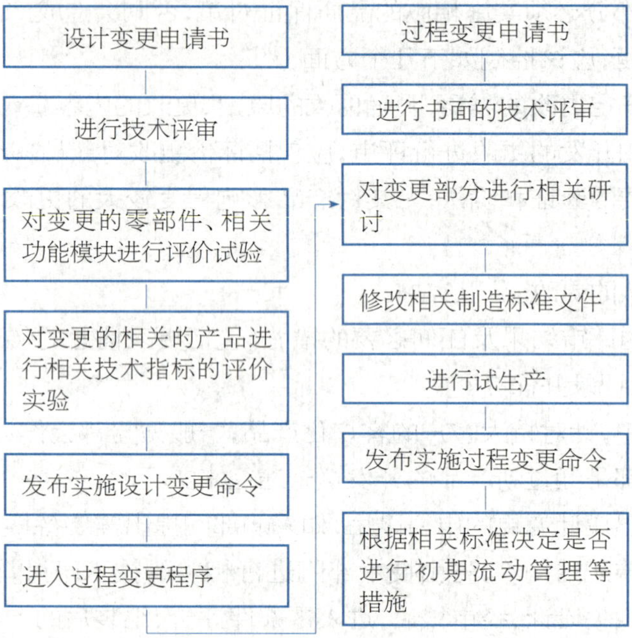

图3－26 技术变更实施流程

2. 技术变更中常见的错误

(1) 计算错误。

(2) 抽出评价项目遗漏。

(3) 实验项目遗漏。

(4) 生产性确认遗漏。

(5) 对其他产品的确认遗漏。

(6) 有害物质检查遗漏等。

单元17 采购品的品质保证活动

材料与产品不良的特性要因关系如图3－27所示。材料导致的产品不良一是与设计时材料的选定有关系；二是对半成品来说是制造不良的问题；三是对材料供应商的选定与管理的问题；四是进货检验的问题。本单元主要阐述采购品的品质保证活动。

任何一个企业生产一个产品，不可能所有的零部件都由自己企业来生产，总有一部分要由外部采购来完成。在生产现场我们总能听到如下的声音：采购的零部件经常发发生批量不合格；首批零部件的品质到是挺好的，现在却越做越差了；产量一大，供应商的零部件供应就跟不上来了；某某供应商倒闭了等。供应商的好坏直接影响企业产品的品质和交货期，一个伟大的企业是站在大量的小巨人的肩膀上成长起来的，现在我国缺乏优秀的小企业，所以也很难诞生世界一流的企业。鉴于以上原因，选择供应商时应考虑的要点有如下几方面。

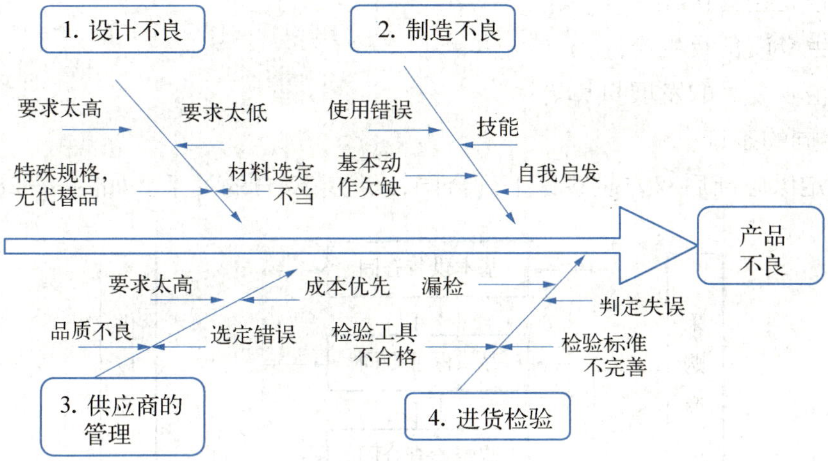

图 3－27　材料与产品不良的要因关系

(1) 能保证采购品的品质。是否能保证采购品的品质，不是靠某领导一句话来保证，而是要看企业的品质理念、方针和品质保证体系能有效运行。

(2) 具有相应的供应能力。指供应商的最大供应能力及以后扩张能力。

(3) 能保证长期的供应。有些企业的发展不具有长期性，这样的企业不能作为稳定的供应商。

采购品的品质保证活动有供应商的选定、品质指导和进货检验三个方面。

17.1　供应商的选定

供应商的选定除了在成本方面满足采购方的要求以外，更要在品质、交货期等方面满足一定的要求。有的企业虽然满足了成本要求，但不能满足稳定的品质要求，不能满足供应量变化的要求。所以，要依据各方面的综合情况，进行评价判断。

1. 品质方面

(1) 产品的功能、性能符合要求。

(2) 现场审查合格。现场审查主要是依据采购方的要求、ISO9000 品质体系的要求及供应商的各种规定进行现场确认。

要说明的是，是否有 ISO9000 体系第三方认定与品质保证体系无一定的必然关系。有的企业内部的品质体系做得很好,只要采购商去企业进行品质体系的审查,结果是合格的即可;有的企业虽然通过了ISO9000体系的认定,但如果采购商的认定不合格,也不可作为供应商。

(3) 品质方面的实绩,过程内的不良率、市场投诉情况等。

2. 供应能力与稳定性

对供应商的供应能力与稳定性主要从以下几方面进行评价。

(1) 企业经营状况。

(2) 生产设备及生产能力。

(3) 企业今后的发展打算等。

3. 合同的签订

在选定供应商后双方应签订下列合同,以约束双方的关系。如图3-28所示。

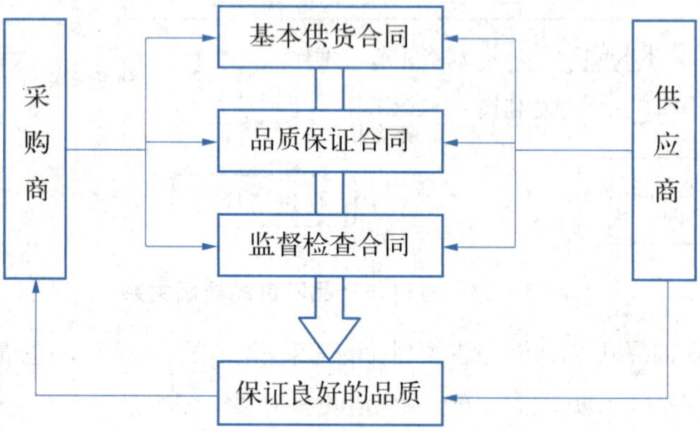

图3-28　合同的签订

基本供货合同:规定了双方的权利和义务、产品的价格、交货期等相关事项。以后就按基本合同的要求,订货方只要发出每次数量要求的订单即可。基本供货合同加每次订单等于完整的合同。

品质保证合同:规定了产品的品质标准、检查标准、出现不良品后的处理方法。

监督检查合同:对订货方如何对供应商进行品质监督检查、指导、支援规定了相关的权利和义务,如可以进入生产线检查生产状况等,如有问题则进行相应的指导和支援。

17.2　对供应商的品质指导

对供应商的品质指导包括以下几方面。

(1) 对品质体系的指导,包括对现场品质体系的审查、对品质改善的建议等。

(2) 督促对发生不良原因的追究及对策的采取。

17.3 对采购品的品质检验与管理

对采购品依据与供应商事先商定的验收规则进行进货检查，然后进行入库处理。采购品的检查分为两个方面：数量和品质。一般对数量的检查由仓库进行，对采购材料品质的检查则由品质保证部门进行。进行进货检查的方法依据采购品重要度、企业品质管理的状况及采购品过去品质检查的实绩来决定，一般有全数检查、抽检、和免检几种方式，如图 3－29 所示。

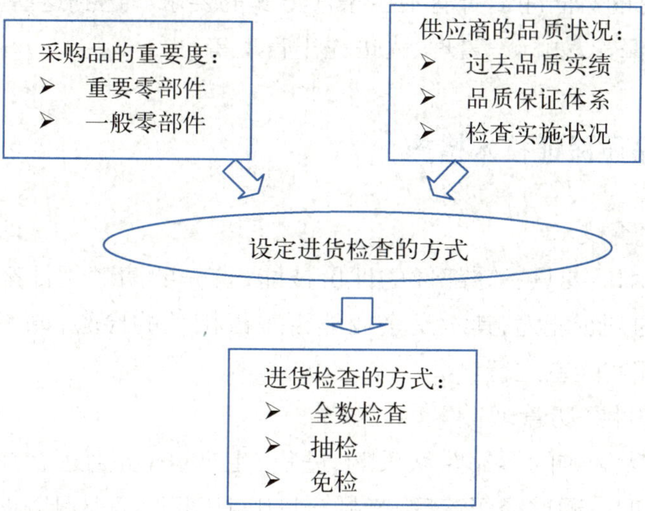

图 3－29 进货检查方式

1. 全数检查

对所有进货的采购品依据品质标准进行检查。这种方式适用于新的供应商及新的采购品。优点是可以保证所进采购品的品质，缺点是企业要花费不必要的大量劳动力成本。当全数检查一段时间后，采购品的不良率降低并且稳定后，可以过渡到下面的抽检方式。

2. 抽检

依据 AQL 的标准进行抽样并检查，详见国家标准 GB 2828～2829－87。

3. 免检

免检有两种情况：第一种情况是企业为了减少不必要的检查成本，把进货检查放在供应商处，即通过对供应商的品质体系的审核、特别是对产品出货检查的审核，认为供应商的品质体系是信得过的，没有必要自己再进行进货检查，只要供应商每次交货时相应递交产品出货检查报告供企业审核就可以了。这种情况一般是供应商有良好的实绩及品质管理体系。当然，如果一旦发现不良品增多，就要回到抽检或全数检查方式。第二种情况是刚开始时在本企业处对采购品进行全数检查，由于品质的提高逐步进入抽检方式及免检方式。

4. 对不合格品的处理

对检验中发现的不合格品要作相应的处置。

- 不合格品作退回处理，指示供应商送相应的替代品。
- 全数退回。
- 对抽检不合格的批次，选取其中的合格品以保证生产的正常进行。
- 必要时向供应商发出纠正措施指示书。

入库后依据零部件的保管要求进行保管，有的零部件对温湿度有要求、有的对直射阳光有要求、有的对洁净度等有卫生条件方面的要求。达到这些要求以后，依据仓库管理规定进行保管，如标识管理、先进先出管理等。

17.4 零部件品质保证技术措施

1. 零部件评价技术

采购员和技术员要具备零部件的评价技能，首先要清楚用什么项目来评价零部件，即具有一定的判断能力；其次是企业能否进行相关的检验，如不具备这方面的条件，可以委托外部实验室进行。

2. 重要零部件经历管理

对产品有重大影响的零部件从采购、进货、生产、出货到达客户的一系列过程都需要进行经历管理。通过经历管理，产品一旦出现问题，马上可以追踪到相关过程。

3. 零部件信赖性评价

信赖性指零部件的使用寿命在规定的使用条件下达到设计规定的要求。采购方要具备相应的检验设备，由具备相应技能和熟悉相关标准的人员进行评价。

4. 零部件解析技术

采购方具备相应的解析设备、具有相应解析技能的技术员，能及时对相关零部件进行分解、解析，以判断其品质的好坏。

单元18 品质检查

品质检查的目的是确保不向客户移交不良品，客户包括最终客户和后过程客户，另外是通过快速的信息反馈，确保在制品的品质，减少由于不良造成的损失。品质检查应依据以下原则进行。

(1) 在过程品质设计中应将检查标准化，即在何过程、何时检查什么内容。

(2) 全数检查及功能的检查应由制造部门进行，也即作为生产过程的一部分。

(3) 品质保证部门是站在客户的立场上,对制造部门的品质进行检查。

(4) 要依据客户对品质的反馈,及时修正品质标准,特别是对官能检查一定要使检查水准与客户的要求水准一致。

(5) 必要时进行寿命及性能检查。

(6) 全数检查应该采用设备自动化检查。

品质检查是不产生附加价值的,如果品质能在生产中得到保证,就要尽量减少各种检查,特别是品质部门对制造部门的检查。检查的流程如图 3－30 所示。本单元就企业中常见的一些检查形式作阐述。

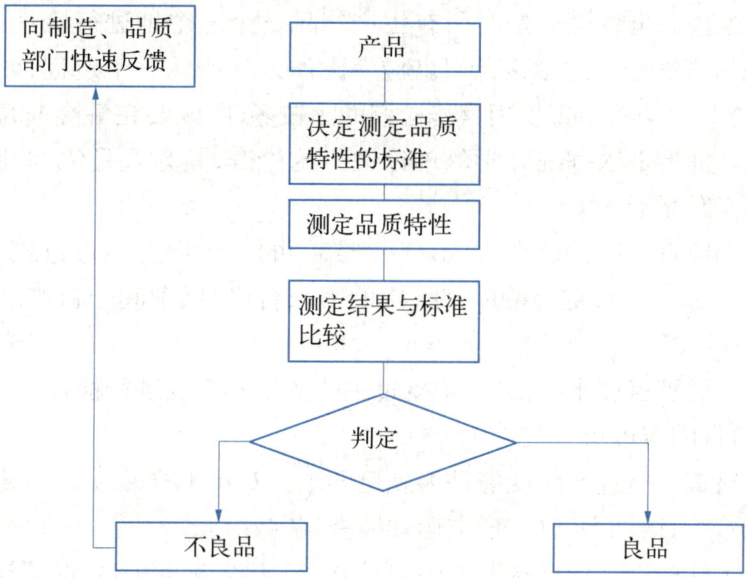

图 3－30 品质检查流程

18.1 检查的分类

1. 依据产品生产物流的顺序进行分类

(1) 采购品检查(进货检查)。指对采购品是否符合规定品质要求的检查。

(2) 中间检查。指产品生产到一定阶段时,为了判断前过程的品质、性能是否满足相关要求而设立的检查。例如,对已完成的电器印刷线路板部分(相当于半成品)进行检查,如合格就进入下一步的总装阶段,否则到总装完成后再进行检查,如果发现不合格,返工就相当麻烦。

(3) 成品检查。指对完成后的产品是否满足相关品质特性方面要求的检查。

(4) 出厂检查。指品质保证部门对完成品能否出厂进行的检查。出厂检查包括对产品的抽检和对生产过程中 4M 变化的确认。

(5) 交接检查。指当把产品销售到客户时,进行一些简单的功能测试,看其是否满足品质要求、客户的使用要求。

(6) 在库检查。指对在仓库一定期限没有销售出去的产品,为确认其特性是否还满足要求而进行的检查。例如,带有电池的产品、有电解电容的电器产品等过一定期限必须进行检查。具体期限由企业根据产品的特性进行规定。

(7) 第三方检查。指企业、客户以外的第三方检查,如出口检查、安全规格检查、消费者协会的检查等。这是为了保护消费者的利益、防止夸大宣传、避免不正当竞争而进行的检查。

2. 依据检查个数进行分类

(1) 全数检查。全数检查是对所有生产产品一个一个地进行检查,来判断其是否合格。全数检查在进行过程设计时就应考虑作为生产的一个过程,如中间检查机检查、目视检查等。全数检查中用官能检查的比较多,所以要完备检查的基准。

(2) 抽检。抽检是依据统计学的理论进行的检查,其方式是依据抽检样本的品质状况来判断总体的状况。

(3) 定间隔检查。这种检查方式是生产部门的一种自主检查方式,以保证自己过程不生产不良品。一般定为抽取每批次的第一台产品、中间一台产品和最后一台产品。

(4) 免检。过程管理水平很高,依据过去的实绩不需要进行检查。

3. 依据检查内容进行分类

(1) 性能检查。检查产品性能是否满足要求。对机电产品而言主要包括以下一些检查:功能检查、结构力学检查、空运转检查、负载检查。

(2) 环境条件检查。包括高低温检查、湿热经历检查、防腐检查、霉菌检查、振动检查、运输保障检查等。

以上除功能、安全性能等项目在生产线上每台需要检查以外,其他的项目只要定期进行抽检即可,以确保品质。

18.2 全数检查

全数检查是对所有的产品在生产过程中进行功能等方面的检查。全数检查虽然企业花费的成本大,但对产品功能等一些项目必须进行全数检查以确保产品性能等方面万无一失。

在下列条件下须进行全数检查。

(1) 不能有不良品的情况,如不良会引起人身安全、财产损失。因为,只要有一个不良品流到市场上去,就会对品牌信誉或经济产生重大影响。

(2) 产品的价值非常高,如飞机、船、汽车、吊车等。

(3) 产品的性能测试。

18.3 抽检

为了判断生产的产品是否合格,依据统计学中相关的抽样规则抽样,对抽取的样品进行检查,依据对这些样品的检查结果判断整个生产产品的品质水平的过程称为抽检,如图 3-31 所示。同时,这是一种比较经济的检查方法,可以减少不必要的成本,但抽检由于抽样数量的有限,局部的样本毕竟不能精确地反映整体的水平,所以,除了进行破坏性试验以外,优秀的企业一般不用抽检的方式。

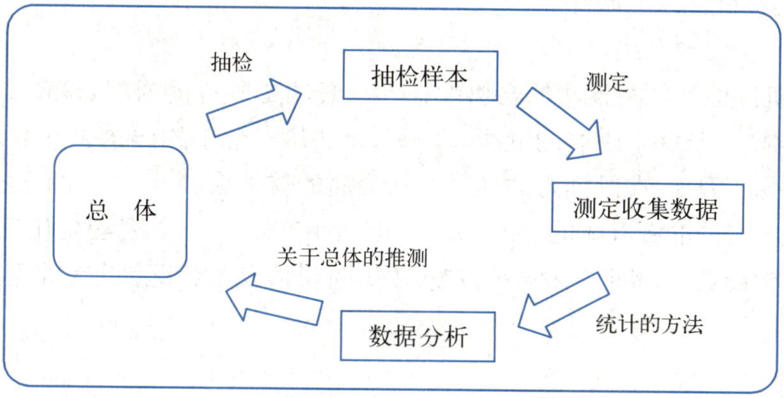

图 3-31　抽检流程

抽检分为两种方式:随机抽检、定间隔抽检。定间隔抽检是生产线为了确保本过程生产产品的品质而进行的一种自检形式,在本章单元 8 中已经作了阐述。随机抽检,可以依据 AQL 标准抽取规定的数量进行检查,详见国家标准 GB 2828～2829-87。

1. 随机抽检的误差

1 个批次 1 000 个产品中有 10%的产品是不良品,从中抽取 10 个产品,可能有几个不良品呢?有可能全部是合格品,也有可能是 1 个或 2 个、3 个、4 个,直到 10 个。根据统计学的计算,把抽到不良品的概率列于表 3-9 中。

表 3-9　不良品发生的概率($N=1\ 000, P=10\%, n=10$)

抽样中不良个数	0	1	2	3	4	5	6	7	8	9	10	合计
概　　率	0.35	0.39	0.19	0.06	0.01	—	—	—	—	—	—	1.00

注:—表示概率很小。

如果制定的标准是不良率 10%及以上则判定该批次不合格,即抽到 1 个不良品及以上为不合格。但从表中可以看出,没有抽到不良品的概率为35%。所以,即使是不合格的批次,如果按抽检的标准进行检查,也有35%的可能性判定为合格品。这就是抽样检查的缺陷,对消费者来说是一种危险。

以上是把不合格品判定为合格品的可能性说明,同样的道理,抽样检查也有把合格品判定为不合格品的可能性,这对生产者是不利的,所以,称为生产者危险。

2. 随机抽检的条件

随机抽检适用于以下情况。

(1) 进行破坏试验时。

(2) 进行化学分析时。

(3) 量很大,进行全数检查不可能的情况下。

并且,还要符合以下条件。

(1) 生产线生产已经稳定。

(2) 随机抽检是判断批次的合格性,所以,必须是同样的材料、设备、工夹具在同样的方法、同样的条件下生产的批次。否则,无法用一个小的样本去判断条件变化的母体品质情况。因为,在同样方法、条件下,品质的偏差会在一定的范围之内,所以可以用抽检的方式去推断母体的品质情况。但当生产途中一个因素变化后,其品质的偏差范围可能会变大,此时用抽检的方式去推断母体品质状况就非常危险。

18.4 免检

免检必须符合过程十分稳定、处于控制状态的条件,具体表现在以下几方面。

(1) 产品的特性、规格都十分稳定,能判断所有的产品都处于合格品状态。如过程能力指数在1.67以上。

(2) 批次不良比要求的不良低很多。但在这种情况下,有时还要进行抽检。

(3) 在采购品进货检查中,企业不具备相关检查的设备,只有被安装到产品中以后通过相关性能检查才能测试。如电器生产厂家采购的集成电路、电阻、电容等,一是由于量大,二是这些零部件的不良率非常低达到ppm水平,三是一般企业不具备测试集成元器件的设备,所以只有把这些零部件组装成产品后,在测试整机性能时,来测定这些零部件的好坏。

(4) 供应商的品质管理、检查过程,经过评价,值得信赖,且实绩良好。企业无须再投入相关成本进行进货检查。

18.5 官能检查

与一般的检查依靠设备来进行检查不同,官能检查是依据人的器官(用眼睛、耳朵、鼻子、舌头、皮肤)的感觉进行检查，如对产品表面的光洁度、产品的音质等项目的品质检查。

由于官能检查是依赖于人的感觉进行检查的，所以，当检查的人不同时，检查的结果可能就不一样；即使是同样的人，在不同的环境下、不同的身体状况下，检查的结果也有可能不一样。我们可以通过以下方法的实施来提高官能检查的精度。

1. 配备标准样本

在进行官能检查时往往会感到难以判断，所以，现场要配备合格的标准样本和不合格的标准样本，标准样本可以是彩色照片、具体的样品等。

2. 检查环境的完备

检查环境的好坏直接影响人的五官的感觉，环境条件要使检查者能容易看、容易听、容易闻……所以，在检查场地一定要依据检查的性质，建立符合条件的检查环境。例如，目视检查时室内的灯光一定要达到一定的亮度，不能有反光现象的产生，必要时配备放大镜等检查辅助设备。

3. 检查作业的标准化

检查作业的标准化是指检查顺序、检查重点等要素的确立和标准化。另外，由于官能检查时间一长容易引起疲劳，所以，要规定一定时间后须休息多少时间，以提高检查的有效性。

复习与思考

1. 制造过程品质设计的主要内容是什么？作用是什么？
2. QC管理图内容和用途是什么？
3. 作业标准与标准作业有何区别？
4. 制造阶段品质保证的重要活动有哪些？
5. 现场监督者的作用是什么？
6. 品质信息的反馈为什么很重要？获得品质信息的途径有哪些？
7. 企业应把员工培养成什么样的人？
8. 设备维护保养的内容有哪些？
9. 如何消除低级错误？
10. 初期流动管理的目的是什么？
11. 何谓技术变更？如何进行技术变更的管理？
12. 抽检、免检的条件是什么？

第四章

5S与可视化管理

学习目标

学完本章，你应该能够：

▲ 了解5S的基本理念、要点及如何具体实施；

▲ 熟悉可视化管理的目的、内容及实施方法。

基本概念

5S、三定原则、标识、标准化、可视化、正常与异常

单元1 5S的基本理念、目的及定义

你每天在生产现场遇到的头痛问题是什么？其中包括品质、生产效率、成本、安全、工作环境等方方面面的问题，现分述如下。

（1）品质方面：用错了零部件；零部件或辅材已超过了品质保证期限；合格产品中混入了不良品；不良品在现场已堆放了三个月，无人管理；产品接触不良，原来是产品中混入了异物；用了旧版的使用说明书；由于“先进先出”未做好，旧的零部件未用完，而新的零部件已在用了。

（2）生产效率方面：要的物品经常找不到；不同产品的切换时间过长；生产现场碍手碍脚，影响作业节奏；设备经常故障，导致设备的运转率下降。

（3）成本方面：虽然库存很高，但还是经常发生缺品；由于保管不当，零部件、产品劣化；经常发生零部件的损失，导致不必要的报废；不要的物品没有及时清理，导致占用空间，产生不必要的管理费用；由于维护不当，设备、工夹具经常损坏，要进行

更新。

(4) 安全方面：经常发生安全事故；走进现场，不清楚哪儿是危险的场所；现场消防箱前堆满了物品，消防通道堵塞；设备无安全装置。

(5) 工作环境方面：作业环境凌乱、昏暗；到处都是垃圾、灰尘；办公桌上乱七八糟的文件一大堆，还有食品、饮料等东西。

总之，走到现场不知道什么是正常、什么是异常。

这些问题是每一个企业在发展中必定要碰到的问题，不是我们中国企业特有的产物。为解决这些头痛的问题，以丰田公司为首的日本企业在企业中彻底开展了5S活动，从明确什么是正常、异常问题开始，到形成企业的改善文化，为日本成为世界制造大国、强国奠定了强有力的基础。

1.1 5S的基本理念、目的及内容

那么什么是5S呢？日本丰田公司从生产现场的工作经验中总结出了解决这些现场问题的5S，即整理(seiri)、整顿(seiton)、清扫(seiso)、清洁(seiketsu)、素养(shitsuke)这五个日语罗马字拼音词中的第一个字母"S"。

现场的任何物品都有"要"与"不要"的区分。这是一个非常简单的问题，但"舍不得丢"的坏习惯及太多的物品数量导致现场"要"与"不要"的物品混杂，影响了工作的效率、品质及安全。

理念1：心中有"应有和不应有"的区分，把不应有的去掉。

目的：在"需要的时候，拿到需要的物品及需要的数量"，即"just in time"。如果现场到处是不需要的物品，势必占用空间，影响需要物品的布置及取用。

内容：整理，即明确要的东西和不要的东西，把不要的东西处理掉，只放置需要的东西。

理念2：心中有"应有的定位"的想法。

目的：能快速取到需用的物品。生产基本要点是快速流动性。要达到快速流动性，就必须在最短时间内能取到相关的零部件、工夹具，实现快速的品种切换。如某企业对生产切换中要求取到工夹具的时间是6秒，要达到这一目标，定位是其中手段之一。

内容：整顿，即采用正确的放置方法和布局，并用任何人都能明白的方法明确标明，做到在需要的时间内可以按所需的量取到所需的物品。

理念3：心中有"我的工作场所、我的设备必须整洁"的想法。

目的：有符合工作条件的环境和设备。品质是企业的生命，品质好的首要条件是环境好、加工设备能正常运行。

内容：清扫，即工作岗位没有垃圾、污垢。清扫中对设备等进行点检查，找出问题点后进行整改。

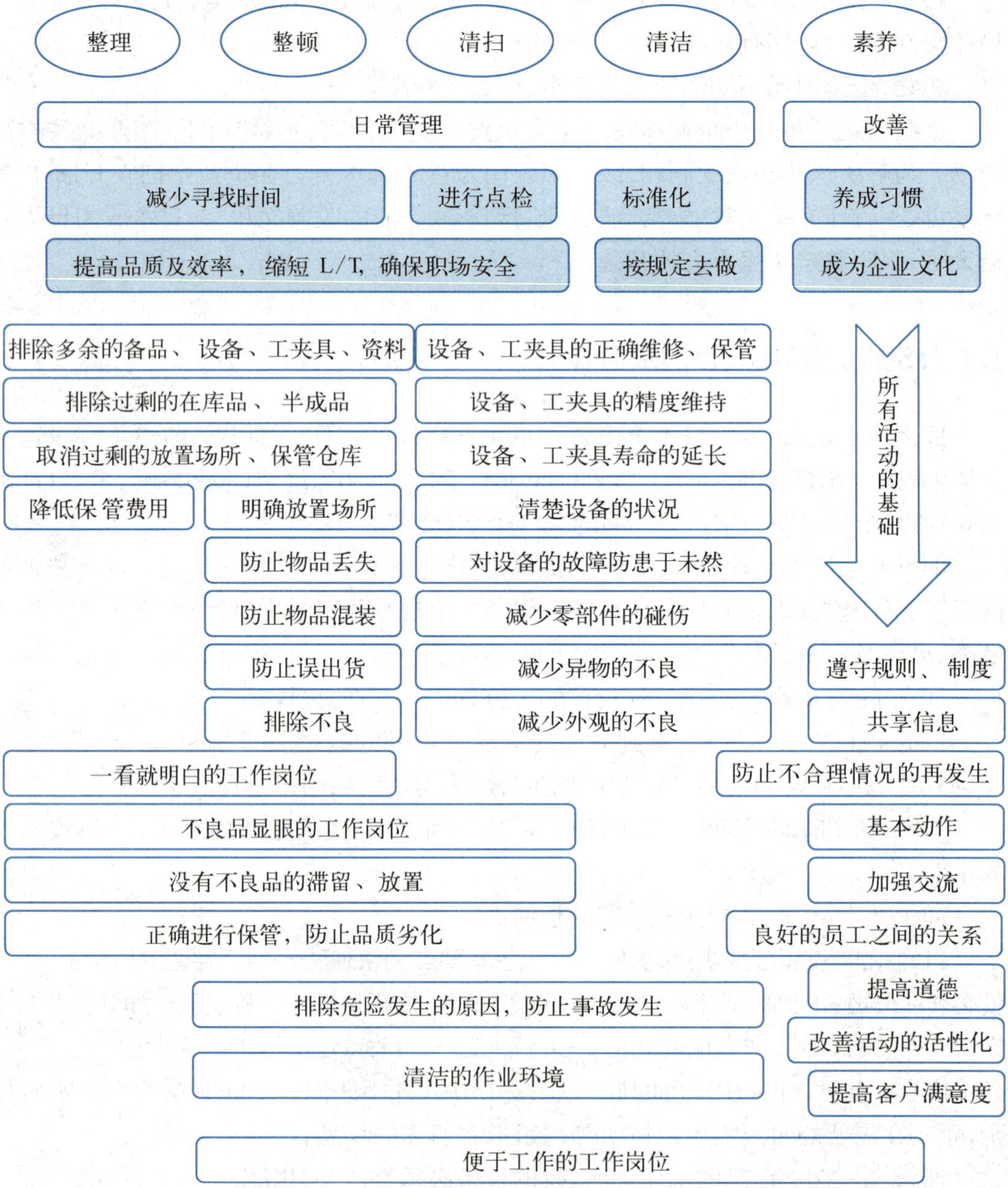
整理
整顿
清扫
清洁
素养
日常管理
改善
减少寻找时间
进行点检
标准化
养成习惯
提高品质及效率，缩短 L/T，确保职场安全
按规定去做
成为企业文化
排除多余的备品、设备、工夹具、资料
设备、工夹具的正确维修、保管
排除过剩的在库品、半成品
设备、工夹具的精度维持
取消过剩的放置场所、保管仓库
设备、工夹具寿命的延长
降低保管费用
明确放置场所
清楚设备的状况
防止物品丢失
对设备的故障防患于未然
防止物品混装
减少零部件的碰伤
防止误出货
减少异物的不良
排除不良
减少外观的不良
所有活动的基础
遵守规则、制度
共享信息
一看就明白的工作岗位
防止不合理情况的再发生
不良品显眼的工作岗位
基本动作
没有不良品的滞留、放置
加强交流
正确进行保管，防止品质劣化
良好的员工之间的关系
提高道德
排除危险发生的原因，防止事故发生
改善活动的活性化
清洁的作业环境
提高客户满意度
便于工作的工作岗位

图 4-1　5S 的效果

理念 4：心中有“按规定去做，不断改善规定”的想法。

目的：使整理、整顿、清洁工作成为日常的管理工作。

内容：清洁，即用标准化及检查去保持工作场所的清洁、工作的次序、良好的工作环境。

理念 5：心中有“养成礼仪、改善等各种素养”的想法。

目的：养成各种习惯、素养，建立一个明亮、安全、快乐、舒适、高效的企业。

内容：素养，即养成礼仪的素养、改善的素养、自律的素养、培养人的素养等。

1.2 5S与QCDS(品质、成本、交货期、安全)的关系

进行5S最终目的是为了提高品质、降低成本、缩短交货期，建立一个安全、明亮、员工愉快的职场，而不是像有些员工所理解的仅仅是大扫除而已。

(1) 5S的实施过程是一个管理的过程，它等于日常管理加改善，是PDCA循环。

(2) 5S过程的管理对象是品质、效率、成本、员工、交货期、安全、环境等，是一个综合性的管理项目。所以，有企业“始于5S，终于5S”之说。

图4-1是以图的形式表示的5S效果。

单元2 整理、整顿

我们每天的工作中要使用大量的文件、报表、工具、设备，如何在最短的时间内把要用的物品找出来并不是一项简单的工作。现在给你一个课题：对于你用的物品，在需要使用时必须在6秒钟之内把它找出来，怎样做到？现场是产生附加价值的地方，不是俱乐部，绝不允许花费大量的时间去寻找该使用的物品。整理、整顿的目的就是要节约寻找物品的时间(图4-2)。

2.1 整理

整理是指明确区分需要的和不需要的东西，扔掉不需要的东西，只保留需要的东西。

如果不区分需要的和不需要的东西而只做漂亮的排列或摆放的话，会不清楚哪些是真正需要的，而且放置了不需要的东西会造成无法放置或者需要多余的空间来放置需要的物品。

舍不得扔东西是我们在家庭和社会中养成的一个不算好也不算坏的习惯，一般只要物品没有明显的损坏，无论以后是否有可能使用，一概藏起来。结果是藏起来的物品长时间不用，既占用空间又与要用的物品混在一起，影响到物品的寻找时间。

整理实施的要点见表4-1。

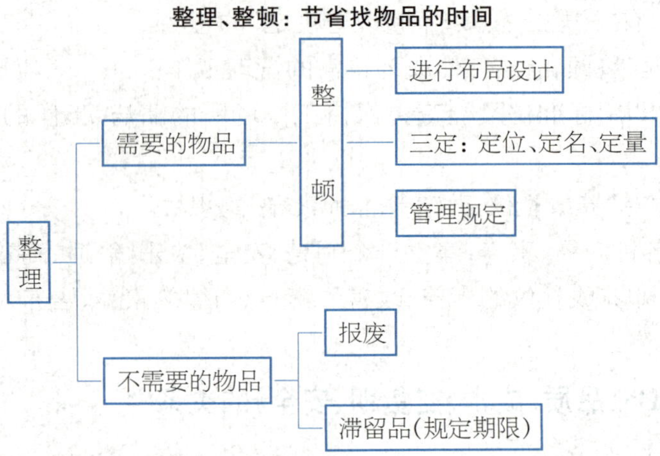

图 4-2　整理、整顿

表 4-1　整理的要点

使用频率	整理方法
1 年以上不使用的物品	报废
不怎么使用的物品，半年左右一次	放在远处(同一楼层)
使用较少的物品(1—2 个月一次)	集中放在现场某处
每周一次使用的物品	放在生产线内
每天使用的物品	放在作业台附近
随时使用的物品	伸手可及的地方

1. 实施对象的明确化

实施对象明确化可以有两个方面：一是整理区域的明确化，如一楼办公区域、二楼生产区域等；二是整理物品的明确化，如整理资料、整理修理用备品备件等。

2. 判断基准的明确化

企业要明确要与不要物品的基准，根据使用的频度，决定整理的方法，对预计 1 年以上不会使用的物品，原则上进行报废处理。随着物品使用频度的增加，物品放置距离作业者越来越近。

定基准容易，但真要具体到某一物品是否报废时可能又会动摇决策者的决心。这时决策者一定要意志坚定，只要使用频度的预计正确就必须按照以上原则进行，不然整理无法进行下去。

整理中尽量不要设置保留区域，一旦有这样的区域会导致大家都把物品堆到保留区域。可以想象一下,今天决定不下来难道过几天会决定得了吗? 所以,保留区域的物品会被无限止保留下去。如果一定要设定保留区域,必须明确保管的期限,一到期限马上处理。

2.2 整顿

什么是整顿? 大家一起来看资料文件夹整顿的过程。

第一步,决定该文件夹保管资料内容、编号。

第二步,按时间顺序或其他规则,对属于该文件夹的资料进行分类整理。

第三步,按编号与其他文件夹一起放置在文件柜中,如图 4-3 所示。

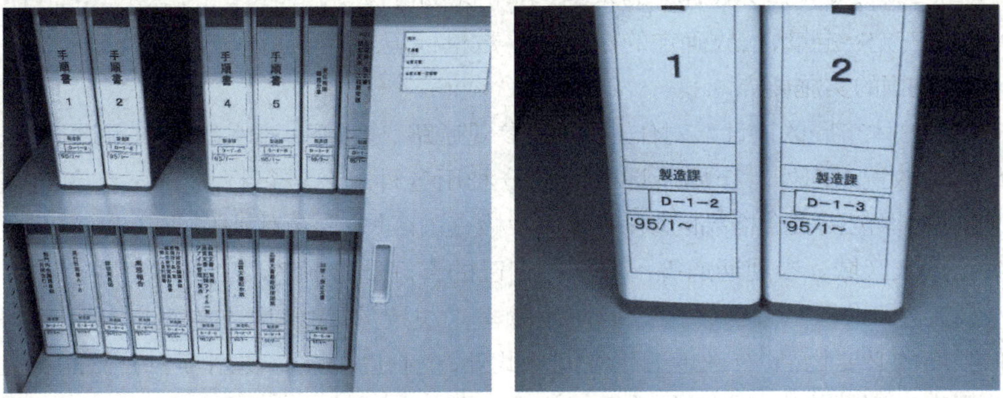

图 4-3 文件夹资料分类整理

应该说整顿到第三步应该是不错了,但是否还能做得更好呢? 更进一步的做法见图 4-4。

图 4-4 文件夹资料分类整顿

图4-3与图4-4的唯一区别是在图4-4的文件资料柜中，把所有的文件用一蓝色色带拉一斜线，由于取走一本文件以后就马上留下一个空格，所以放回文件时只要把文件放回空格处，并以蓝色带是否连续判断回放位置是否正确，非常方便，这就是整顿。

所谓整顿是指采用正确的放置方法和布局，并用任何人都能明白的方法明确标明，做到在需要的时间内可以按所需的量取到所需的物品，即严格规定放置场所和放置方法，对放置场所和物品进行正确标识并在其基础上对数量进行正确管理。

1. 整顿的三定原则

(1) 一定：定位，放在确定的地点——地点标记。

(2) 二定：定名，摆放确定的东西——品名标记。

(3) 三定：定量，摆放确定的数量——数量标记。

2. 整顿的实施要点

(1) 总体布局的设计。对作业通路、参观通路、作业区、流水线的布置进行设计，明确何物放置于何处。布局设计中要充分利用各种颜色进行标识，如：红色代表不良品区域；绿色代表合格品区域；黄色代表检查前区域；白色代表作业区域；斑马色代表禁止进入区域。参观通道等可以根据自己的喜好选定颜色。

(2) 进行分层管理。以预计的使用频率来决定放置场所，在作业区域内只保留最低限度的必要物品，有效地活用空间。此外，企业也可以将使用频率较低的物品设为公用来达到削减绝对数量的效果。

(3) 将标识的对象、方法明确下来。除了布局的统一以外，还要统一标识，如对货架等如何进行标识？如果各部门任意进行标识，就有可能出现有些部门没有进行标识或虽然进行了标识与其他部门不统一的情况，反而会令人难以明白。

(4) 考虑标识方法的有效性。标识方法是否有效，以能否在规定的时间内找到所需物品为准，否则必须重新考虑标识方法。

工具的三定管理

现场有各种各样的工具用于设备的维修、工夹具的调整。在许多企业，往往相关人员人手一套工具锁在自己的工具箱里，这样会产生两个问题：一是消耗过多，产生浪费；二是真正发生问题时，寻找工具所花的时间比较长。某企业为解决以上问题，采用图4-5所示的三定管理，根据规定把工具放在固定的位置，某区域的相关人员共用一套工具。另外，事先在工具板上画好工具的形状和装好工具的定位装置。这样，使用人员便可依据工具的形状进行取放，非常方便。

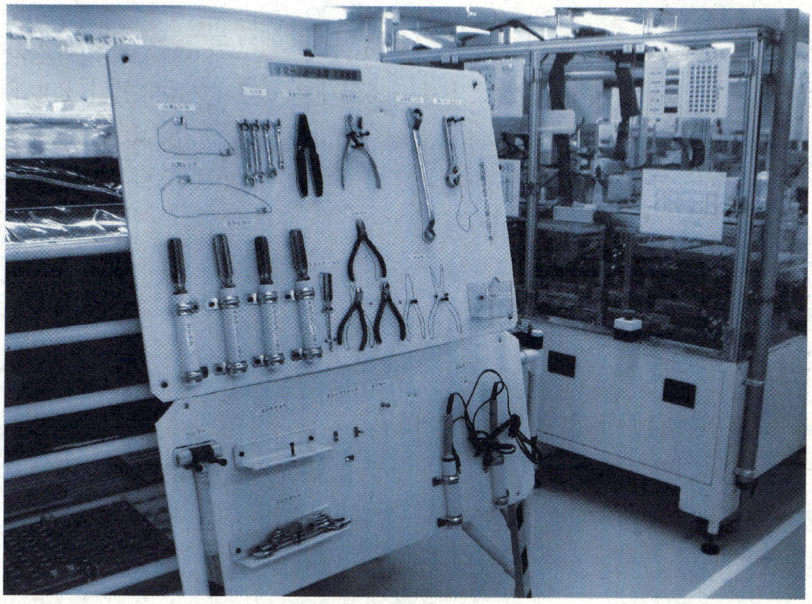

图4-5 某企业工具的三定管理现场

某企业现场区域划分

某企业充分认识到生产现场：一是生产产品的场所，其产品是艺术品；二是客户参观的场所，是销售的宣传窗口；三是员工工作的场所，必须明亮、整洁。所以，对现场进行了精心的设计，规划了各种区域，用各种不同的颜色进行了标识，如图4-6所示。

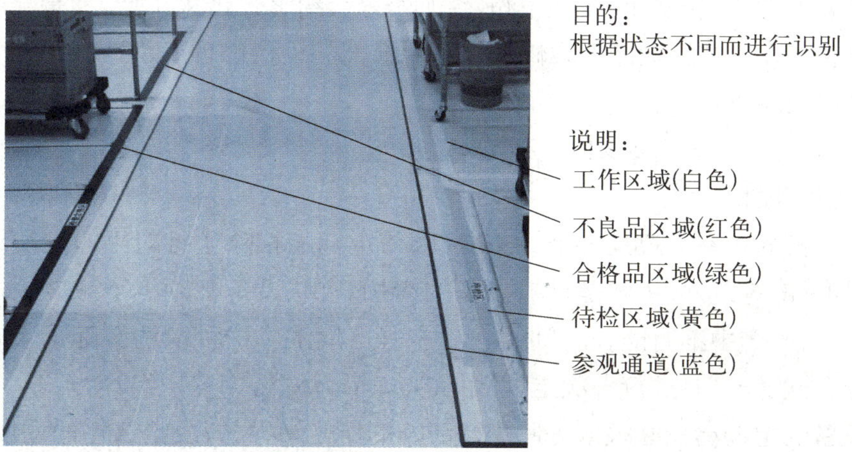

图4-6 生产线色带的区分使用

单元3 清扫

进行整理、整顿后，下一步是要清扫，将工作场所的灰尘、垃圾统统清除出去。问题是干净的标准是什么？清扫的频率是多少？清扫的最终目的是什么？这些如果不去弄清楚的话，清扫就可能变成一次群众性的大扫除活动，达不到实际生产现场改善的效果。

3.1 干净的标准是什么

干净的标准可以用如下直观标准来判断。

(1) 用手去摸设备、桌子、窗台等地方，手上要做到没有灰尘。用这个方法检查清扫效果很有效，用手对设备等地方触摸一下就能知道清扫的效果如何。

(2) 地面没有水或油污，更没有垃圾。

(3) 设备没有漏油、漏水。

3.2 清扫的频率是多少

清扫分为日常清扫和定期清扫。

1. 日常清扫

日常清扫的频率分为以下几个方面。

(1) 正常作业场所：每天工作结束后作业人员必须对现场进行一次清扫。另外，工作开始前也最好对现场进行清扫。对作业台的清扫在工作中随时进行。

(2) 有些修理工作：工作一次要清扫一次。特别是到客户处进行设备维修时，必须在设备修理完成后把现场清理干净，否则一是会给客户带来不便，二是会严重影响企业的声誉。即使在企业内部维修部门到生产部门进行修理、设备安装等工作时，也必须遵循以上原则。

(3) 办公区：下班后必须进行一次清扫。

2. 定期清扫

定期清扫的频率一般是一个月一次，因为定期清扫除了针对平时无法顾及的地方，如货架顶部等以外，主要是针对设备的清扫，有些设备必须拆下来以后才能进行清扫，但平时生产中不可能长时间停止生产进行清洗。这种清洗实际上带有一次保养的色彩，一般一个月进行一次定期清扫。

对设备的定期清扫必须事先制定好清扫的作业指导书，决定清扫的项目、清扫的标准、清扫的方法、清扫以后的点检项目与标准，然后必须对清扫人员进行教育。

3.3 清扫的最终目的是什么

1. 保证品质、提高效率、降低成本

谁都不会相信在一个到处是灰尘的车间中会生产出一流的产品，随着产品精密化程度越来越高，任何一粒粉尘进入产品都有可能引起严重的品质问题。

爱护公司财产，人人有责。如何去爱护呢？就是不要让它生锈、漏油、漏水，不要让它带“病”工作，这些都要靠我们用清扫去解决，而设备寿命的延长意味着生产成本的降低。

2. 进行点检，当场改善发现的问题点

清扫最重要的就是对设备等物品进行点检，通过点检发现问题后，尽量当场进行改善。特别是对设备操作人员来说，要通过点检发现设备哪儿有漏油、哪儿应该加一点润滑油、哪儿螺丝应该紧一下等问题，使设备始终保持在良好的状态，提高设备的完好率及运转率。对环境条件的点检可以使员工在一个明亮、舒适的环境中工作，避免各种工伤事故的发生。图 4－7 显示了清扫的要点。

清扫：通过清扫、点检发现问题

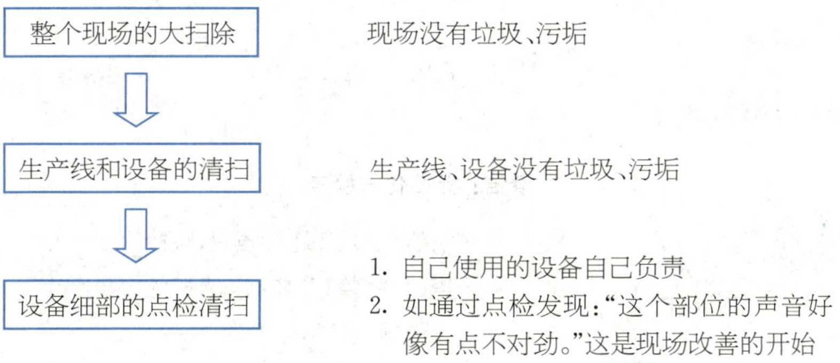

图 4－7 清扫的要点

某公司 5S 活动的成果

(1) 废弃不需要的物品 34 吨。
(2) 废弃不需要的电子媒体 61 万册。
(3) 废弃不需要的文件 1 748 册。
(4) 清理出有效的空间 979 平方米。
(5) 彻底进行标识后，实现了不良产品混入、流出零件的目标。
(6) 对设备彻底进行 5S 后，发生时停时动的现象降低 70%。
(7) 作业者的人为失误减少 30%。

(8) 5S 改善的提案 4 950 件。

(9) 在 6 秒以内就能取出需要的东西的环境下工作，提高了作业效率。

(10) 实现了劳动安全事故为零的目标。

(11) 提高了每个人的工作意识，养成了按规定去做、不断改善的习惯。

单元 4 清洁

清扫以后为什么还要清洁？谁都会提这样的问题。答案是：清扫的“扫”与清洁的“洁”是有区别的，“扫”是扫干净，“洁”是指在彻底执行整理、整顿、清扫后，将工作场所一直保持在干净良好的状态上。另外，“洁”还有心灵上“洁”的意思，要保持工作场所的“清洁”，必须有心灵的“清洁”，否则“清洁”就无从谈起。

为了达到这个目的，首先要把工作场所的良好状态明确下来，然后经常进行工作场所状态的自主检查，这需要彻底反复地进行整理、整顿、清扫的各个步骤。

4.1 清洁的要点

清洁的要点可见图 4－8。

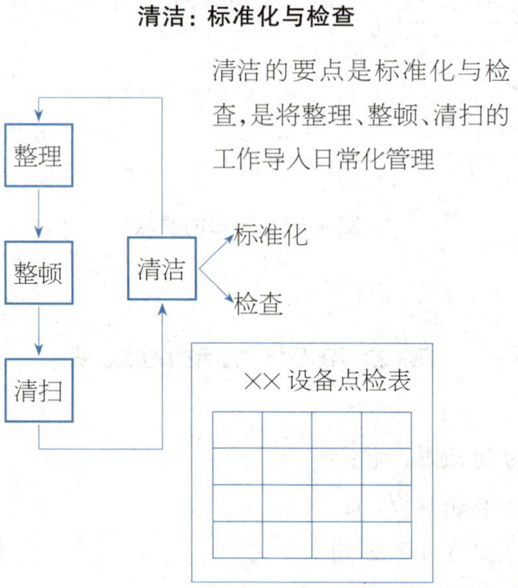

图 4－8 清洁的要点

1. 标准化

如果只是用整理、整顿、清扫来进行改善的话，是无法将良好的状态一直维持下去的。重要的是将工作场所的良好状态进行标准化，使每个人都明白什么是良好的状态。优秀的企业除了业务标准（ISO9000，ISO14000 体系）及行政、人事等规定之外，常见的还有如下标准。

(1) 5S 检查表。

(2) 现场布局的基本标准：包括现场使用颜色的标准等。

(3) 办公室布局的基本标准。

(4) 员工基本行为规范：包括日常礼仪、仪表礼仪、言谈礼仪、宴请礼仪、待客礼仪、敬业等内容。

为使这些标准能深入人心，制定标准时一定要以非常形象的形式来表示，如彩色照片、DVD 等，使大家一看就懂。

2. 定期检查

要充分地认识到人是有惰性的，谁都会有偷懒的思想，检查会促进大家更勤奋地工作。但检查不是目的，检查是对 5S 的促进。这种促进不单是对被检查者，对检查者来说也有压力，同时这也是一个交流的机会。检查中最重要的是能指导如何正确地去做，不能只说不好但又不去指导别人如何才能做好。事先制定好检查表是一个非常简单、行之有效的办法。对检查后的整改事项必须进行跟踪，以防有些人把检查作为一种形式主义。最好的办法是采用“FROM(整改前)、TO(整改后)”，即把整改前的状态用数码相机拍下来，对整改后的状态再进行照相，进行比较，使整改效果一目了然。

3. 5S 意识的维持与提高

整理、整顿、清扫的步骤一结束，如果在状态还没有稳定下来之前停滞下来的话，很快就会恢复到改善前的状态，因此我们需要做的是反复进行这些步骤。另外，可通过组织一系列 5S 竞赛等活动来提高 5S 的意识。

4.2 清洁管理举例

某公司基本行为规范

某公司制定了员工基本行为规范，包括以下内容：日常礼仪，仪表礼仪，言谈礼仪，宴请礼仪，待客礼仪，敬业。

以下是言谈礼仪的部分内容。

1. 电话礼仪

(1) 在接听或打电话时一旦电话接通，应先道“您好”，并自报单位或部门名称、姓名。如拨错号码，应礼貌地表示歉意。

(2) 电话铃响三次以内应接听，如两部电话同时响应及时接听一个后礼貌请对方稍等，分清主次分别处理。接到打错的电话应客气告知。

(3) 使用办公电话应回答简明，声音清晰，声音不宜过高，时间不可过长。重要内容应复诵，避免暧昧词语。

(4) 对方欲通话之人不在现场，应主动告知对方再次联络的时间或是电话号码，代人受话，应做好记录并转告。如需回复电话，应准确记录对方电话号码及回电时间。

(5) 如接到不属于自己业务范围内的洽询电话，应尽量予以解释，并告知正确的咨询部门和电话。

2. 生活中常用礼仪语言

(1) 日常生活注意礼仪，要善于用“请”、“谢谢”、“对不起”、“您好”等礼貌用语。

(2) 不论是否认识，在自己工作区域内或到去拜访的客人单位或家庭遇到客人要主动打招呼问好，见面时不理不睬是不礼貌的行为。

(3) 言谈诚恳庄重，声调适度，不可油腔滑调。

3. 介绍礼仪

(1) 介绍相识，先将晚辈或职位较低之人介绍给长辈、把男士介绍给女士、把本公司的人介绍给外公司的人。

(2) 向外单位的人介绍本单位人员时，即使是上司也不加先生，只加职位。

作业指导书

某企业对生产中的各个过程都制定了详细的作业指导书，这些作业指导书规定了作业的顺序、方法、检查点及标准等事项。指导书中尽量使用一看就懂的图或照片进行表达，如图 4－9 所示，就是其规定的进行设备清扫时的穿戴安全服装的标准。

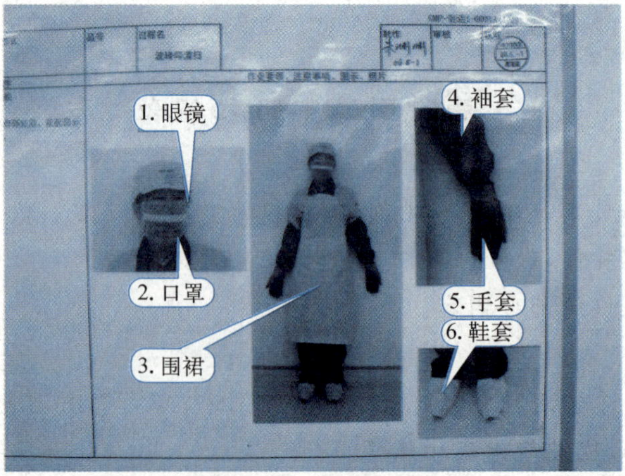

图 4－9　设备清扫时的穿戴安全服装标准

单元5 素养

素养是什么？素养是改善，按规定去做是为了改变规定，从而达到新的目标，如图 4－10 所示。

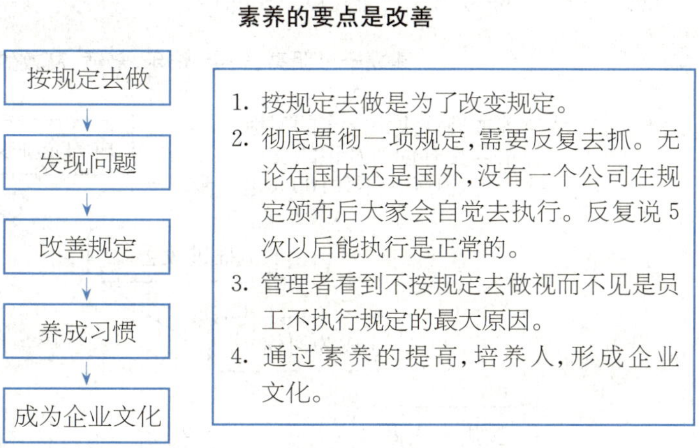

图 4－10　素养的内涵

素养是自律，也就是能自己考虑、自己行动、自己承担责任，从而达到螺旋形上升式的进步。素养是一种习惯，使已决定的事情可以按照被决定的内容正确地实行。素养是礼貌，一声“早上好”、“谢谢”、“辛苦了”，打开了与同事沟通的渠道，开始了同心协力的一天，消除了同事一天的劳累；一个微笑、一声“您好、欢迎光临”是赢得客户订单的第一张名片。

素养是教育，当然不是脱离实际的教育。教育最基本的条件是首先教育者自身能否做到，要深刻地认识到我们在制造产品的同时是在培养人，从而为社会做贡献，如图4－11所示。

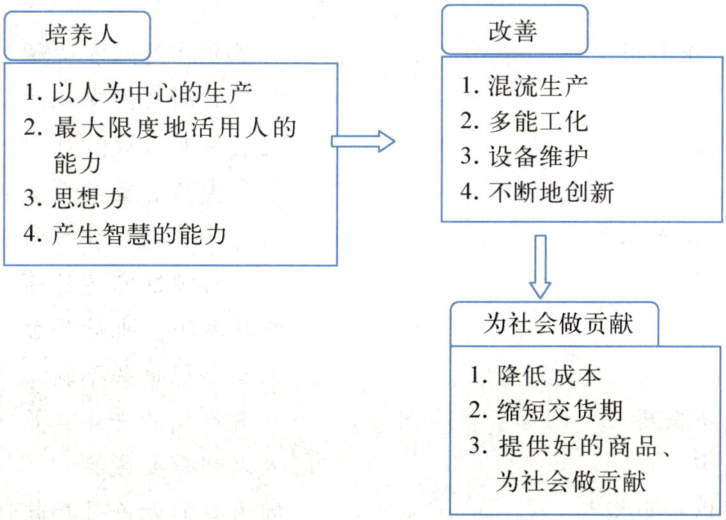

图 4－11　素养是教育

5S做得是否成功，其关键在于素养这一步。只有做好了这一步，我们的企业才能如图4-12所示一样具有优秀的企业文化，才能健康发展。

现场一切工作从5S开始，从5S结束。

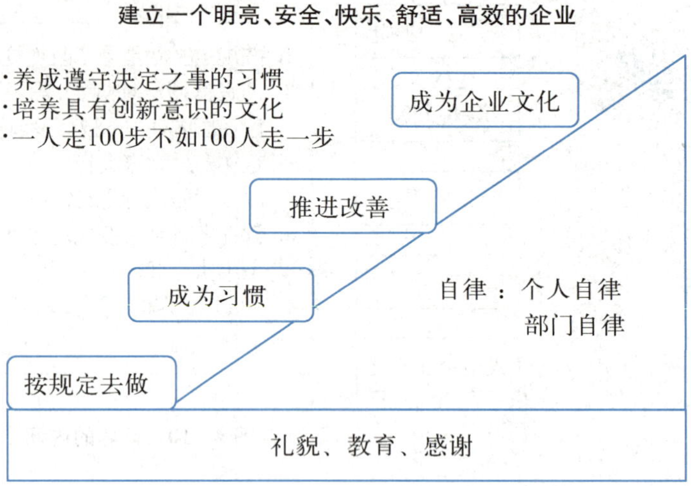

图4-12　优秀的5S企业文化

《微笑》——摘自某企业5S宣传画

某企业强调员工的礼貌教育，要求员工面带微笑与同事、客户打招呼。以下是摘自该企业5S宣传画中某员工写的一首关于微笑的诗。

《微　笑》

一个微笑，花费很少
价值却很高
给的人幸福
收的人谢报
一个微笑，仅有几秒
而留下的回忆
终生美好
没有人富
富到对它不需要
也没有人穷
穷到给不出一个微笑
有了它家庭充满幸福
有了它生意兴隆荣耀
它还是朋友间交流的暗号
它使劳累者疲劳顿消
它为失意者重燃希望的火苗
对悲伤者它有如太阳
要化解烦恼它是良药
它既拿不来也偷不去
它不出租也买不到
只有作礼品它才有效
人人都需要微笑
因为我们无论是奉献还是收获
最好的礼物都是微笑

如果匆忙中我忘记对你微笑
请原谅我
而善良淳厚的你
能否给我一个你的微笑

永远微笑吧
在人生的旅途上
最好的身份证就是
微笑

单元6 如何实施5S

5S听起来、看起来不难，但做起来却不太容易，这是许多企业经营者经常面临的一个问题，为什么呢？因为大家对前面5S的理念、实施要点还理解不够，对5S的PDCA管理还未做好，对实施难点没有了解。

6.1 实行5S的PDCA管理

5S的实施同样也是一个PDCA管理，有些企业不能进行下去就是因为缺少某个环节。图4－13所示的就是5S的PDCA。

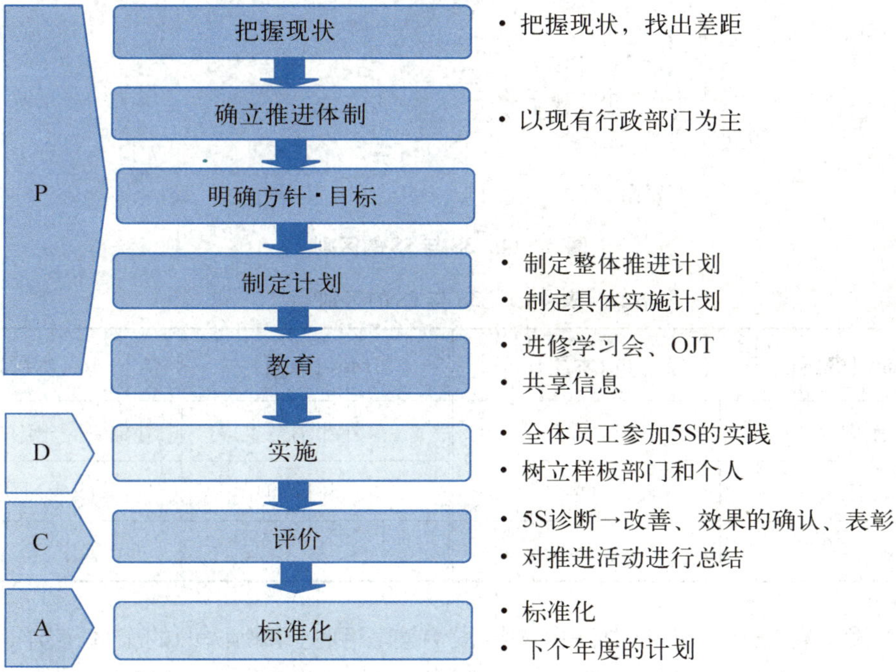

图4－13　5S的PDCA管理

6.2 5S活动持续进行的难点

5S活动持续进行的难点表现在以下几个方面。

(1) 领导没有充分认识到5S活动的重要性，所以抓得不透、不深。产生问题的原因：一是视而不见，即到现场看不到5S不足的地方，造成这种结果的原因可能是领导本身不知道正确的是什么，也有可能是觉得是小事无须指出，但员工见领导到现场来没有指出不足，他就觉得自己的行为是正确的或认为这种小事无关紧要；二是领导层不能持续地去督促管理，其他工作一忙5S管理就放在旁边了。

(2) 只做3S，没有5S。有些人片面地认为只要抓好3S，即整理、整顿、清扫就行了，所以没有形成一种员工的习惯，结果是3S也不能持续下去。图4-14及表4-2显示了3S与5S的区别，从中我们可以看出如果只做3S，不做5S，则3S也不可能顺利进行下去，更不要谈5S了。

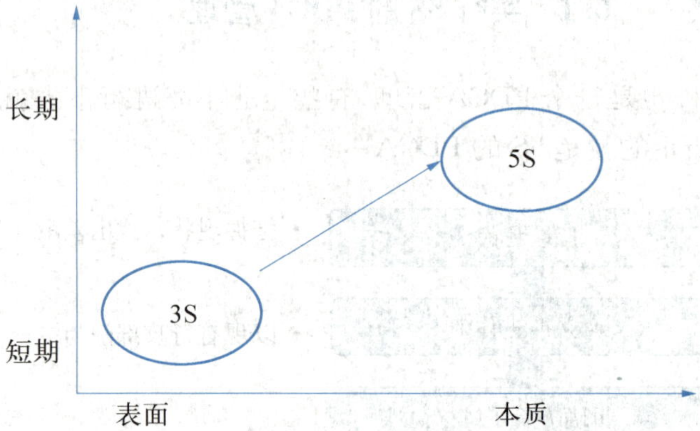

图4-14　3S与5S的区别

表4-2　3S与5S的区别

from（表面）	to（本质）	from（表面）	to（本质）
无规定	有规定	外部明亮	外部明亮+内心明亮
点	面	一时行动	成为习惯
从上到下	从下到上		

(3) 没有标准化。企业中许多领导没有意识到对事物认识的个体差异，错误地认为自己是这样想的，其他人的想法也与他一样，所以，没有去制定规定去统一员工的日常工作行为，导致员工无统一的认识。所以，即使现在看来很完善的方法也要拟订规定，按照规定去做，这样才能发现更好的方法，否则企业只会永远止步不前。

(4) 没有一种常态的检查机制。关于常态的检查机制，不要误认为是设立专门的部门、专门的人员去进行5S的检查工作，而要充分认识到5S是企业的日常工作，是企业每天改善的一部分。所以,建议可以进行以下的日常检查:部门或企业领导经常定期地进行巡视检查;品质管理部门定期地进行5S和过程审查,发现问题点及时反馈给各部门,并且进行跟踪。

正确地理解了5S的理念,解决了以上的难点,才能形成改善了的企业文化,形成一种不断改善的组织力,这是一种一般企业不太轻易能复制的能力。

5S检查清单

5S很有意思,听起来很简单,整理、整顿、清扫等谁不会呢,但它的重要性却非常高,企业从5S开始,也从5S结束,即现场的品质、效率、安全等一切管理都是从5S开始,有了5S才能有后面生产、管理的步步提高;反之,当一个企业没有5S,或是5S太差时,企业的生命也就结束了。

进行5S不需要多少投资,所以,任何企业都可以进行,从5S中我们可以消除浪费、节约大量的资金。

西部某工业基地有十多个企业,这些企业的工业基础都差不多,要么是20世纪五六十年代从沿海大城市内迁的大型企业,要么是原来的一些大型的军转民骨干企业。这些企业有产品、有市场,而且也并不缺乏资金。看了十多个企业其中只有一个使一起参观的人员拍手称好,连同去的外国专家也竖起了大拇指,因为当大家进入厂房时眼睛一亮:整理、整顿、标识样样到位,企业方针、部门目标、上月实绩等非常清晰,现场体现出一种生气蓬勃的活力。晚上吃饭时,参观人员一扫前几日沉闷的气氛,兴致勃勃地谈论着这个企业,为有这样的企业感到高兴。实际上,这个企业的5S与可视化管理水平也是一般,只不过是前面的几个企业可能做得实在是太差了。问题是为什么在同样的条件下,有的企业能在5S方面做得很好,有些就根本没有做。

如果我国有50%的企业能达到上面那个企业的水平,我国的国力就会有很大提升,且不需要进行任何大幅度的固定资产投资。

还有一个问题是看看人家5S搞得很好,但在自己的企业中却总是停留在原来的状态,这是为什么?

一个可能的原因是,简单地把5S与一个企业的组织领导力分开产生的结果。5S不是扫扫地而已,而是一个全公司性的组织活动。所以,需要管理上的PDCA、需要沟通、需要发动全体员工的积极性。

下面是某企业进行5S检查的清单(见表4-3),供参考。检查清单每次可以不一样。

表 4-3　某企业进行 5S 检查的清单

5S 项目	序号	检查项目	检查内容	满足(4)	基本满足(3)	要改善(1)	不满足(0)
整理/20	1	管理标准	废弃标准	有	有,但不齐	基本没有	没有
	2	材　料	规定区域内有没有无用的物品	没有,且使用量合适	有个别无用的物品	有较多	无用的物品随处可见
	3	设　备	规定区域内有没有无用的设备、工具	没有	有个别无用的设备、工具,但标识清楚	有部分无用的设备、工具,且无标识	不需要的设备、工具随处可见,也没有标识
	4	技术资料	现场是否最新版	最新版	最新版,但标识不是很清楚	无法判断	不是最新版
	5	不良品	不良品和良品的区分	有明显的标识并及时处理,有处理记录	标识有,但处理和记录不完全	区分标识不充分,不良品处理不及时	基本没有区分和不良品的处理
整顿/20	1	区域标识	有没有通道、危险区域、行进方向等的标识	有,非常易懂	有,但有些不明	标识不充分且不易理解	没有
	2	位置标识	有没有位置、品名、数量、状态的标识	有,且容易理解	有,但有不太容易理解的方面	基本没有	没有
	3	物品的放置	物品是否放置在规定的区域内,拿取是否方便	按规定放置,拿取方便	拿取不太方便	基本不按规定放置,拿取不方便	不按规定放置
	4	数量管理	有否最大量、最小量管理	有	有个别没有	大部分没有	没有
	5	物品的堆放高度	物品、周转箱等的堆放高度是否超过规定的 1.5 米	物品堆放高度完全符合要求	有个别场所超过标准	有部分场所超过标准	有超过标准的场所较多
清扫/20	1	地　面	地面上有没有水、油、垃圾、灰尘等	没有	个别区域有灰尘	部分地面较脏	很脏
	2	设备、工具	设备、计测器、工具等有没有灰尘和漏油等现象	用手触摸没有灰尘	部分设备工具清扫不全	灰尘堆积	灰尘、漏油随处可见
	3	清洁工具	清扫工具有没有经常清洗,保持干净	彻底清洗	经常清洗,部分清扫工具还是有污物	偶尔清洗,清扫工具脏乱	没有清洗
	4	制　度	有否进行日常清扫、定期清扫的制度	有清扫责任制并正确实施	有清扫责任制,但分工不明确	有清扫责任制,但没有按规实施	没有清扫责任制
	5	清扫中的点检	设备的日常清扫和定期清扫中点检制度	有,并正确执行	有,但有时不正确执行	制度不完善	没有

续 表

5S项目	序号	检查项目	检查内容	满足(4)	基本满足(3)	要改善(1)	不满足(0)
清洁/20	1	作业环境管理	空气中有没有粉尘和异味，采光度、照明是否良好，温度、湿度是否正确	没有问题	有个别场所不能满足	有部分场所不能满足	不充分，基本上不理想
	2	是否按规定着装	服装是否凌乱	按规定	按规定着装，但个别不够清洁	有部分没有按规定着装且不整洁	有不按规定着装的，且不整洁
	3	标准化	是否有明确的好与不好的标准	有	大部分有	个别有	基本没有
	4	标准的遵守	检查相关记录	完全遵守	大部分遵守	个别遵守	基本不遵守
	5	5S的检查	检查清单及记录	有检查清单并有记录	检查清单和记录大部分满足	偶尔有检查，没有形成制度	没有检查
素养/20	1	目标管理	目标及执行情况	有目标并及时跟踪	目标不完善、跟踪不及时	目标的制定及执行需改善	没有目标，或没有跟踪
	2	礼　貌	是否有打招呼的习惯	有	个别没有	部分没有	基本没有
	3	可视化	现场消息能否及时共有	现场消息能及时共有	个别项目不能及时共有	部分项目不能及时共有	基本没有
	4	培训教育	计划与执行情况	完全遵守	个别没有遵守	部分没有遵守	基本上不遵守
	5	改善活动	提案活动；QC小组改善活动	个人提案活跃，QC小组活动有计划进行	有提案活动及QC小组活动，但不太活跃	还要推进	基本没有

单元7 什么是可视化管理

作为管理人员，如何在现场营造一种气氛来充分发挥员工的积极性是我们的一大课题，即让员工进入现场以后能觉得：

(1) 我是公司的主人。

(2) 公司今年有这样的目标、方针、课题。

(3) 我工作的现场相对于目标原来还有这么大的差距，必须努力。

(4) 大家都在按规定工作，我必须也按规定工作。

(5) 原来现场产生一个小小的差错，会给客户带来这么大麻烦。

(6) 其他员工有这样那样的技能，我也不能落后。

(7) 我是流水线的经营者。

(8) 产品是我做出来的，我做出来的产品销到全球，为此我感到自豪。

(9) 其他同事组成 QC 小组在进行品质、效率、安全方面的改善，我也不能落伍。

(10) 每天有那么多客户来参观我们的现场，得到很高的评价，为在这样的现场工作感到自豪。

(11) 啊！原来现场有那么多的浪费！

(12) 啊！几乎每天都有异常发生，必须立即解决或向上汇报。

(13) 虽然是一名普通的员工，我也能发现异常，也能改善。

如果现场管理能营造出这样的氛围，我们的现场一定是强大的现场。

7.1 什么是可视化管理

由人体的五官影响人的知觉的比例分别是：视觉(83%)；听觉(11%)；嗅觉(3.5%)；触觉(1.5%)；味觉(1.0%)。可见人的视觉对知觉的影响是压倒性的。可视化管理就是利用视觉来进行管理的一种方法。

可视化管理通俗地讲就是通过眼睛看到以后的管理。当你进入现场，无论你有什么想法，首先让各种状态进入你的视野，因为人具有看到问题后再行动的本能，这是可视化管理的要点。换言之，现场的信息达到无注视化，就符合可视化管理的原则。

企业要建立一个即使你不想看，事物的现象也能进入你的视野，使你不能忘记的制度。在进行可视化管理的大量事例中，实际上未达到可视化管理的重要原因是过度依赖 IT，即事物的现象没有自然地进入人的眼睛。所以，对 IT 必须正确地分类使用。

7.2 可视化管理的目的

企业进行可视化管理的目的包括以下几个方面。

(1) 通过企业中大量信息的共享，使所有员工统一思想、统一行动，形成一股向同一方向的合力，建立强大的生产现场，完成企业的目标。

(2) 充分调动企业所有员工的积极性。企业是否强大只要看其现场是否强大就可以了，而现场强大的标志是所有员工的积极性是否都发挥出来了？

(3) 管理的效率化。对于工作岗位的异常和浪费等，即使不进行检查、搜集数据，也要想办法做到一目了然的程度，并进行相应的管理。

(4) 及时发现异常。可视化管理是在现场、现物、现实“三现主义”的基础上，全员掌握工作的标准，及时发现问题，进行改善。为了实现品质的提高、工数的减少、业务的效率化等，我们需要针对异常和问题点及早采取措施。

(5) 使现场浪费明显化，即谁看了都能明白有浪费。改善是无止境的，要发现现场的浪费，进行彻底的改善，就须制定高的目标，努力去达成。

7.3 可视化管理的要点

可视化管理的要点包括以下三个方面。

(1) 明确管理项目。

(2) 管理项目是正常还是异常，无论是谁一看就明白。

(3) 发现异常后，能迅速采取恢复正常的行动。

单元8 可视化管理的内容

可视化管理可以分为经营的可视化、客户的可视化、现场的可视化，如图 4－15 所示。

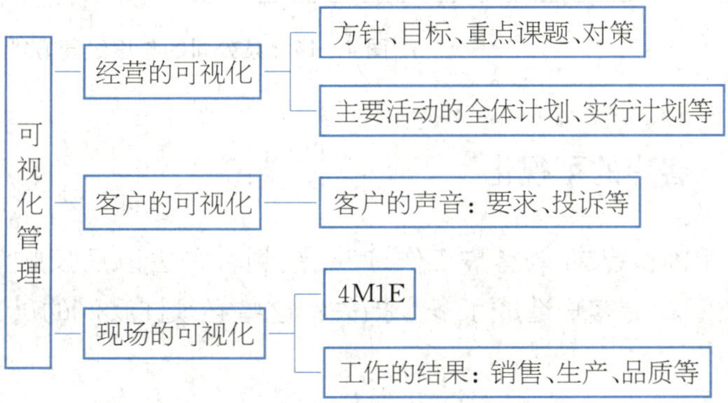

图 4－15 可视化管理的内容

8.1 经营的可视化

作为经营层，你要让员工的能力得到充分发挥；为达到经营目标，你必须向员工指明正确的方向、目标和战略，并且要进行充分的沟通使员工能理解目标的意义、战略上可能存在的问题等。所以，必须让所有员工看得见公司、部门的年度经营方针、目标及战略。

以下是某公司每年公布张贴的年度经营方针的主要内容(图 4－16)，仅供参考。当然让员工充分理解企业的经营方针还有许多形式，必须结合在一起使用，如企业每年的方针、目标发表会及中层干部、员工的讨论会等。其目的是要让所有的员工充分了解方针、目标的制定背景，深刻理解其内容，使全体员工团结协力达到目标。

公司年度经营方针

经营价值观	…… 企业活动的基本准则
中长期经营计划	…… 企业中长期发展目标、战略
年度方针	…… 半年或者一年的方针
重点课题	…… 今年要优先解决的问题
实施战略	…… 今年的重点对策
口号	…… 主张、目标等的概括
目标	…… 销售、利润等目标

图 4－16　某公司的年度经营方针

8.2　客户的可视化

我们每天在为客户工作，产品销到客户去以后反响如何？有否品质投诉？由于品质问题给客户造成了多少损失？这些必须让我们的员工知道。

客户可视化管理实例

欧姆龙冈山工厂曾在员工食堂一面墙上设置了客户投诉展示板，展示了历年来客户的投诉，包括产品不良、原因、对策、给客户造成的直接和间接损失是多少等。展示内容非常醒目，有文字、照片、实物，使员工看了以后过目难忘。而这一面墙是员工去用餐的必经之路，所以，无形中每天会对员工进行一次教育、敲响一次警钟。

后过程是客户，本过程中产生的品质问题一切责任在本过程。不接收不良品、不制造不良品、不向后过程移交不良品是每个制造过程的基本原则。所以，当把不良品流向后过程以后，必须寻找原因、制定对策。把这些不良的内容、原因、对策及其效果的确认以照片、文字等形式让本过程的员工看见并引以为鉴，保证不再发生类似不良。

8.3 现场的可视化

现场有什么？有 4M1E(man, machine, material, method, environment)及由 4M1E 产生的产品品质和计划完成状况(表 4-4)。所以，必须要让 4M1E 可视化。

表 4-4 现场可视化的主要内容

	可视化内容	可视化形式
人员(man)	技能状况	技能标志、多能工表示图、技能盘点表
	人员配置	人员配置管理板
设备(machine)	设备运行情况	设备行灯
	设备初始状态	设备点检表
	设备运行效率	设备运转率
	设备完好状况	设备完好率
方法(method)	作业指导书	作业指导书
	标准作业三票	标准作业三票
材料(material)	品种区分	品名、品号、批号
	合格及不合格状态	红色为不合格区，绿色为合格区，黄色为检查前区
	期限管理	过期日表示
作业环境(environment)	温湿度管理	温湿度仪表
	洁净度管理	实测后用图示或传感器检测
	防静电管理	实测后图示
	区域表示	标示牌：通路、区域表示
品质状况(quality)	品质目标及实绩	图表：日报、周报、月报；预算/实绩对比等
	不合格信息	不合格照片
	市场投诉	实物及照片
计划完成(budget/actual)	目标及实绩	图表：当天进度管理板；日报、周报、月报；预算/实绩对比；部门、个人达成情况等

现场可视化实例

以下是常见的现场可视化的实例。

1. 管理图

明确各个阶段的目标，收集每月或每天的实绩，制作成图表，进行张贴。内容可以是品质、成本降低、缩短交货期、安全、环保等各方面。

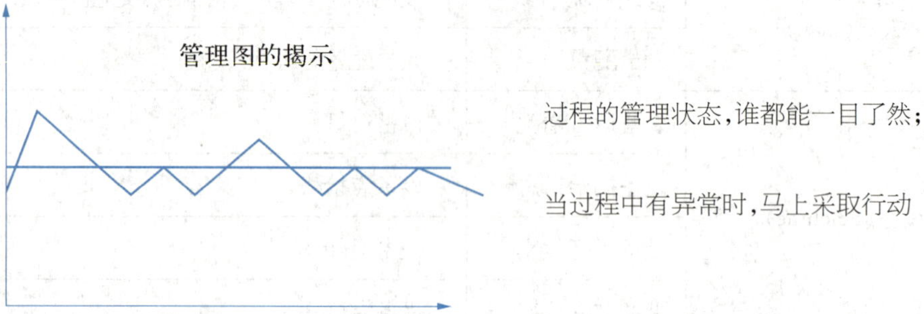

某大公司将销售计划达成率图在全公司的主要地方（公司入口、食堂等）张贴，造成公司全员关心公司业绩的气氛，从而也带动公司全员为达成销售计划同心协力地奋斗。其效果是该公司的年销售增长率总是在本行业中名列前茅。

2. 温湿度、洁净度管理

对有温湿度、洁净度、电流、电压等管理项目的场所，在标识上用颜色明确管理范围，使无论是谁一看就明白。

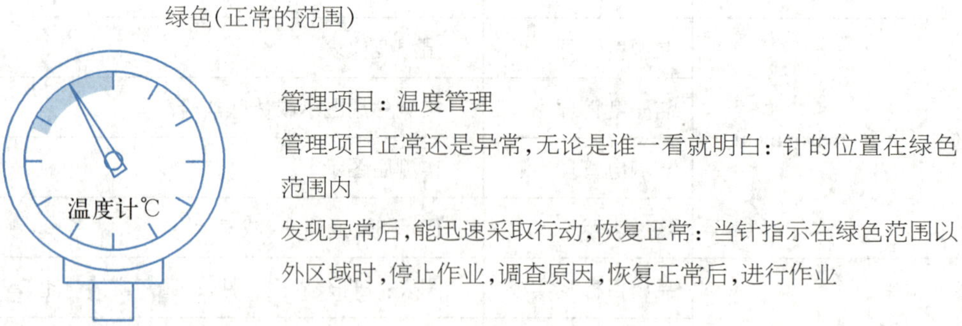

3. 不合格品管理

生产中许多不良的发生是由于没有对不良品进行明显的标识，造成不良品混入良品中去。所以，要对不良品存放的区域用红色进行醒目的标识，包括区域、货架、周转箱等，让谁一看都明白是不良品。

红色不良品箱

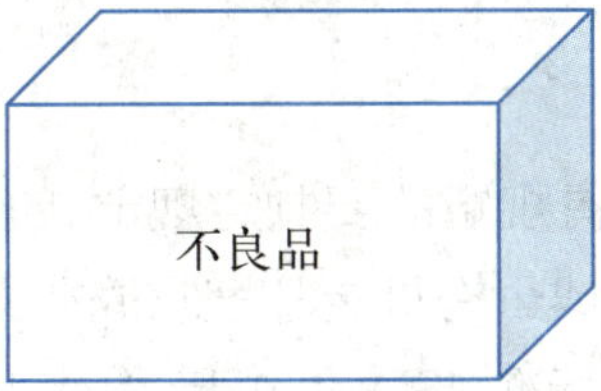

不良品放入红色箱子内，明确区分合格品和不良品：防止合格品中混入不良品

4．设备点检表

对重要设备必须在使用前、使用中甚至使用后对相关项目进行检查，判断其是否符合相关的标准。要对检查项目、检查时间、检查实绩、合格标准等项目制成设备点检表并揭示在相关区域。

设备点检表的揭示

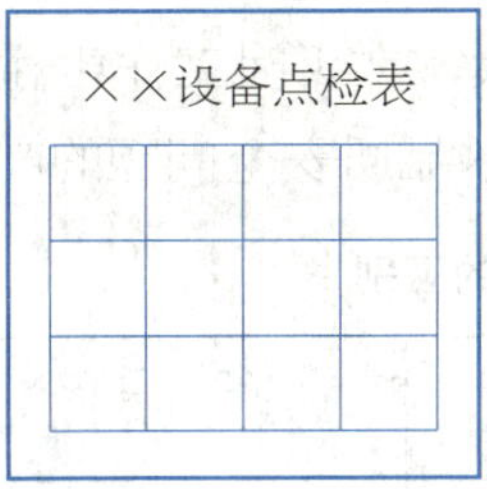

对设备的点检状态进行揭示：是否有点检遗漏、点检项目异常，然后迅速采取行动

单元9 可视化管理的水平

评价一个项目的管理水平一般可以如下基准来判断。

（1）基本水平：能对当前的、单个性的问题进行解决。

（2）中级水平：能解决短期性、局部性的问题。

（3）高级水平：具有解决长远性、综合性问题的能力。

所以，可以把可视化管理分为三个等级（见表4－5）。

表4－5 可视化管理水平

管理水平	可视化管理水平及判断标准	具体内容
基本水平	1．决定要遵守的事项 2．要遵守已决定的事项	4M1E的标识及5S管理
中级水平	对目前的状况是否可视进行判断，迅速采取行动	1．工作的结果：品质、生产计划完成情况等 2．客户的声音：投诉、客户反馈信息等
高级水平	公司远景、长远规划、目标、课题、战略明确	1．公司或部门方针、重点课题、战略（或对策） 2．主要活动的目标、实行计划等

9.1 可视化管理的基本水平

可视化管理基本水平就是按规定的去做,没有规定的要制定规定。但我国大部分企业连第一档都做不到,没有规定的企业到处都是,或虽有规定却把它放在文件柜里以应付各种检查。许多企业根本没有理解实行 ISO9000 标准、ISO14001 标准的目的,委托咨询公司不切实际地制定了一套标准,但没有把标准教育贯彻下去,只为了拿到所谓的第三方认证而已。有些企业由于对规定的意义理解不透,片面地认为制定规定是一项非常复杂的工作,缩手缩脚、没有自信,这样只会使企业永远止步不前。有些企业的规定几年一个样,一成不变,说明管理者根本没有理解遵守规定是为了改善规定这一要点。

按规定去做以后可以发现工作中的异常,然后通过报告、商量、联系等沟通方式及时向上汇报后,马上处理,避免产生不正确的工作结果。表 4-6 列举了生产现场某些项目正常与异常的区别,列出本表的目的是要让大家在平时工作中注意一些细微的异常点,通过排除这些异常点,可能会避免一件重大的品质安全问题的产生。

表 4-6 正常与异常的区别

项目	正常	异常
不良品	放在规定的红色标识区域	没有放在标识的红色区域
在制品的数量	没有超出规定的存放区域	超出规定的存放区域,如放在走道等通路上
生产计划	按计划完成日完成	提前或延迟完成计划
点检项目	在规定值以内	超过规定值
产品检查	同一不良在同一批中不超过规定台数(如 3 台等)	同一不良在同一批中超过规定台数(如 3 台等)
生产计划指示项目	与原来一样	与原来不一样,多了一些项目
零部件、产品	与作业指导书上的形状、颜色一样	形状、颜色好像有差异
异物	产品或工夹具中无异物	产品或工夹具中有异物,如头发、零部件、焊锡渣等
设备	声音、周围温度等与平时一样	声音、温度等与平时有区别
作业员	按规定生产	不按规定进行生产
作业方法	作业与作业指导书指示内容一致	作业员无法按作业指导书进行生产,只有按经验生产
零部件混放	零部件应为同一版本	零部件中既有 A 版的也有 B 版的零部件

1. 异常

所谓异常是指与平常的不一样,其具体包括以下几个方面。

(1) 依据以往方法不能作业。

(2) 偏差较大。

(3) 连续发生不良(如 3 次连续,偶发 5 次)。

(4) 出现了从来没有出现过的不良。

(5) 材料、设备出现与平时不一样的状态。

(6) 发现外观、光泽等异常。

(7) 出现怪声音、异味等。

2. 处理异常的规则

处理异常的规则包括以下几个方面。

(1) 停止作业。

(2) 向上级报告。

(3) 等待指示。

(4) 完成处理异常后,根据指示重新作业,实施首件产品确认。

9.2 可视化管理的中级水平

可视化管理的中级水平是能对目前情况作出判断并迅速采取行动。在以下情况下须采取行动:出现安全问题时;出现品质问题时;生产计划没有完成时;出现异常时。要进行迅速的判断必须有明确的目标、明确的品质基准,否则无从谈起。现在很多企业最大的问题是没有目标或目标太低,即使问题、异常一大堆也无法判断并进行快速的行动。

9.3 可视化管理的最高水平

可视化管理的最高水平是企业有明确的发展远景、中长短期的发展计划、具体战略目标及实施战略,有对课题的清晰认识和解决计划。通过对这些项目的可视化管理,能使员工深刻理解企业的发展目标。

砸冰箱与敲零部件

海尔集团总裁张瑞敏 1984 年到海尔,当时的海尔是一家只生产冰箱的街道企业,已经濒临倒闭,资产只有 300 万元,亏损 147 万元,销售额 348 万元。张瑞敏从抓品质开始抓企业的发展。当时的观念是把产品分为一等品、二等品、三等品，甚至还有等外品，只要产品还可以用就可以出厂。但张瑞敏一开始就强调"有缺陷的产品就是废品"的观念，他对已经入库的冰箱重新进行检查，发现有76台有品质缺陷。当时一台冰箱的价格相当于一个员工2年的工资，冰箱对大家来说是非常昂贵的东西。但为了改变大家的思想观念，张瑞敏决定把这些不良品砸掉，谁造的谁把冰箱砸掉。当员工们含泪看着张瑞敏亲自带头抡起大铁锤把有缺陷的76台冰箱砸碎之后，内心受到的震动是可想而知的。

美国《远东经济评论》的记者说，这把大铁锤是海尔发展的功臣。现在海尔展览馆还放着这把砸冰箱的大铁锤。

电子产品中的电子零部件如电容、印刷线路板等有一个保管期限的问题，如果到规定的保管期限还未用完，就必须报废。另一方面现在产品的更新换代非常快，不断有老的产品停止生产，如果采购人员不以JIT(精益生产)的方式进行采购，就会造成采购过量，一旦生产停止这些没用完的零部件必须报废。20世纪90年代初某企业刚成立3年，在企业年底的仓库盘点后有近100万元的零部件必须报废。此时员工、干部都觉得非常心痛，但该报废的必须报废。总经理带领生产计划科的全体员工拿着榔头到操场上，花了半个小时时间把所有的零部件都敲坏，并留下了照片。报废了就报废了，为什么总经理要与员工一起把零部件敲坏呢？目的有两个：一是通过大家一起敲坏零部件让大家切身体会到多采购零部件会给公司造成多大的损失；二是担心不敲坏的零部件流出公司后会让一些不法制造商重新利用，造成对社会的危害。

砸冰箱与敲零部件虽然是两个不同的事件，但目的是一样的，即通过不良品的可视化、当事人的对不良品处理的亲身参与，给相关人员一个极大的触动，以避免类似的错误再次发生。这比有些企业领导动不动就扣相关人员奖金效果要好、水平要高。

单元10 5S和可视化管理的区别

5S和可视化管理之间有很大的关联。

实行5S，建立明亮的、一目了然的工作场所，清除不需要的物品，设定好所需物品的放置场所并进行正确的标识，就可以很容易地发现异常和浪费。

(1) 5S是可视化管理的基础，没有5S就没有可视化，谁也不能想象在一个乱七八糟的现场，可以看得出什么是正常和什么是异常。

(2) 可视化管理是在整理、整顿的基础上增加一些内容的标识，如，什么物品、保管期限、负责人等。

(3) 可视化管理进一步推动5S的进行，如，到了保管期限却还没有处理，一看就一目了然；库存超过最大量，引发出必须进行库存控制的信号。

5S和可视化管理的具体区别见表4-7。

表 4－7　5S和可视化管理的区别

管理对象	5S 的 表 示	可 视 化 管 理
材料、半成品、成品	决定放置场所，进行所属区域和品名的标示	设定合适的在库量（最大、最小），限制放置场所的空间大小 合适在库量的标示：最大在库、最小在库、最小包装量 期限标示：入库期限、有效期限
停滞品	决定放置场所，标示为停滞品	决定放置场所，进行能明白异常状态和处理状况的标示 停滞理由（异常内容） 处理期限 担当人员
工具、量测器	所属的放置场所标示	设定所需数量、进行固定放置管理、绘制指示图等

单元11 行灯系统

现场是生产附加价值的地方，好的企业管理是一切都围绕现场进行高速运转，不让生产线停1分钟。但现实的情况是许多企业的二线部门高高在上，认为自己是管理部门，身在办公室里，一点都不了解现场情况，对现场的诉求反应非常慢。结果是导致现场的节奏混乱、员工劳动纪律松懈。

如何来解决这一问题？日本丰田汽车公司发明了一套行灯系统，行灯系统安装在每条流水线上，一旦流水线上发生品质问题、缺品问题、设备问题，生产线上的任何人都可以停止流水线，然后开启行灯系统，行灯系统会以声和光报警，相关人员会立刻赶到现场来处理。如图4－17所示，行灯系统的灯由绿、红、黄三种组成，示意不同的信号：生产线运转中绿灯亮；异常时红、黄灯亮；通常发生不良、机械故障、缺品、段取时，红灯亮；要求补充零部件及呼叫监督者时（要求支援、故障、一时交替、产品切换预告等）黄灯亮。声音由蜂鸣器发出。

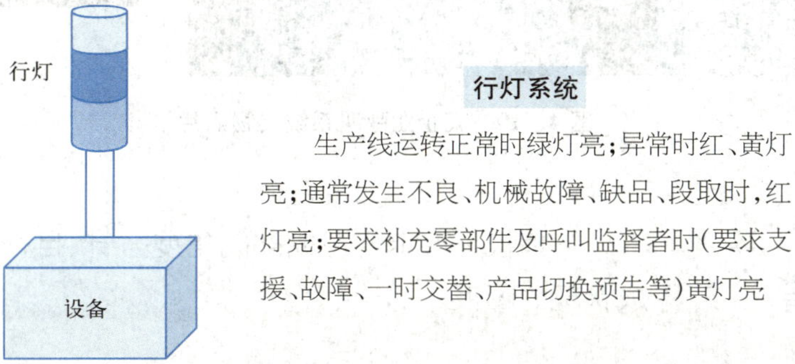

图4－17　行灯系统工作示意

随着电器技术的不断发展，行灯系统进化到了呼叫系统，呼叫系统由两个部分组成，一部分安装于生产现场，安装于现场的部分为灯光、蜂鸣器及呼叫控制盘。呼叫控制盘如图 4－18 所示。

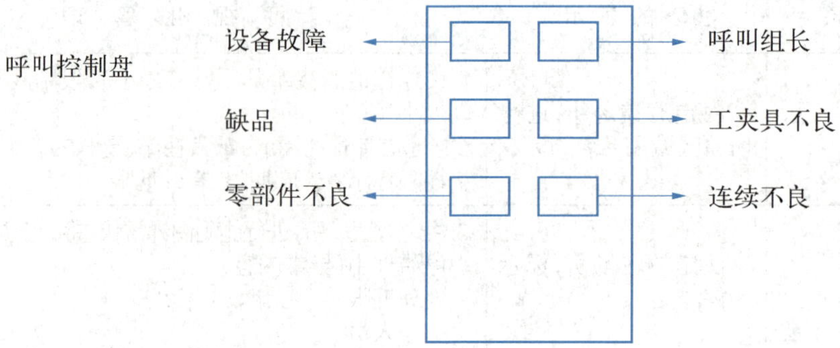

图 4－18　呼叫控制盘工作示意

呼叫系统的另一部分为安装在办公区的显示屏及蜂鸣器，显示屏显示是哪条生产线、出了何种问题。当现场员工按下按钮以后，先由组长进行判断，如不能解决，组长再按下按钮呼叫相关人员，相关人员听到声音后，看是哪一条生产线的问题，然后赶到现场进行解决，解决好以后消除警报。本系统由于是用 PLC 加计算机进行的控制，所以，什么线路、何种故障、处理时间等都可以记录下来，对掌握现状、改善生产线的运转率都有作用。

图 4－19 为某企业的呼叫系统实物照片。

图 4－19　某企业呼叫系统实物照片

单元12　管理板

管理板是展示公司或部门年度方针、目标及细分目标达成状况的图板。

12.1　管理板的作用

(1) 管理板是企业或部门为了贯彻方针、目标与员工进行沟通的一种形式。

（2）管理板是为了达到企业的目标各部门进行的目标细化。

（3）管理板是对目标实现过程的一种跟踪，目标的过程管理是达到目标的必要条件。一旦发现实绩偏离目标就可以及时采取行动，并确认对策的有效性。

（4）管理数据的共享，能唤起员工的主人翁意识，从而激起其工作的积极性。

12.2 管理板的种类

管理板的种类可分为以下几类，如图 4－20 所示。

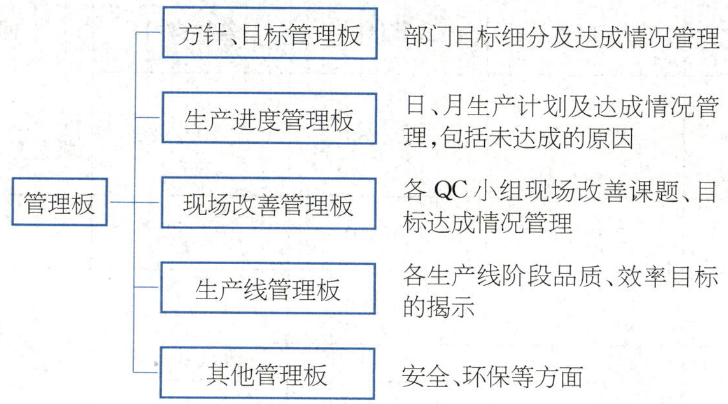

图 4－20 管理板的种类

图 4－21 列举了一些管理板，各企业可以根据可视化管理的目的、自身的特点，设计出更有特点的管理板。

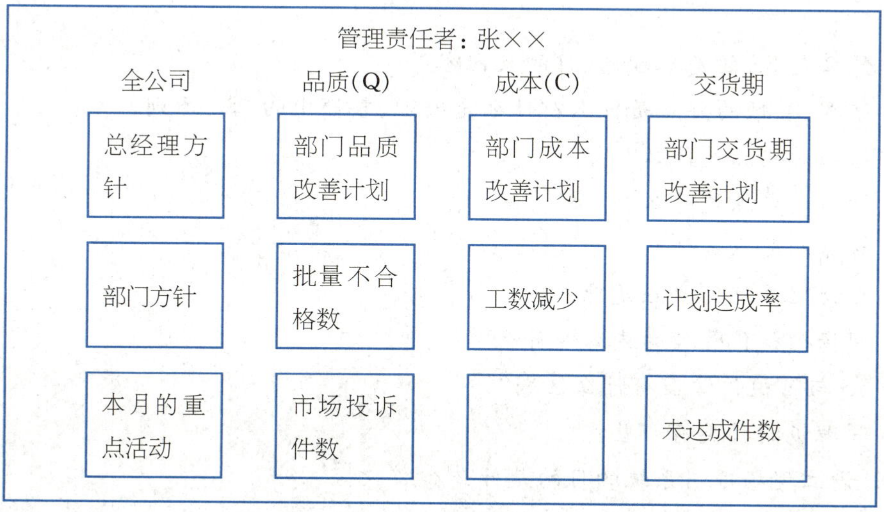

图 4－21 ××部门管理看板

生产线计划及实绩进度管理表

生产线必须按计划完成每日的生产任务，但免不了在生产线上会发生各种问题，如设备故障、零部件不良等，造成实绩与计划有一定的差异。因此，企业必须对每日生产的实绩、差异及产生的问题点和采取的对策进行现场管理，以挽回被耽误的生产量。表 4-8 是某生产线的生产计划管理表。

表 4-8　生产计划进度表(4 月 1 日)　生产线 A3

时　间	计划(件)	实绩(件)	差异(件)	问　题　点
08：00—09：00	200/200	180/180	△20/△20	从 08：15 点开始检查机故障 6 分钟
09：00—10：00	200/400	200/380	0/△20	
10：00—11：00	200/600	210/590	10/△10	
11：00—	……	……	……	

复习与思考

1. 什么是 5S 的基本理念、目的及内容？
2. 整理、整顿的要点是什么？什么是整理、整顿中的三定原则？
3. 清扫的要点是什么？
4. 清洁的要点是什么？
5. 素养的要点是什么？
6. 可视化管理的要点是什么？
7. 现场可视化管理的内容是什么？
8. 5S 与可视化管理有什么区别？
9. 管理板的种类有哪些？
10. 设立现场呼叫系统的目的是什么？

第五章

过程品质分析与改善

学习目标

学完本章，你应该能够：

▲ 掌握过程品质分析的基本方法；

▲ 掌握如何用 QC 手法去解决过程中的品质问题。

基本概念

计量值数据、计数值数据、语言数据、QC 七道方法、过程能力、纠正措施、预防措施、5W、QC 的问题解决法

单元1 数据

1.1 数据的分类

在品质管理过程中，一定会与数据打交道，如图 5－1 所示。通过数据分析，对过程中的品质进行有效的控制。所以，我们一定要学会对数据进行分析，即要认识数据、读懂数据、会用数据。下面我们对客观现实世界中的数据进行分析和理解。

1. 可以用数量表示的数据

如图 5－2 所示，可以用数量表示的数据可以分为两大类：计量值数据和计数值数据。

(1) 计量值数据：凡是可以连续取值的数据叫计量值数据，如长度、重量、强度、温度、湿度等。计量值数据由于是可以连续测量得到的，所以，也称为连续型数据。

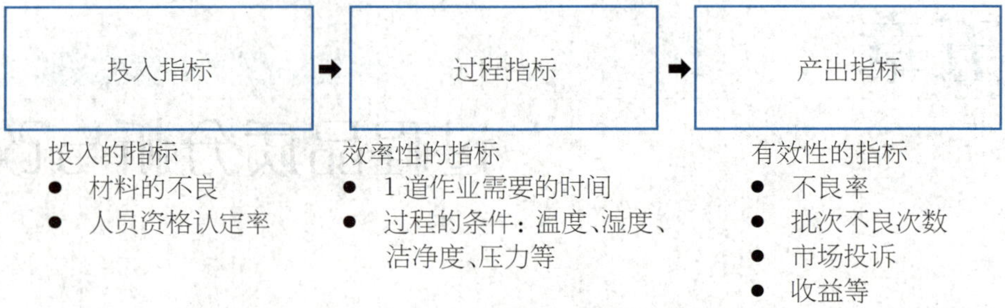

图 5-1　品质管理过程中的数据

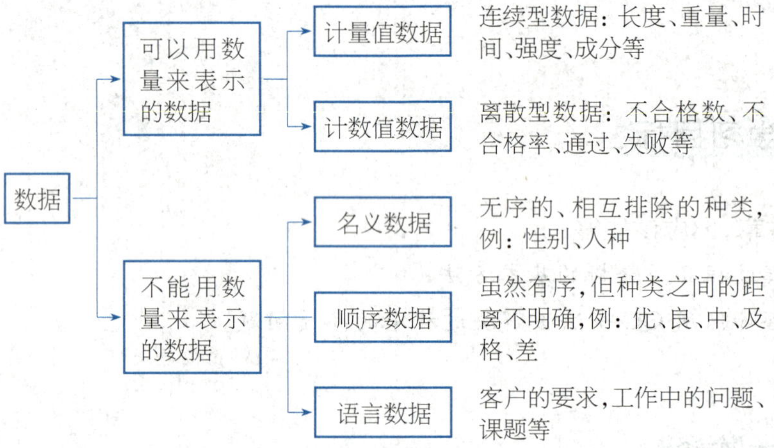

图 5-2　数据分类

(2) 凡是不能连续取值的数据叫计数值数据，如不合格品件数/合格品数、通过/失败、出席/缺席等。不合格品件数等由于不能连续测得，所以，也称为非连续型数据，通常叫离散型数据。

在测量时，区分数据是连续型的还是离散型的非常重要，因为以后在对数据加工分析时，判断错误会引起应用统计学中计算公式的错误，从而导致分析结果的错误。

2. 不能用数量来表示的数据

不能用数量来表示的数据有三类。

(1) 名义数据。无序的、相互排除的种类，如性别、人种、正负等。

(2) 顺序数据。虽然有序，但种类之间的距离不明确，如优、良、中、及格、差。

(3) 语言数据。在实际工作中有的只能用语言化的数据来描述，如客户的要求，工作中的问题、课题等。对语言数据的分析详见本章单元11。

1.2　对数据的认识

1. 数据的波动性与分布

对于任何品质特性所测得的数据一定会有其波动性，并且呈现一定的分布状态，这是现实世界的规律。统计学就是研究现实世界中各种数据的分布状态和波动性的一门学问。研究表明,连续型数据呈现正态分布,离散型数据依据条件的不同呈现不同的分布：0—1 分布、二项分布、泊松分布。统计学中有具体描述这些分布波动的参数。品质管理中常用的是正态分布,对于离散型数据也是假设当抽样数据达到一定要求时,近似呈现正态分布。

2. 对数据统计的认识

(1) 数据的偏差性与分布性。我们一切工作的结果必然是有偏差的,并呈现一定的分布状态。抽样有误差,测量也有误差,实验也有误差,所以,数据必定有误差。

(2) 数据的部分不正确性。我们要认识到社会、企业的数据一定有部分不正确的、异常的、假的数据存在。

(3) 数据分层。要对所有的数据进行分层,分层的过程是追究真正原因的过程。一般如果单用数据的平均值、合计值,就会失去一些偏差值的数据。

(4) 收集数据后,一定要与日后的行动联系起来,否则就失去了收集数据的意义。

基于以上的考虑,我们要通过品质管理的基本观点和统计的分析方法对数据进行深入的分析,以找到发生不良的真正原因,采取有效的对策,不断提高品质。

单元2 用数据说话

正确地抓住事实是进行品质管理工作的前提,不实的、模棱的数据是不能抓住事实的,这里需要正确的数据。

在我们的周围有许多数据,例如原料、制品的数据;过程的数据;不满抱怨的数据,市场调查的数据;会计数据;人事数据等。从这些数据中可以知道产品、过程、销售、经营等各种状态。

收集数据的目的是从这些数据中得到信息,进而采取有效的行动。要想达到目的,首先要看得懂这些数据,理解数据所表达的信息。

为了有效地利用数据所包含的信息,有必要研究数据的统计方法,对各种数据用统计方法进行观察、判断,抓住数据表示的真正内容。如此才能使 PDCA 管理循环起来,成为一种强有力的武器。

2.1 获取时序系列数据,制作控制图

时序系列图反映的是不良件数、订货量、销售额等随年月日变化的结果。

绘制时序系列图首先须收集每月每日的数据,然后进行分析,找出异常产生的原因,并将其标示在图中。如图 5 - 3(a)所示。

在时序图的基础上制作控制图，图中设置目标值，以检验采取对策后的效果。如图 5-3(b)所示。

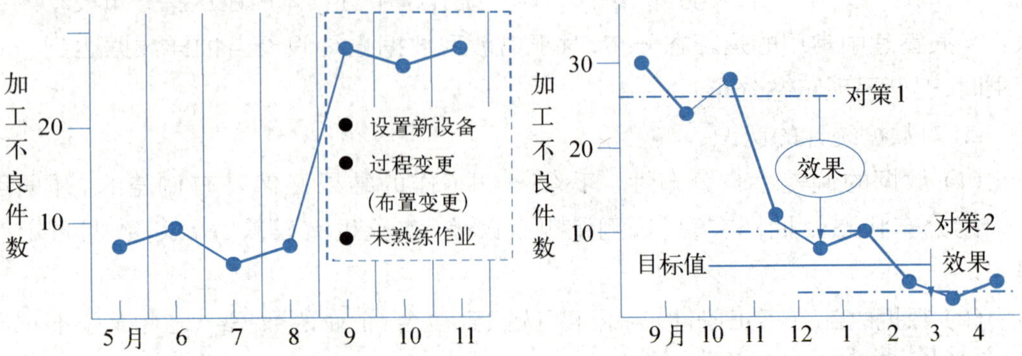

(a) 时序系列图　　(b) 控制图(确认效果用时系列图)

图 5-3　时序图和控制图例示

2.2　分层挖掘数据

1. 分层的意义

所谓分层，就是将相同特性的数据分成几个组。通过不断的细分，找到具有针对性的对策。

分层时按影响品质结果的同类原因进行分层，这样可以抓住原因与结果之间的关系。当收集的数据有异常时，再进行细分，直至找出产生异常的原因，然后采取行动。

图 5-4 是把加工不良按时间带分层的时序图。

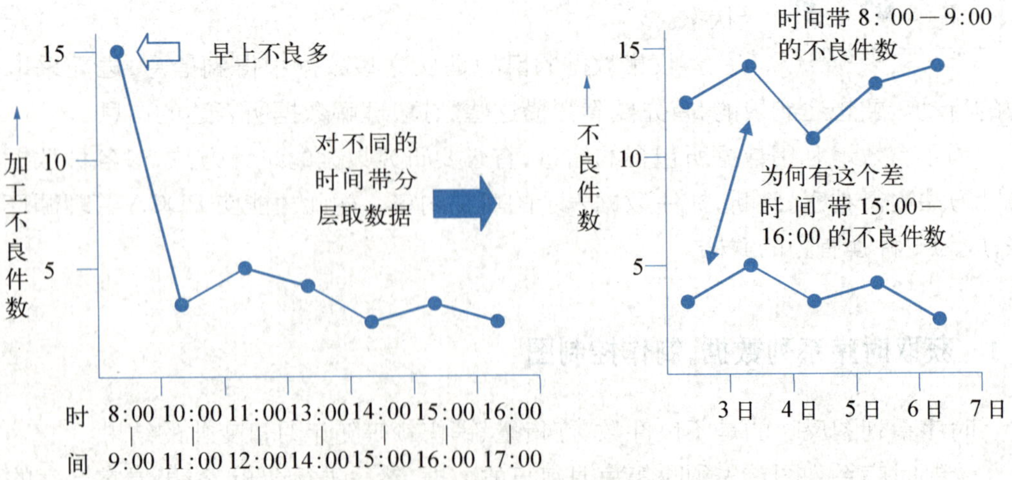

图 5-4　按时间带分层的时序图

2. 分层的方法

实际工作中当收集的总体数据中发现异常时，或即使没有发现异常但为了进一步改善的需要，要对各个分项目进行分析时，就要开始对数据进行分层。

分层时应考虑以下的项目、原因。

(1) 不同作业者、班组，不同经验年数。

(2) 不同设备(包括新、旧设备)、不同工夹具。

(3) 不同作业方法、不同作业条件、不同批号、不同测定方法、不同作业顺序、不同生产者等。

(4) 不同时间带，不同季节，月初、月中、月末，白天与晚上。

(5) 不同储藏时间。

(6) 不同的环境：温度、湿度、天气、照明、卫生、噪声等。

一旦分层的图出来，就可以马上区分出各个层与层之间是否有差别，找出影响品质的主要因素，然后进行改善。

单元3 图表的应用方法

我们对过程中的数据作了统计以后，如何用形象易懂的图形表示出来，让大家一看就懂并马上记住呢？打开计算机的办公软件，程序中有许多图形让你去选择，那选用什么图形最适合你要表示的对象呢？下面就这方面内容作阐述。

图形的基本使用原则：随时间变化的动向用折线图；数量大小的比较用柱形图；详细内容比例用饼状图；等等。

3.1 柱形图

表示数量的大小时应用柱形图，如图 5-5 所示。

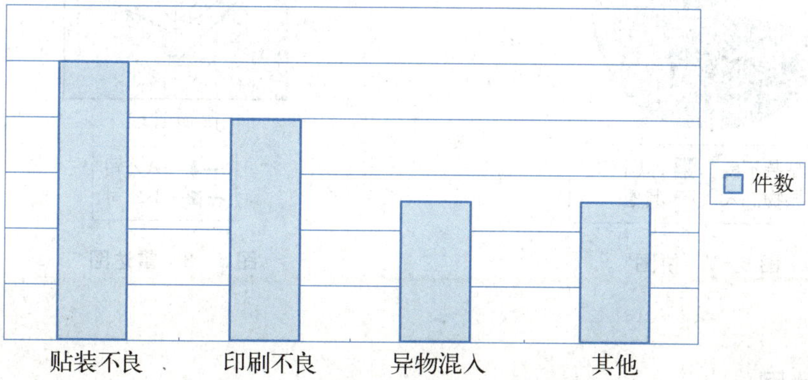

图 5-5 柱形图

3.2 折线图

表示数量随时间的变化倾向时应用折线图，如图 5－6 所示。

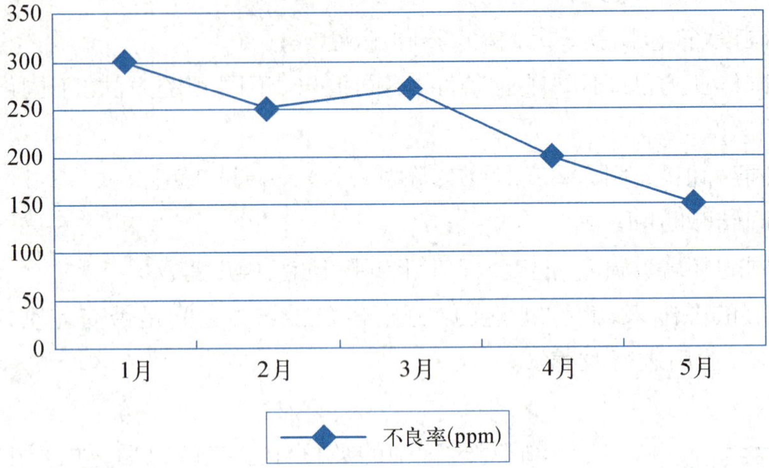

图 5－6　折线图

3.3 饼图、带状图

表示相关内容的比例大小时应用饼状图或带状图，如图 5－7 所示。

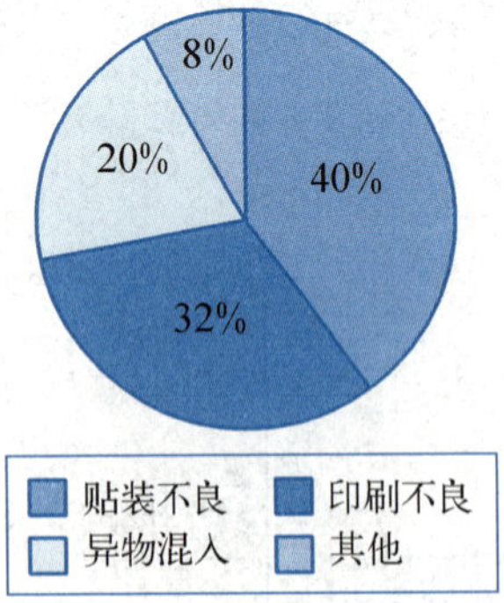

图 5－7　饼图

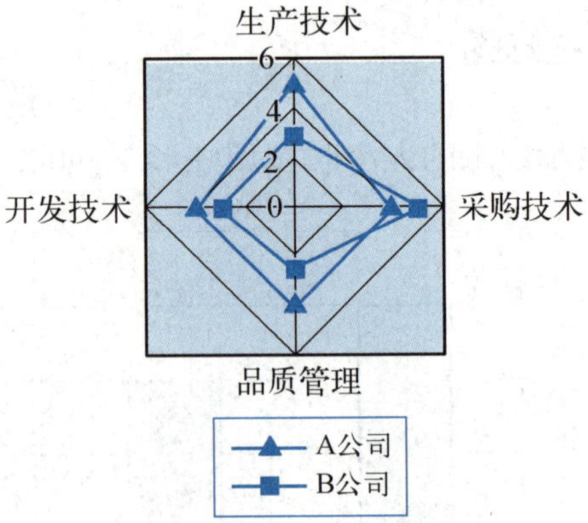

图 5－8　雷达图

3.4 雷达图

表示各项目之间的平衡性时应用雷达图，如图 5－8 所示。

单元4 用检查表定量地抓住事实

检查表(又称调查表),是用来记录、收集和积累数据的表格,可用以对数据进行整理和粗略的分析统计。

用检查表虽然不能直接得出方法,但依据必须点检的项目对新的问题能得出相关改善的线索。检查表主要有记录用和点检用检查表两种。

4.1 记录用检查表

记录可以是表也可以是图。制作记录用检查表要决定下列事项。

(1) 决定要记的数据与分类项目。数据的分类项目是特性要因图的特性与原因的关系。

(2) 决定记录的形式。

- 使用表,能记录许多分类项目。
- 使用图,能明确表示位置。

(3) 决定标记数据或符号。

4.2 点检用检查表

点检的项目是必须做的工作,对这些工作必须进行调查。

点检用检查表的作法:排列所有应点检的项目,明确合格的标准。如表5-1所示。

表5-1 点检用检查表

NO	项　目	标　准	实　绩	合格否
				○
				×

4.3 现场常见的检查表

针对4M1E和其他管理项目,在生产现场经常可见到各种相应的检查表,每张表对应各自项目的检查内容,如表 5-2 所示。

表 5-2　常见检查表

项　　目	检查表种类	内　　容
设　　备	设备日常点检表	每天点检项目与标准
方　　法	5S 检查表	5S 检查项目与标准
	过程审查表	过程审查项目
	设计审查检查表	设计审查项目
人　　员	员工技能检查表	技能项目与达成状况
材　　料	产品品质检查表	检查项目与标准
环　　境	环境温湿度检查表	检查项目与标准
其　　他	节能检查表	检查项目与标准

单元 5　用排列图找出改善重点

对不良品等品质方面的问题和损失金额,依据其原因、现象进行分类,按大小顺序进行排列,以找出产生问题的占 80%左右的主要原因或现象。

排列图具有显示某项目在整体中所占比例的作用。通过排列图能看到以下项目。

(1) 在整体中出现了多少不良。

(2) 哪种不良最多。

(3) 如果除去这些主要不良,全体不良可减少到多少。

5.1　排列图的制作步骤

(1) 收集数据:每天的不良数、不良的形式。一般一个月累计一次。

(2) 对收集的数据进行分类。虽然是不良但不良的表现形式是不同的,如对电子厂家电器线路板制造来说,有的不良是属于焊接不良,有的是属于零部件贴装不良,所以,要对这些不良项目进行分类。

(3) 将分类后的数据统计成表,如表 5-3 所示。

(4) 依据统计表作图,如图 5-9 所示

表 5-3 分类数据统计表

NO	项　　目	不良数	比例%	累计不良数	累计比例%
1	焊接不良	22	44	22	44
2	贴装偏移	14	28	36	72
3	印刷不良	7	14	43	86
4	零部件不良	3	6	46	92
5	印刷线路板不良	2	4	48	96
6	其他	2	4	50	100

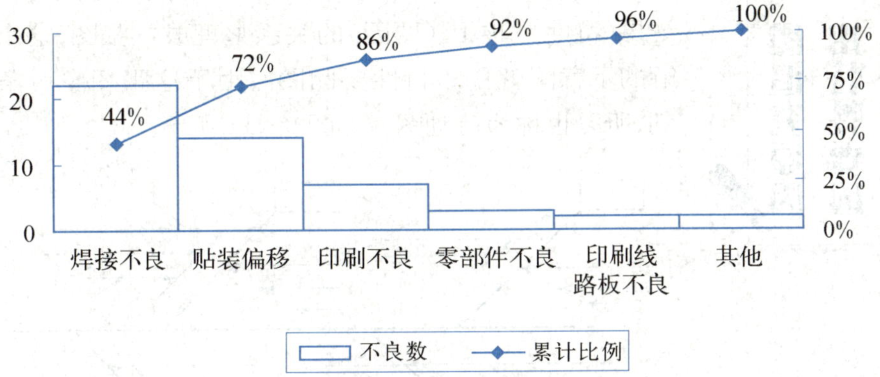

图 5-9 不良排列图

排列图的目的是找出对产品成本影响最大的项目,所以纵轴尽量要用金额来表示。

另外,用不良件数表示的排列图和金额表示的排列图,分类项目的位置可能会有变化。

(5) 选择占不良比例 80%的项目作为攻关的项目,下一步就要分析原因并采取对策。

5.2 排列图的使用

1. 依据 ABC 分析法,决定重点攻关项目

所谓 ABC 分析法是依据问题项目的重要度分成 A,B,C 三级,将最成问题的 A 级项目作为重点攻关对象。如图 5-10 所示。

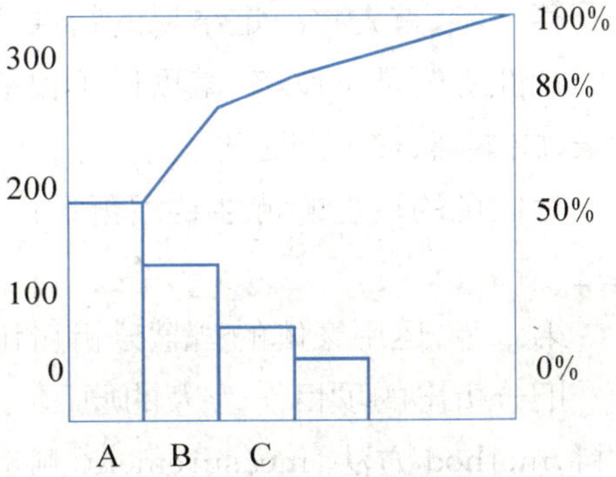

图 5-10 ABC 重点分析

A 级项目(主要问题):从排列图的大小来看,占全体 80%的项目。

B级项目(次要问题):占全体10%—15%的项目,A+B项之和占全体90%—95%。

C级项目(一般问题):A,B以外留下的项目。

2. 进行分层,深入挖掘原因

为了更深层次地找出不良发生的真正原因,可以对某一不良项目继续进行分层,直到不良原因能很清楚地被挖掘出来。例如,加工不良→加工尺寸不良→尺寸确认错误等。

排列图最好依据不同日期、不同过程、不同设备分别制作。

3. 确认改善效果

通过制作排列图可以检验采取行动后的效果,在管理或改善方面确认效果是非常重要的。

单元6 用特性要因图追究原因

一般对一个不良的结果,要考虑的发生原因有很多。把结果(特性)和原因(要因)的关系整理成一张图,这个容易理解的示意图就称为特性要因图。由于这张图像一条鱼的鱼刺,所以也称为鱼刺图。如图5-11所示。

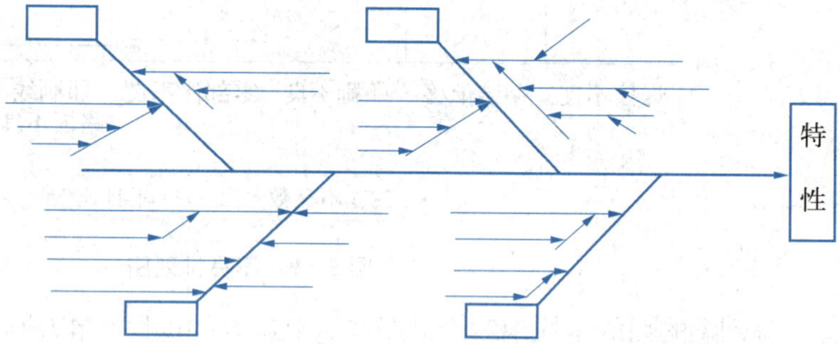

图5-11 特性要因图

6.1 特性要因图的制作方法

第一步,首先将决定结果的特性写在鱼骨的头上。

特性主要是不良率、某项目不良等品质项目,也可以是品质以外的项目,如交货期长、成本高、安全问题等。

写在鱼的头上的特性要用否定语气,这样容易显露原因,如"××差错多""××延迟"等。

第二步,运用集体的智慧分析讨论针对特性的原因。

把分析出的项目作为大的原因。然后按5M1E(man人、machine机械,material材料,method方法,measurement测量,environment环境)进行分类,也可按过程分类,或按工艺分类等等。

第三步，将分类出的原因标注在大骨(也叫主干、大枝)上，如图 5－12 所示。

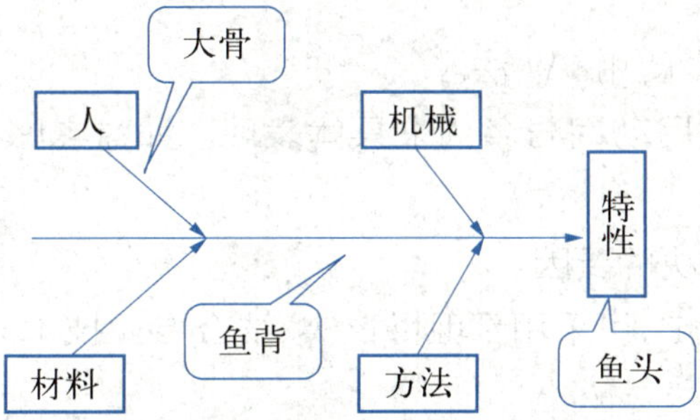

图 5－12　按 4M 对原因进行分类

第四步，对每一个原因进行更深入的分析。

不断追究更深层次的原因，直至能采取措施为止。然后，将这些不同层次的原因对应标注在中骨、小骨上，如图 5－13 所示。

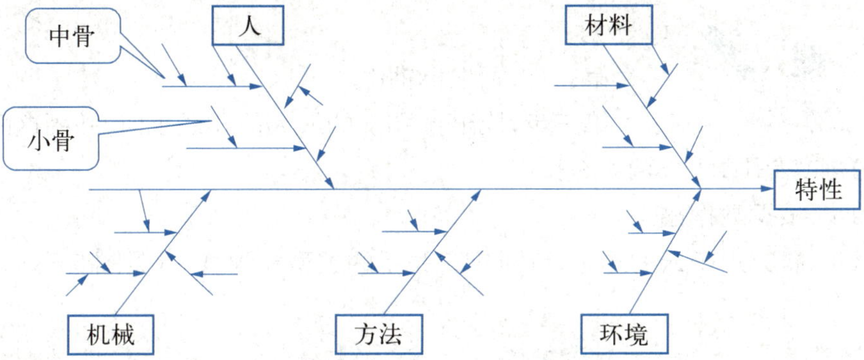

图 5－13　标注更深层次原因

第五步，从各种原因中识别和选取 3—5 个对结果有重大影响的原因(要因)，作为制定改进措施加以解决的对象和目标。

6.2　制作特性要因图的注意点

(1) 分析原因时要发挥集体的智慧，尽量集中更多的相关者(上司、技术员、作业者、前后过程的人等)自由发言。

(2) 标注大骨时，最好将下列项目作为检查要点：

① 关于人；

② 关于机械装置；

③ 关于原料、材料；

④ 关于作业方法；

⑤ 关于测定；

⑥ 关于工夹具；

⑦ 关于环境、设备。

(3) 追究原因时，多使用 5W 法。

(4) 鱼头上的特性用动词与名词来具体表现。如盘点账票记账差错多，接受订货的账票写法统一等。

(5) 要写自己能解决的要因。

(6) 主要原因的确定，可采用到现场核实、结合专业技术分析、运用排列图、投票等各种方法。

单元 7 分布图

分布图又叫相关图，它是用来对两个非确定性关系的变量进行相关分析，判断其相关关系的图。

分布图的作法如下。

第一步，对研究对象(两个变量)，收集若干组成对的数据(x、y)。

第二步，画坐标轴。

第三步，找出 x 和 y 的最大值和最小值，并用这两个值标定坐标的刻度范围，两个轴约等长度。

第四步，根据数据描点。

第五步，研究点子云的形态，判断相关关系的类型和强度。(见图 5 - 14)

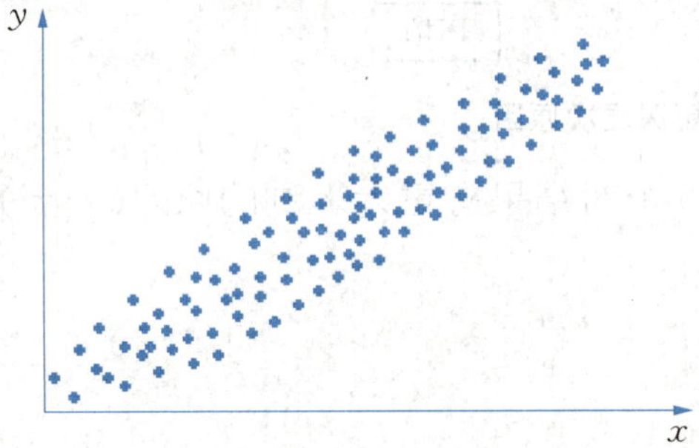

(a) 强正相关

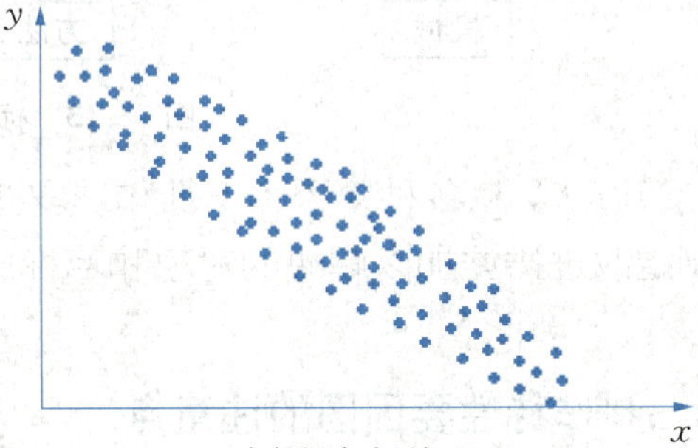

(b) 强负相关

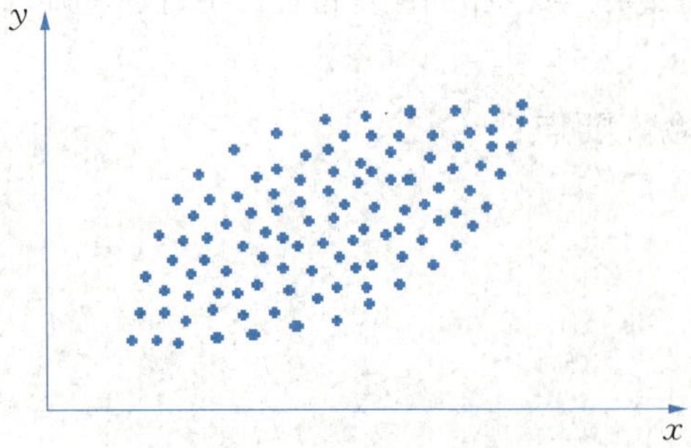

(c) 弱正相关

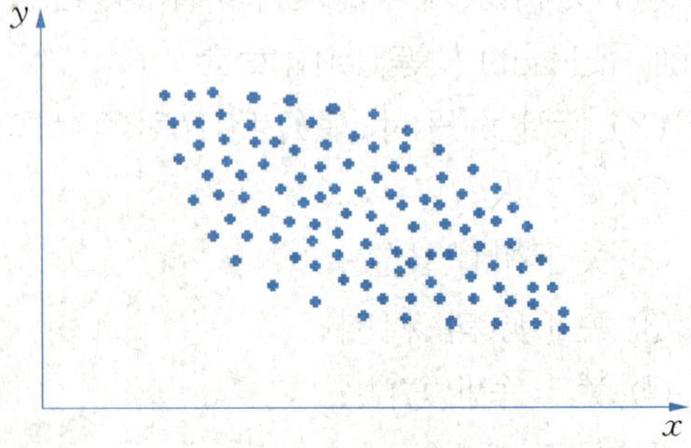

(d) 弱负相关

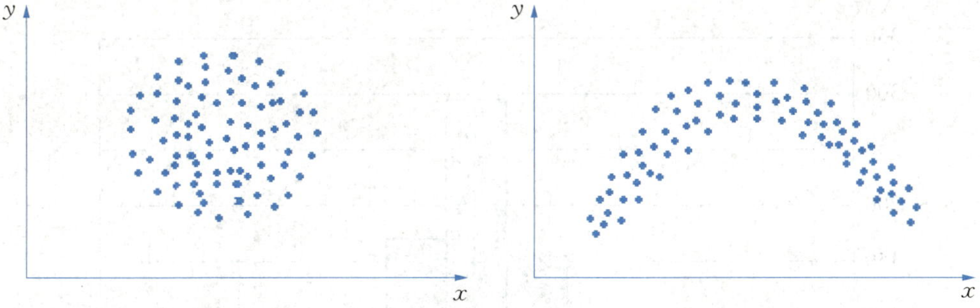

(e) 不相关　　　　(f) 曲线相关

图 5-14　各种分布图

单元8　用直方图掌握偏差的状态

8.1　直方图的目的

大家都知道顾客到某个商店去买商品是一个随机的过程，一般不会有预约，怎样既能让顾客买到商品，又不至于在商店中放置大量的库存呢？我们可以根据几年甚至几个月的历史数据，对每天销售某个商品的规律进行总结，从而进行适当的备货，这就是统计要做的工作。

某鞋厂为了安排生产计划，对某地区男性脚尺码的大小进行了调查。表 5-4 是该鞋厂通过对某地区 1 000 人调查后得出的尺码与相应人数的调查结果。

表 5-4　脚尺码与相应人数的数据

人　数	20	25	50	82	155	295	170	91	70	27	15
尺码(厘米)	22.5	23	23.5	24	24.5	25	25.5	26	26.5	27	27.5

如果用横轴表示尺码，纵轴表示相应的人数，就会得出图 5-15 的结果。此图在统计学中称为直方图。

直方图是将差异的状态图表化，用直方图不能只注意单个数据，而是要掌握数据的整体分布情况。品质的好坏单用品质均值来判断是危险的，因为即使平均值一样，差异大的就说明其品质不稳定。品质管理就是要减少差异性。

即使在同一过程，同一作业者依据同样的标准、用同样的设备制造的物品在品质方面肯定还是会出现一些差异。例如，某生产车间有两台同样的设备，生产出来的产品重量情况如表 5-5 所示。规定的合格范围为 30±3 克。从表中可以看出是有差异的。

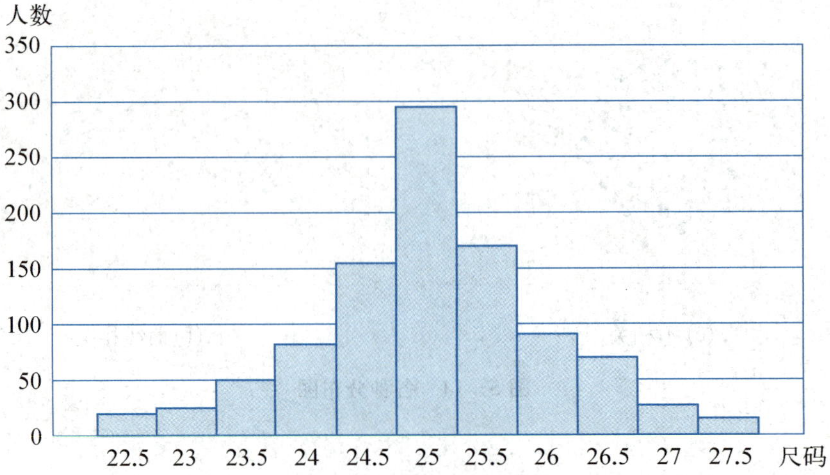

图 5－15　尺码-人数直方图

表 5－5　A、B 设备生产产品的重量情况

产品 No	1	2	3	4	5	不良率
A 设备	27.0 克	26.0 克	27.0 克	25.0 克	28.5 克	40%
B 设备	28.0 克	30.0 克	32.0 克	34.0 克	27.0 克	20%

在现场测得的品质特性(例如长度、重量、时间、温度等)的数据密度以某个值为中心最高,随着偏离中心递减,直方图可以把这些状态用图形表示出来。直方图将数据存在的范围分成几个区间,落入区间中的数为柱的高度。

制作直方图的目的:

(1) 清晰地显示差异的状态或不良品的分布状况;

(2) 与规格值比较;

(3) 可以用 2 组以上分层时,比较两者的平均值与差异。

8.2　直方图的制作方法

第一步,收集数据,最好 50 个以上。这样可以提高判断的准确程度。确定对象后采集数据,取得数据的最大值、最小值及其差。

单位:毫米

9.99	10.00	9.94	9.99	10.05	10.02	10.05	9.95	10.03	9.98
10.02	10.00	10.15	9.88	9.91	9.95	10.00	10.03	10.00	10.13

续 表

9.96	10.01	9.97	9.98	10.06	10.03	10.10	9.85	10.05	10.08
10.07	10.16	9.97	10.03	10.11	9.91	10.06	10.03	9.93	10.11
10.02	10.07	9.95	10.00	10.03	9.99	9.99	10.10	10.08	10.01

最大值：10.16，最小值：9.85，差：0.31。

第二步，分组。

分组组数依据数据多少来决定，一般选 10 组（经验法）。本例中选 10 组。

组距 =（最大值－最小值）/10 =（10.16－9.85）/2 = 0.031，由于测量值最小单位是 1/100 单位，所以取组距 0.03。

第一组的下组界 = 最小值－测量值最小单位 × 0.5 = 9.85－0.01/2 = 9.845

第一组的上组界＝第一组的下组界＋组距

第二组的下组界＝第一组的上组界，依此类推

第三步 制作频数分配表，如表 5－6 所示。由于组距 0.03 小于 0.031，所以，在实际分组时组数增加一组。

表 5－6 频数分配表

组 数	组 界	频 数
1	9.845～9.875	1
2	9.875～9.905	1
3	9.905～9.935	3
4	9.935～9.965	5
5	9.965～9.995	8
6	9.995～10.025	10
7	10.025～10.055	9
8	10.055～10.085	6
9	10.085～10.115	4
10	10.115～10.145	1
11	10.145～10.175	2

第四步，以频数分配表为基本，横轴以各组的界限值，纵轴以频数为标记画出图，

在这个图中必要时记录数据数、调查对象、调查时期等(如图 5－16)

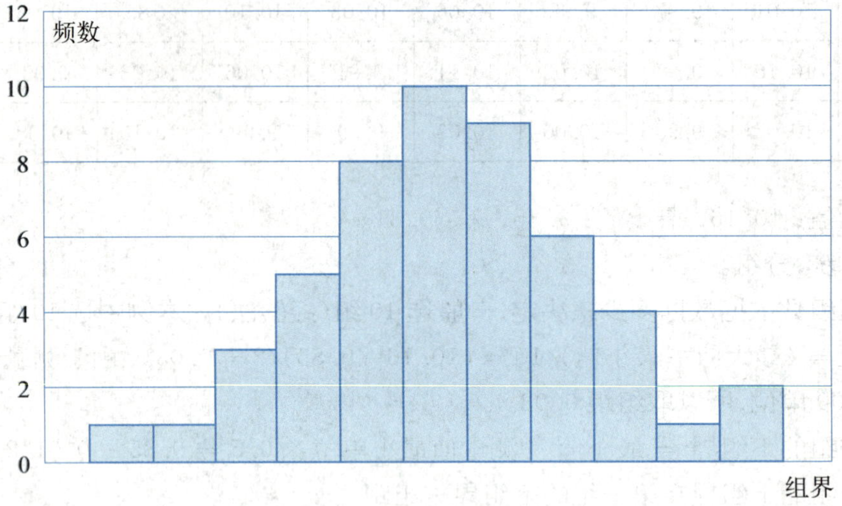

图 5－16　频数分布图

以下列出了一些常见的直方图图形,请大家依据原理进行分析,并采取对策。

(1) 正常型。中心部最高,左右对称,都在要求规格范围之内。如图 5－17 所示。

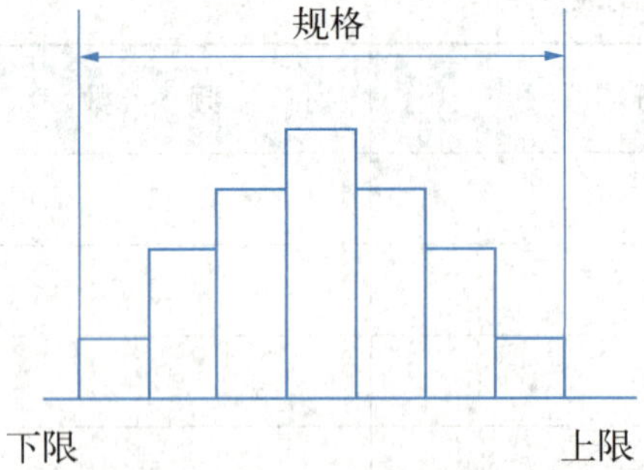

图 5－17　正常型直方图

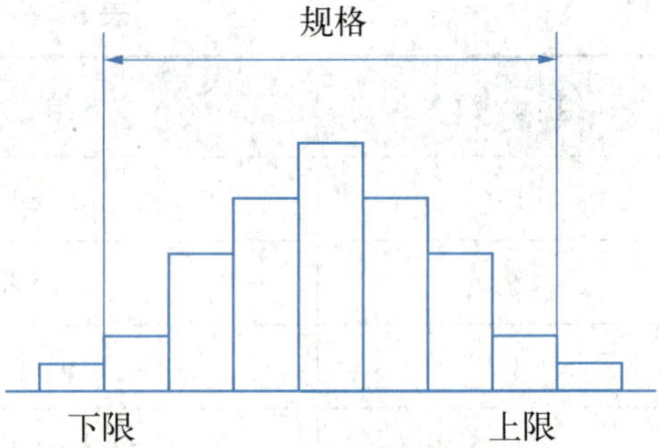

图 5－18　超出型直方图

(2) 超出型。状态分布很好,但左右裙边超出规格,有不良产生,所以,要进行改善。如图 5－18 所示。

(3) 偏倚型。尽管分布状态是正常的,但中心偏向某一方,要进行改善,把中心移向正常位置。如图 5－19 所示。

(4) 小岛型。在分布图的一侧出现小岛,出现的原因是生产过程中出现了突发事件,如零部件使用错误、设备故障等情况。要查明原因,采取对策。如图 5－20 所示。

(5) 二山型。在分布图中出现两座小山,可能是用两台设备进行生产或其他的原因造成的。要进行分层分析,采取措施。如图 5－21 所示。

(6) 齿型。在分布图中出现相继一高一矮的状态。可能与测定者的测量方法或分组不当有关。要进行原因调查,并采取措施。如图 5－22 所示。

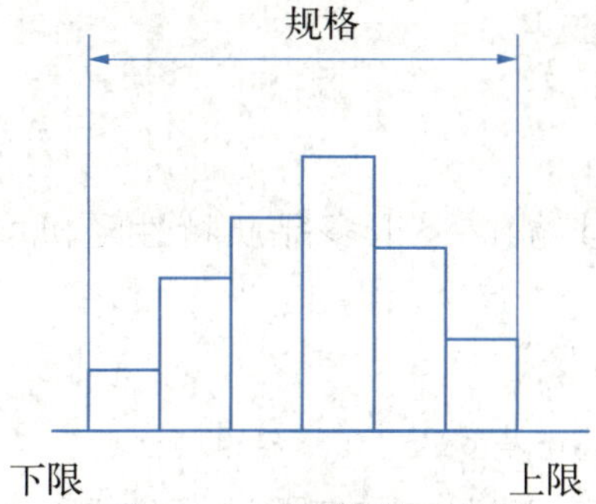

图 5-19　偏倚型直方图

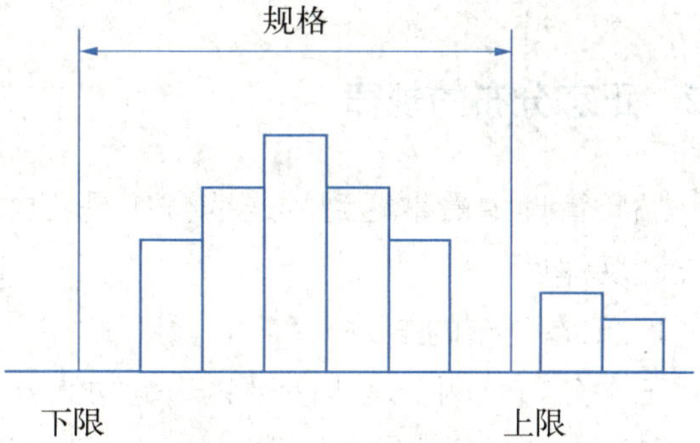

图 5-20　小岛型直方图

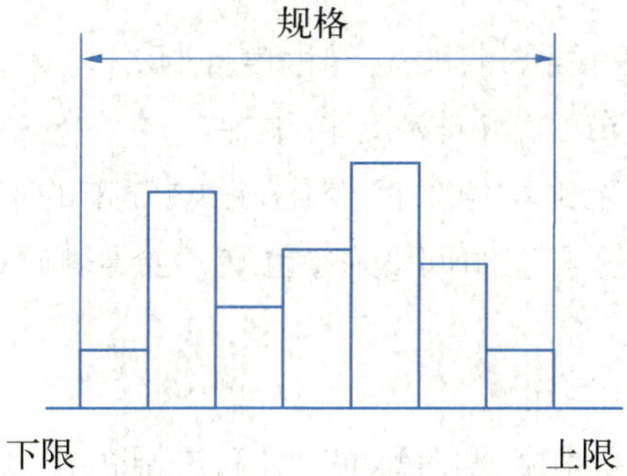

图 5-21　二山型直方图

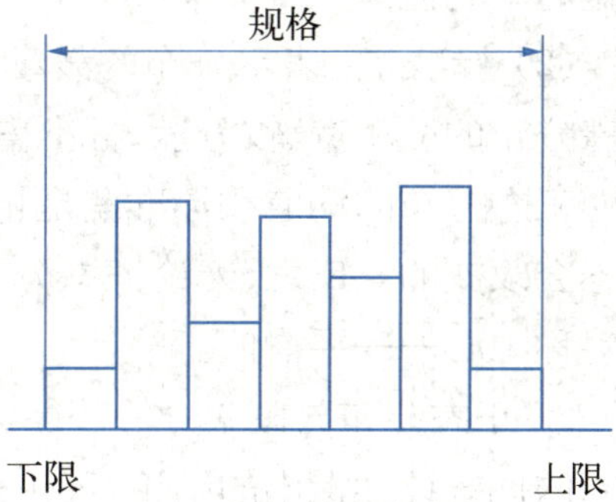

图 5-22　齿型直方图

单元9　控制图的制作和作用

9.1　直方图与正态分布

直方图告诉我们过程中数据的分布状态，将其与合格范围作比较就可以知道不合格品是超出上限的多还是超出下限的多，然后采取相应的措施。

如果直方图的数据越多，分组越密，则直方图越趋近于一条光滑曲线，它实质上即是数据的分布曲线。连续值最常见的分布为正态分布，其特点是中间高、两头低、左右对称并延伸到无穷，见图 5-23。

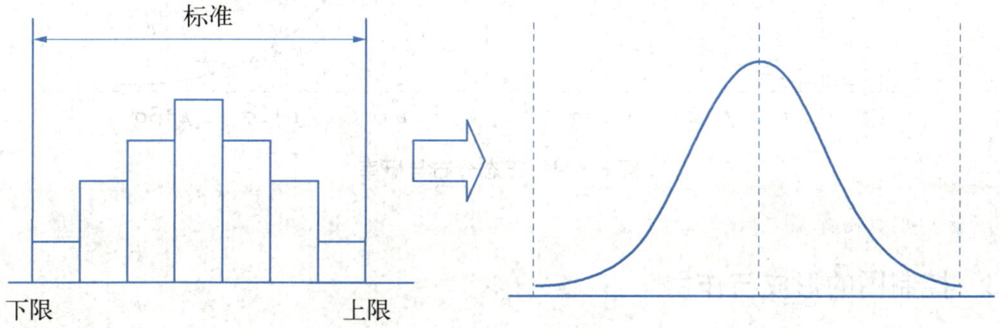

图 5-23　正态分布曲线

9.2 正态分布的规律

品质管理中最常遇到的连续分布是正态分布，其能描述很多品质特性随机取值的统计规律性。

1. 正态分布的参数

正态分布有两个基本参数：一是均值 μ；二是标准差 δ。

(1) 均值：表示分布的中心位置，反映分布的集中情况。均值的计算公式为所有数据的平均值。

(2) 标准差：表示分布的波动大小，即数据围绕均值的差异程度。标准差大，意味着分布的散布宽、较分散；标准差小，意味着分布的散布较窄、较集中。

正态分布的均值和标准差是相互独立的，即无论均值如何变化，正态分布的形状是不会改变的。反之，无论正态分布的形状，即标准差如何变化，也绝不会影响数据的对称中心——平均值。

2. 正态分布与概率

依据统计学得出的结论，无论正态分布的均值和标准差取值如何，产品的品质特性落在 $(\mu-3\delta,\mu+3\delta)$ 范围内的概率为 99.73%，参见图 5-24。于是落在 $(\mu-3\delta,\mu+3\delta)$ 范围外的概率为 1−0.997 3=0.27%。由于是对称的，所以落在 $\mu-3\delta$ 和 $\mu+3\delta$ 以外的概率分别为 0.135%。

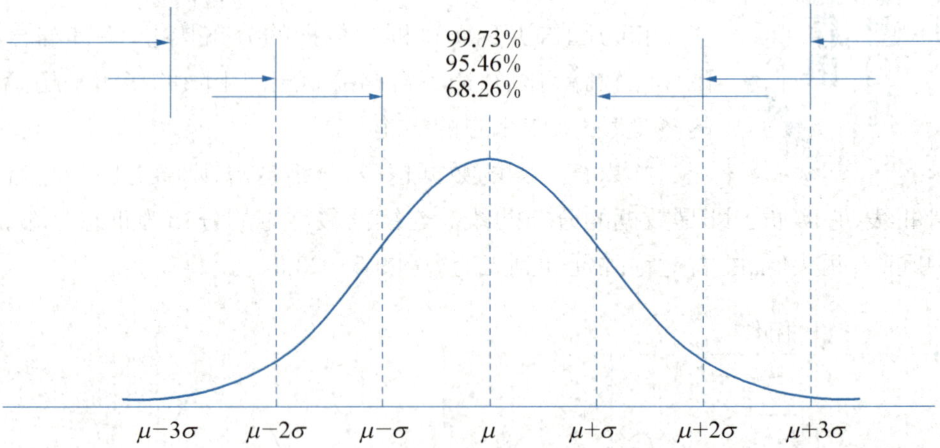

图 5-24 正态分布与概率

9.3 控制图的形成与作用

把以上的正态分布图旋转 90 度就得到了控制图的基本形状，如图 5-25 所示，这就是生产现场控制图形成的过程。图中,中心线 CL $=\mu$, 上限控制线 UCL $=\mu+3\delta$, 下限控制线 LCL $=\mu-3\delta$。

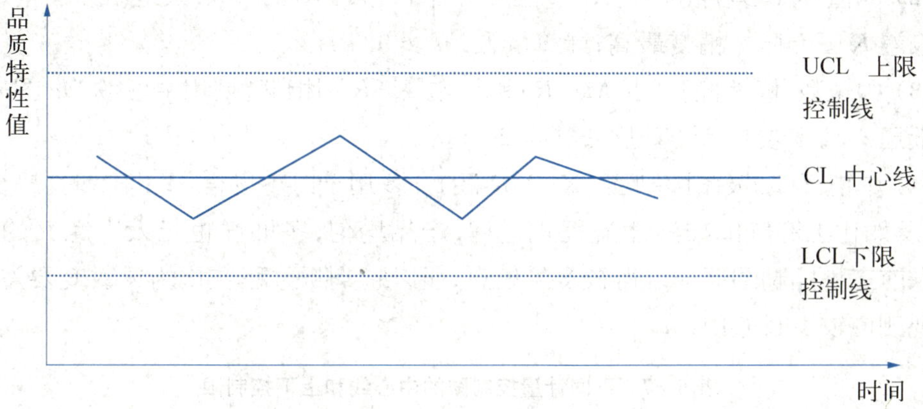

图 5-25 控制图基本形状

控制图是控制品质特性值随时间而发生变化的图,横坐标表示抽取观测值的顺序号(或时间),纵坐标表示观测到的品质特性值,在品质分析中纵坐标就是不良率,横坐标则是时间。其作用如下。

(1) 分析判断生产过程的稳定性。

(2) 及时发现生产过程中的异常现象和变化趋势,预防不合格品的发生。

(3) 查明设备和工艺装备的实际精度,以便作出正确的技术决定。

(4) 为评定产品品质提供依据,促进优质高产低耗。

这里还有一个问题是数据呈现正态分布的都是连续型的数据,如长度、重量、时间、强度等,离散型的数据如不合格数、失败等不是正态分布的,对离散型数据该如何制作控制图呢?

根据统计学理论,离散型数据有的呈现二项分布、有的呈现泊松分布,但只要抽样的子组数 n 足够大,就可以认为二项分布近似于正态分布。

9.4 控制图的种类及计算

1. 计量控制图

计量控制图适用于生产过程中长度、强度、纯度、时间、生产量等计量值的情况下。由于计量值是符合正态分布的,有两个独立的参数——均值和标准差,所以,控制图有两张。计量控制图有四种形式,如表 5-7 所示。下文中,n 为抽样子组中的数据个数,K 为抽样组数。

(1) 均值-极差控制图($\overline{X}$ - R 图)。对于计量数据而言,这是最基本的控制图。其中,$\overline{X}$ 图主要用于观察正态分布均值的变化,R 图用于观察正态分布的分散情况或变异度。由于极差计算简单，故 R 图得到广泛应用。而 $\overline{X}-R$ 图则将两者结合起来，用于观察正态分布的变化。精度尚可，使用方便，$n=2$—9。

(2) 均值-标准差控制图($\overline{X}-S$ 图)。此图与 $\overline{X}-R$ 图相似，只是用标准差 S 图来代替极差 R 图而已。精度最高，计算量大，$n \geqslant 9$。

(3) 中位数-极差控制图($Me-R$ 图)。与 $\overline{X}-R$ 图相似，是用中位数 Me 图来代替 $\overline{X}$ 图而已。精度较差，计算量小，$n=2$—9。

(4) 单值-移动极差控制图($X-MR$ 图)。多用于以下场合：取样费时、昂贵的场合；以及如化工等气体与液体流程式过程，产品均匀，多抽样也无太大意义的场合。它不像前三种控制图那样取得较多的信息，所以它判断过程变化的灵敏度要差一些，只在观测值较少时才用，$n=1$。

表 5-7　不同计量控制图的中心线和上下控制限

控制图的名称与符号		CL	UCL	LCL
均值-极差控制图($\overline{X}-R$ 图)	$\overline{X}$ 图	$\overline{\overline{X}}$	$\overline{\overline{X}}+A_2\overline{R}$	$\overline{\overline{X}}-A_2\overline{R}$
	R 图	$\overline{R}$	$D_4\overline{R}$	$D_3\overline{R}$
均值-标准差控制图($\overline{X}-S$ 图)	$\overline{X}$ 图	$\overline{\overline{X}}$	$\overline{\overline{X}}+A_3\overline{S}$	$\overline{\overline{X}}-A_3\overline{S}$
	S 图	$\overline{S}$	$B_4\overline{S}$	$B_3\overline{S}$
中位数-极差控制图($Me-R$ 图)	Me 图	$\overline{Me}$	$\overline{Me}+A_4\overline{R}$	$\overline{Me}-A_4\overline{R}$
	R 图	$\overline{R}$	$D_4\overline{R}$	$D_3\overline{R}$
单值-移动极差控制图($X-MR$ 图)	X 图	$\overline{X}$	$\overline{X}+E_2\overline{R}$	$\overline{X}-E_2\overline{R}$
	MR 图	$\overline{R}$	$D_4\overline{R}$	$D_3\overline{R}$

说明：(1) 表中相关系数可以从附表中查得。
(2) 表中 $E_2=3/D_4$
(3) 表中 A_4 的值见表 5-8。

表 5-8　A_4 的值

n	2	3	4	5	6	7	8	9	10
A_4	1.88	1.19	0.80	0.69	0.55	0.51	0.43	0.41	0.36

例：对加工的产品按图纸的要求进行测定，图纸要求的工件加工后的长度是 20±0.1 厘米，现对 20 个批次每批测定 5 个产品，数据见表 5-9，请画出 $\overline{X}-R$ 图。

表 5-9 产品数据 单位：厘米

批 次	测	定	值			$\overline{X}$	R
1	19.96	20.04	20.00	20.06	19.99	20.010	0.100
2	20.04	20.01	19.98	20.00	19.99	20.004	0.060
3	19.99	20.03	20.01	20.02	20.01	20.012	0.040
4	19.97	20.03	19.95	20.02	20.00	19.994	0.080
5	19.97	19.97	19.96	20.04	20.02	19.992	0.080
6	19.99	20.05	19.95	20.01	19.97	19.994	0.100
7	20.03	20.00	20.01	20.00	19.99	20.006	0.040
8	19.98	20.07	20.01	19.96	20.01	20.006	0.110
9	20.05	19.99	19.94	19.94	19.97	19.978	0.110
10	20.00	20.00	19.97	19.96	19.97	19.980	0.040
11	20.04	19.96	20.05	20.01	20.06	20.024	0.100
12	19.94	19.97	19.97	20.00	19.99	19.974	0.060
13	20.03	20.07	19.95	19.96	20.04	20.010	0.120
14	20.05	20.05	20.06	20.03	19.96	20.036	0.070
15	19.93	19.97	20.00	19.98	20.05	19.986	0.120
16	20.00	20.04	20.01	20.02	20.06	20.026	0.060
17	19.96	19.97	20.05	20.04	19.99	20.002	0.090
18	20.07	20.01	19.94	20.00	20.04	20.012	0.130
19	19.95	19.95	19.97	19.99	19.93	19.958	0.060
20	20.05	20.06	19.95	19.98	20.06	20.020	0.110

制作 $\overline{X}-R$ 图的步骤如下。

第一步，对于相关品质特性，要收集同一过程生产的产品数据 20 组以上，每组数据 5 个，即 $n=5$。

第二步，对这些数据按生产的时间顺序排列，求每组的平均值 $\overline{X}$ 和数据的最大偏差 R。

第三步，计算总平均值$\overline{\overline{X}}$，这个$\overline{\overline{X}}$值就是$\overline{X}$图的中心线CL；然后计算R的平均值$\overline{R}$，这个$\overline{R}$值就是R图的中心线CL。

本例中，$\overline{\overline{X}}=20.001$，$\overline{R}=0.084$。

第四步，计算$\overline{X}$图中的上限控制线和下限控制线。

$$UCL=\overline{\overline{X}}+A_2\overline{R} \qquad LCL=\overline{\overline{X}}-A_2\overline{R}。$$

A_2的值可通过附表查得。

本例中，$UCL=\overline{\overline{X}}+A_2\overline{R}=20.001+0.577\times0.084=20.049$，$LCL=\overline{\overline{X}}-A_2\overline{R}=20.001-0.577\times0.084=19.953$。

第五步，计算R图的上限控制线和下限控制线。

$$UCL=D_4\overline{R} \quad LCL=D_3\overline{R}$$

D_4，D_3的值可通过附表查得。D_3，D_4取决于批次抽取的数量，在每批数据小于6个的情况下，D_3可以取值为零。所以，本例中$UCL=D_4\overline{R}=2.114\times0.084=0.178$，$LCL=D_3\overline{R}=0$。

第六步，画出图形，如图5-26所示。

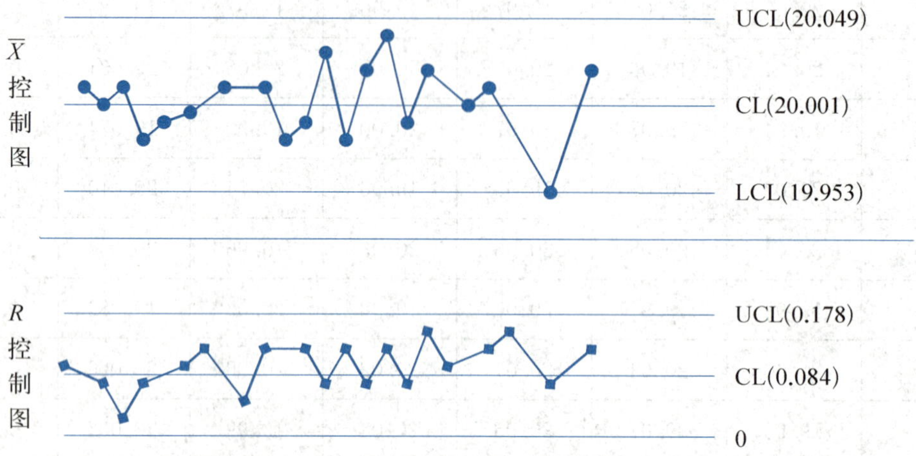

图5-26　$\overline{X}$-R图

2. 计件控制图

计件控制图是依据数据呈二项发布作成的，只受控于一个参数p，所以，控制图只要一张就可以了。计件控制图有两种形式，如表5-10所示。下文中，n是子组中的数量，p是整个过程不合格品率(即不良率)。

(1) 不合格率控制图(p图)。适用于控制对象为不合格品率或合格品率等计数品质指标的场合。p图可以用于控制不合格品率、废品率、交货延迟率、缺勤率等情况。

(2) 不合格品数控制图(np图)。适用于控制对象为不合格品数的场合。设n为样本大小，p为不合格品率，则np为不合格品数。由于当样本大小n变化时，np控制图的控制线全都为凹凸状，比较麻烦，故只在样本大小一样的情况下使用此图。

表 5 - 10 计件控制图 p 图和 np 图的中心线和上下控制限

控制图的名称与符号		CL	UCL/LCL
不合格率控制图（p 图）	标准值未给定	$\bar{p}$	$\bar{p}\pm3\sqrt{\bar{p}(1-\bar{p})/n}$
	标准值给定	p_0	$p_0\pm3\sqrt{p_0(1-p_0)/n}$
不合格品数控制图（np 图）	标准值未给定	$n\bar{p}$	$n\bar{p}\pm3\sqrt{n\bar{p}(1-\bar{p})}$
	标准值给定	np_0	$np_0\pm3\sqrt{np_0(1-p_0)}$

说明：LCL 如果计算为负数，则 LCL=0。

p 控制图的制作步骤如下。

第一步，收集数据。一般至少收集 20 个批次以上的数据。如表 5 - 11 所示。

表 5 - 11

批次	检查个数 n	不良个数 np	不良率 p	备　　注
1	50	3	0.06	CL： $\bar{p}=0.150$ 控制上限： UCL=0.302 控制下限： 由于 LCL 小于零，不予考虑
2	50	8	0.16	
3	50	3	0.06	
4	50	5	0.10	
5	50	4	0.08	
6	50	10	0.20	
7	50	10	0.20	
8	50	9	0.18	
9	50	4	0.08	
10	50	6	0.12	
11	50	9	0.18	
12	50	8	0.16	
13	50	12	0.24	
14	50	6	0.12	

续　表

批次	检查个数 n	不良个数 np	不良率 p	备　注
15	50	8	0.16	CL: $\bar{p}=0.150$ 控制上限: UCL=0.302 控制下限: 由于 LCL 小于零不予考虑
16	50	8	0.16	
17	50	10	0.20	
18	50	13	0.26	
19	50	9	0.18	
20	50	5	0.10	
21	50	7	0.14	
22	50	9	0.18	
23	50	5	0.10	
24	50	3	0.06	
25	50	13	0.26	
合计	1 250	187		
平均			$\bar{p}=0.150$	

第二步,计算各批次的不良率:p=不良个数/检查个数 n。

第三步,计算平均不良率:$\bar{p}$=总不良个数/总检查个数=187/1 250=0.150。

第四步,计算上下控制限:$\bar{p}\pm3\sqrt{\bar{p}(1-\bar{p})/n}$,得到 UCL=0.302,由于 LCL 小于零不予考虑。

第五步,画出控制图(图省略)。

3. 计点控制图

计点控制图是依据数据呈泊松分布作成的,也只受控于一个参数 u,所以,控制图只要一张就可以了。计点控制图也有两种形式,如表 5-12 所示。下文中,n 是子组中的数量,u 为子组单位不合格数,c 为总不合格数。

(1) 不合格品数控制图(c 图)。用于控制一台设备、一个零部件、一定的长度、一定的面积或任何一定的单位中所出现的不合格数目。如布匹上的疵点数,铸件上的砂眼数,设备的不合格数或故障次数,电子设备的焊接不良数,每页印刷错误数等。

(2) 单位不合格数控制图(u 图)。当上述一定的单位,也即样品的大小保持不

变时可以用 c 控制图，而当样品的大小变化时则应换算为平均每单位的不合格数后再使用 u 控制图。例如在制造厚度为 2 毫米的钢板的生产过程中，一批样品是 2 毫米的，下一批是 3 毫米的，这时都应换算成为每毫米的不合格数，然后再对它进行控制。

表 5－12　计点控制图 u 和 c 图的中心线和上下控制限

控制图的名称与符号		CL	UCL/LCL
不合格品数控制图（c 图）	标准值未给定	$\bar{c}$	$\bar{c}\pm3\sqrt{\bar{c}}$
	标准值给定	c_0	$c_0\pm3\sqrt{c_0}$
单位不合格数控制图（u 图）	标准值未给定	$\bar{u}$	$\bar{u}\pm3\sqrt{\bar{u}/n}$
	标准值给定	u_0	$u_0\pm3\sqrt{u_0/n}$

c 图的制作步骤如下。

第一步，收集数据。以设定的品质控制单元来统计不良数，单元可以是单台产品、一定长度、一定面积等。如表 5－13 所示。

表 5－13

单元序号	单元的大小	不合格数	换算成单位不良数	备　注
1		17		CL： $\bar{c}=16.8$ 控制上限： UCL＝29.1 控制下限： LCL＝4.5
2		18		
3		15		
4		13		
5		13		
6		28		
7		21		
8		10		
9		16		
10		23		
11		15		
12		22		

续 表

单元序号	单元的大小	不合格数	换算成单位不良数	备　注
13		18		CL： $\bar{c}$＝16.8 控制上限： UCL＝29.1 控制下限： LCL＝4.5
14		24		
15		12		
16		11		
17		19		
18		16		
19		13		
20		14		
21		15		
22		13		
23		16		
24		25		
25		12		
合计		419		
平均		$\bar{c}$＝16.8		

第二步，中心线计算：

$$\bar{c}=\text{总的不合格品数/样本数量}=419/25=16.8。$$

第三步，上下控制限计算：

$$UCL=16.8+3\times4.1=29.1；LCL=16.8-3\times4.1=4.5。$$

第四步，画图（省略）。

9.5 如何选择控制图

以上讲了控制图的原理和制作方法，在什么条件下选择何种控制图已在各个部分作过介绍，为了便于大家在实际工作中的应用，对如何选择控制图总结成如图 5-27 所示的形式。

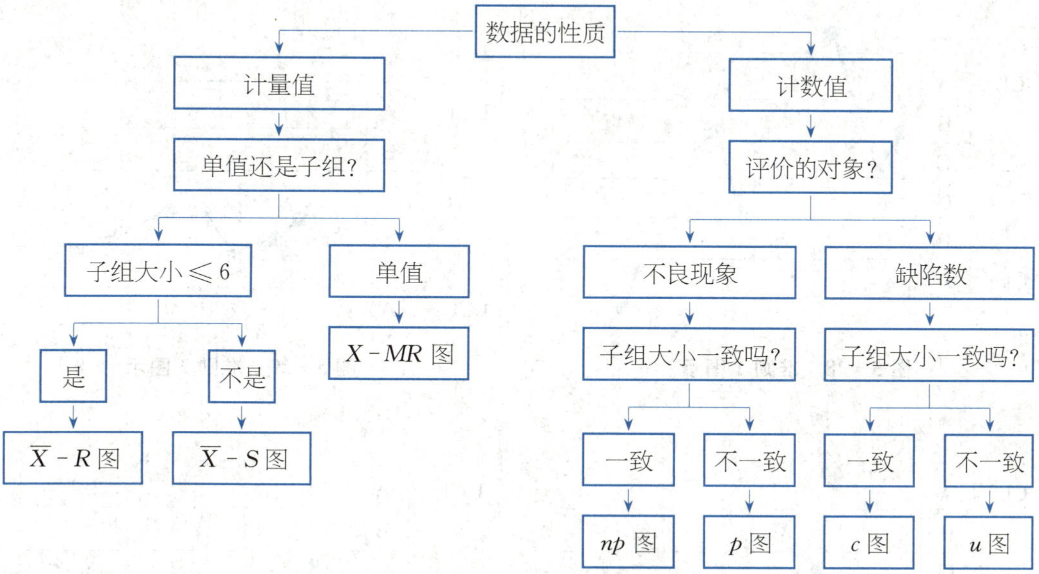

图 5－27　不同条件下控制图的选用

9.6　判断异常的标准

1. 八种判断模式

通过前文,我们知道上下控制限分别位于中心线的上下 3δ 距离处。为了便于判断,我们将控制图分为 6 个区,每个区的宽度为 1δ。6 个区的标号为 A,B,C,C,B,A,两个 A 区、B 区、C 区分别在中心线两侧,关于中心线对称。

(1) 判断异常标准有两类:

① 点出界就判断为异常;

② 即使点在界内但其排列不随机就判断为异常。

(2) 国家标准 GB/T4091—2001《常规控制图》明确给出了异常判断的八个准则,如图 5－28 至图 5－35 所示。

准则 1:1 个点落在 A 区以外。参见图 5－28。

准则 2:连续 9 个点落在中心线同一侧。参见图 5－29。

准则 3:连续 6 个点递增或递减。参见图 5－30。

准则 4:连续 14 个点中相邻点上下交替。参见图 5－31。

准则 5:连续 3 个点中有 2 点落在中心线同一侧的 B 区以外。参见图 5－32。

准则 6:连续 5 个点中有 4 点落在中心线同一侧的 C 区以外。参见图 5－33。

准则 7:连续 15 个点在 C 区中心线上下。参见图 5－34。

准则 8:连续 8 个点在中心线两侧,但无一在 C 区中。参见图 5－35。

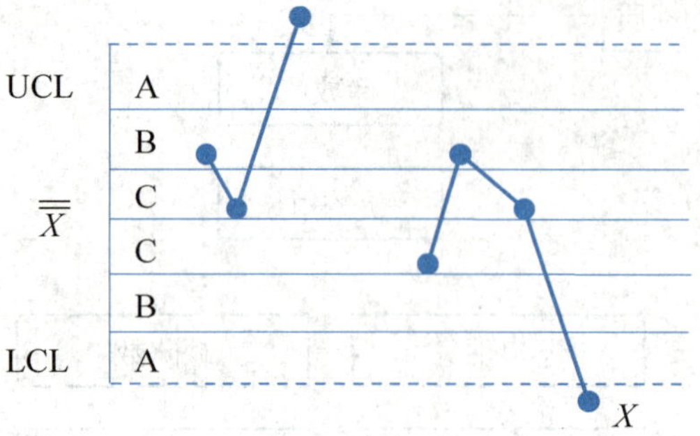

图 5 - 28　准则 1 图示

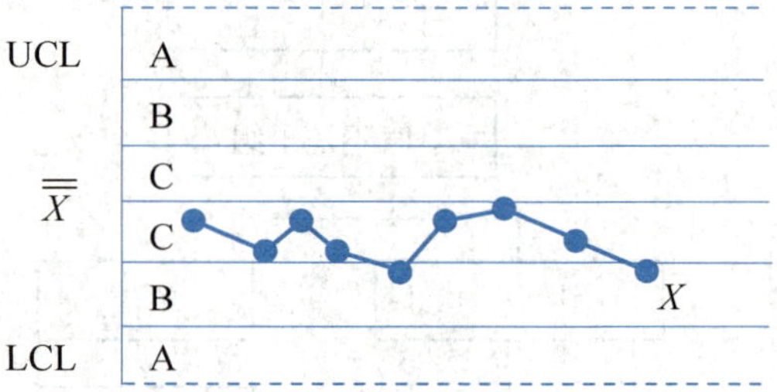

图 5 - 29　准则 2 图示

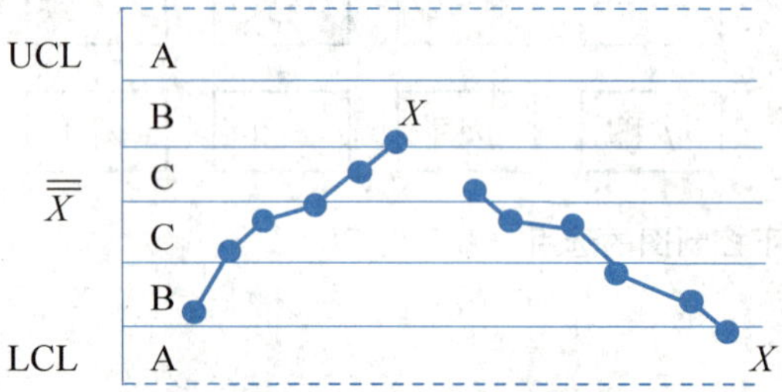

图 5 - 30　准则 3 图示

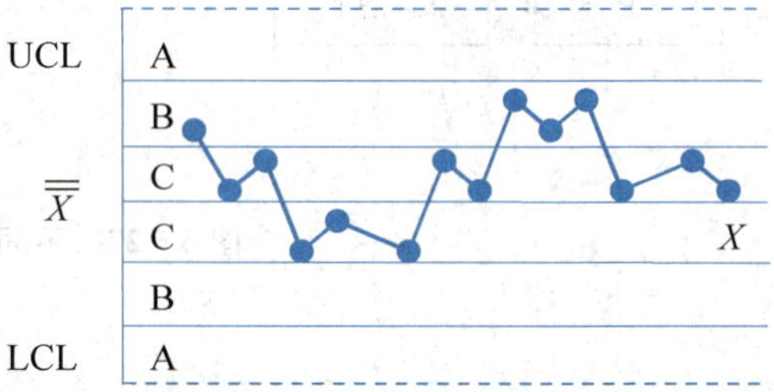

图 5 - 31　准则 4 图示

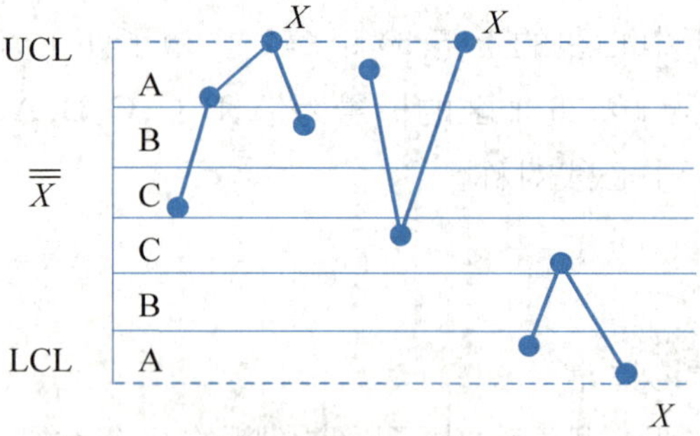

图 5 - 32　准则 5 图示

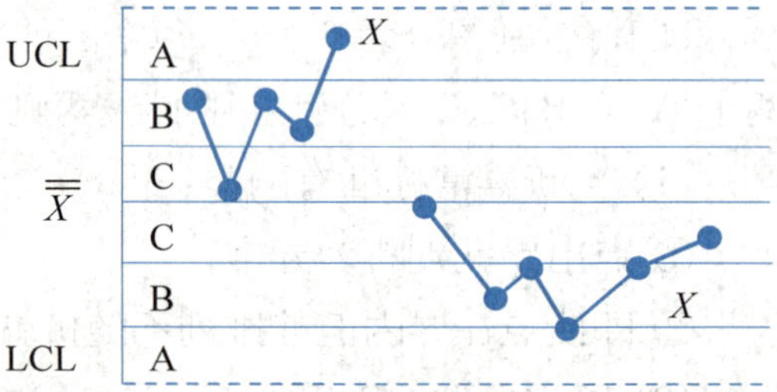

图 5 - 33　准则 6 图示

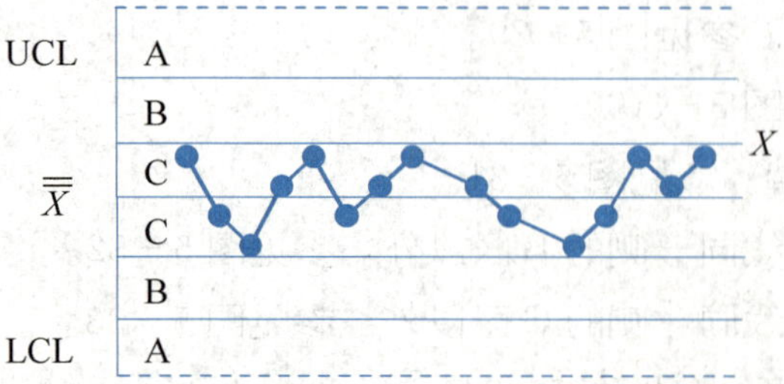

图 5 - 34　准则 7 图示

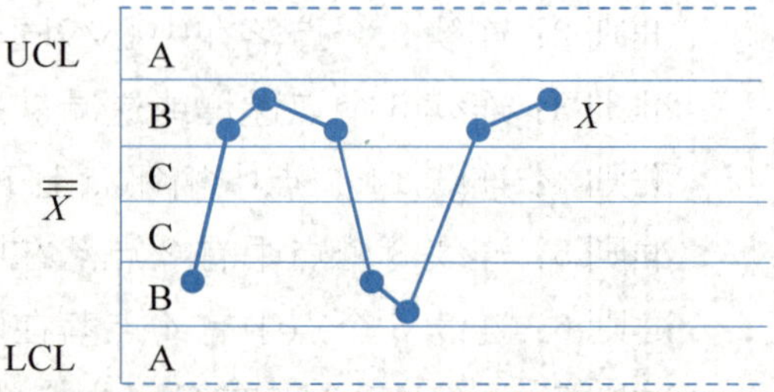

图 5 - 35　准则 8 图示

这八种模式适用于 $\overline{X}$ 图和单值 X 图，都假定品质特性的观测值服从正态分布。那对于其他控制图如何作出判断呢？

2. 常规控制图判断准则的适用

对于极差和标准差图，国家标准 GB/T4091—2001《常规控制图》指出：应该注意极差和标准差的分布并不是正态的，尽管在为计算控制限估计常数时，对极差和标准差的分布作了近似正态性的假设，这种假设对于经验决策程序而言还是令人满意的。

对于极差 R 图，国家标准 GB/T4091—2001《常规控制图》指出：与控制限进行对比，检查数据点是否有失控点，或有无异常的模式或趋势。对于极差数据中可查明原因的每一个征兆，分析过程的运行，以便找出原因，进行纠正，并防止它再次出现。

对于不合格率 p 图，国家标准 GB/T4091—2001《常规控制图》指出：p 图用来确定在一段时间内所提交的平均不合格品百分数。该平均值的任何变化都应引起过程操作人员和管理者的注意。p 图判断过程是否处于统计控制的方法与 $\overline{X}$ 图和 R 图相同。若所有子组点都落在适用控制图之内，并且也未呈现可查明原因的任何迹象，则称此过程处于统计控制状态。在这种情况下，取平均不合格率 $\bar{p}$ 为不合格率 p 的标准值，记为 p_0。

综上所述，国家标准 GB/T4091—2001《常规控制图》的八种波动可查明原因的检查模式和判断过程是否处于统计控制状态的标准，对于 $\overline{X}$ 图和单值 X 图，完全适用；对于极差图和标准差图，因为对极差和标准差的分布作了近似正态性的假设，所以，可以近似适用；对于不合格品率 p 图和不合格品数 np 图、u 图和 c 图，同样在近似正态的假设条件下，可以适用。

单元10 过程能力

过程能力是生产过程的品质保证能力，能力是与要求相匹配的，要求高当然相对于要求的能力强。品质上的要求是设计的技术标准与技术要求，也称规格。当然在这些规格标准中反映了客户的要求。过程的加工能力是指生产的产品其相关参数的波动大小，即方差或标准差。讨论过程能力时，无论是计量型参数或是计数型参数，我们都假定它们呈现正态分布或近似于正态分布。依据正态分布参数分析，当过程处于控制状态时，99.73%的值应落在 $\mu\pm3\delta$ 的范围之内，只有 0.27%落在这个范围之外。

10.1 双侧规格情况下的过程能力指数

双侧规格是指数据的正态分布其均值与要求规格的中心正好重合。

$$C_P=\frac{T}{6\sigma}=\frac{T_U-T_L}{6\sigma}$$

式中：C_P 表示过程能力指数；T 为技术规格的公差幅度；T_U，T_L 分别为上、下规格限。在上述公式中 T 反映了设计的技术标准和要求，即满足客户要求的标准。而 6σ 反映了过程的能力，即过程的加工能力，将这两个参数作比较，可以反映过程能力满足技术标准的程度，也即满足客户要求的程度。如果过程特性的观测值超过技术标准和要求，就认为是不合格的。根据 C_P 值的大小，我们可以得到如图 5－36 所示的三种情况。当 $T=6\sigma$ 时、$C_P=1$，C_P 值越大表明过程能力越高，这时对过程的 4M 管理要求也越高，相应的成本也越大。如果过程出现一点波动，某些数据就会落在界外，相应的不合格率就会增加，所以，通常要求 C_P 大于 1。

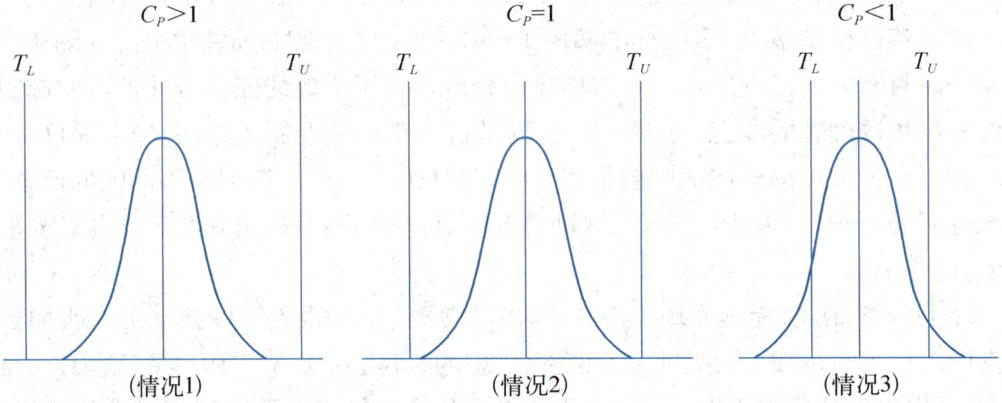

图 5－36　各种情况下的 C_P 值

过程能力指数与过程能力之间的关系如表 5－14 所示。当 $C_P=1.33$ 时，$T=8\sigma$，整个过程的特性值的分布基本上在上下规格限之内，且留有一定的余地，如上图中的情况 1。因此可以说当 $C_P \geqslant 1.33$ 时，过程能力充分满足技术要求。

表 5－14　过程能力指数与过程能力间的关系

C_P 或 C_{PK} 值的范围	级别	过 程 能 力 的 评 价
$C_P \geqslant 1.67$	Ⅰ	过程能力过高①
$1.67>C_P \geqslant 1.33$	Ⅱ	过程能力充分，表示技术管理能力已很好，应继续维持
$1.33>C_P \geqslant 1.0$	Ⅲ	过程能力较差，表示技术管理能力较勉强，应设法提高
$1.0>C_P \geqslant 0.67$	Ⅳ	过程能力不足，表示技术管理能力已很差，应采取措施立即改善
$0.67>C_P$	Ⅴ	过程能力严重不足，表示应采取紧急措施和全面检查，必要时可停工整顿

① 随着客户要求的不断提高，市场竞争的日益激烈。企业对自身的品质要求也在不断地提高，在本章单元 17 中说明的六西格玛管理，就是达到 $T=12\sigma$，即 C_p 达到 2。

10.2 单侧规格情况下的过程能力指数

若只有规格上限的要求，而对规格下限没有要求时，则单侧规格的过程能力指数计算公式如下：

$$C_{PU}=\frac{T_U-\mu}{3\sigma}$$

式中：C_{PU}为上单侧过程能力指数。若 $\mu \geqslant T_U$ 时，令 $C_{PU}=0$，表示过程能力严重不足，不合格率高达 50%以上。

若只有规格下限的要求，而对规格上限没有要求时，则单侧规格的过程能力指数计算公式如下：

$$C_{PL}=\frac{\mu-T_L}{3\sigma}$$

式中：C_{PL}为下单侧过程能力指数。若 $\mu \leqslant T_L$时，令 $C_{PL}=0$，表示过程能力严重不足，不合格率高达 50%以上。

10.3 有偏移情况的过程能力指数

当过程特性值的分布均值 μ 与公差中心 M 不重合，即有偏差时，如图 5－37 所示，显然不合格品率(图中的阴影部分)增大，也即 C_P 值降低，所以不能按 10.1 中的 C_P 计算公式计算，需要加以一定的修正。定义分布中心 μ 与公差中心 M 的偏移 $\varepsilon = |M-\mu|$，以及 μ 与 M 的偏移度 $K=\frac{\varepsilon}{T/2}=\frac{2\varepsilon}{T}$。

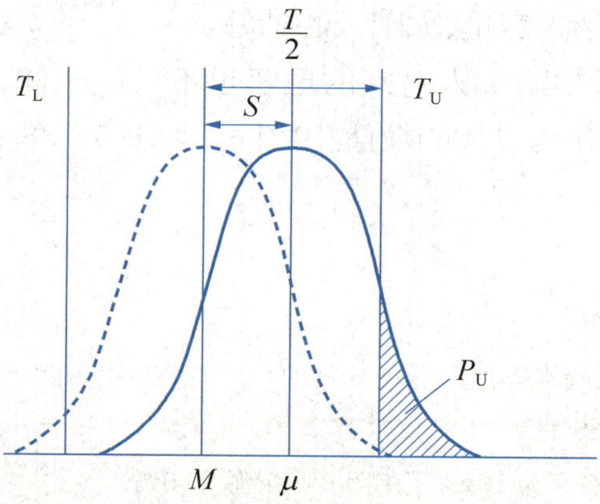

图 5－37 过程特性值的均值 μ 与公差中心 M 不重合的情形

则有偏移的过程能力指数为：

$$C_{PK} = (1-K)C_P = (1-K)\frac{T}{6\sigma}$$

这样当分布中心与规格中心重合，即无偏移时，$K=0$，则 $C_{PK}=C_P$。

单元11 分析语言数据的

现实工作生活中的现象有的可以用数值化的数据来描述，有的只能用语言化的数据来描述，如客户的要求，工作中的问题、课题等。为了通过这些语言数据达到分析问题、解决问题的目的，我们要将这些语言数据进行图形化、可视化，使任何人一看就容易明白。

语言数据分析的目的：

(1) 能整理为可以解决问题的形式；

(2) 能多方位思考问题的周边状况；

(3) 能使参加者意见统一；

(4) 能引导大家广泛联想；

(5) 能防止遗漏；

(6) 能对过程起到帮助作用；

(7) 能真正抓住重点问题。

所谓语言数据是将事实意见、要求等用具体的文字来表达出来，如现场管理较好、应该制定点检手册等。

语言数据包括以下种类。

事实数据：可以证明的，如今天是晴天。

联想数据：以所知的事物为依据描述未知的事物，如明天也是晴天吧。

意见数据：阐述说话人意见，如晴天心情好。

语言数据是抽象的数据，每人对其的理解也不可能一样，所以，实际工作中要把这些抽象的数据尽量转化为具体的数值化数据。如图 5－38 所示。

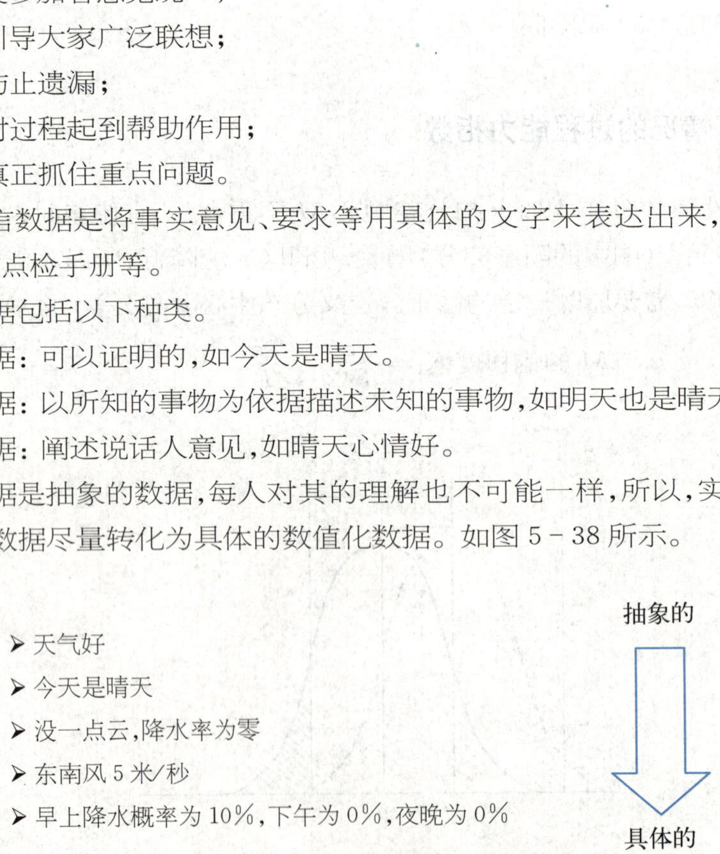

图 5－38　语言数据转化为数值数据

以下部分将对语言数据常用的分析方法——亲和图法、系统图法、关联图法、矩阵图法及 PDPC 作重点阐述。

11.1 亲和图法

所谓亲和图法是对未来的问题，未知的、未经历的问题，混沌不清的现象进行整理，让问题显露出来。对于应该解决的问题，摆出事实、提出建议，然后根据其相互之间的亲和性进行归纳，以图的形式表示出来，使问题明了而产生构思。

1. 亲和图的制作顺序

(1) 决定课题；

(2) 将语言数据卡片化；

(3) 根据亲和性收集卡片；

(4) 亲和图的作成；

(5) 总结。

图 5-39 是一个“客户对某工具的要求”的例子。

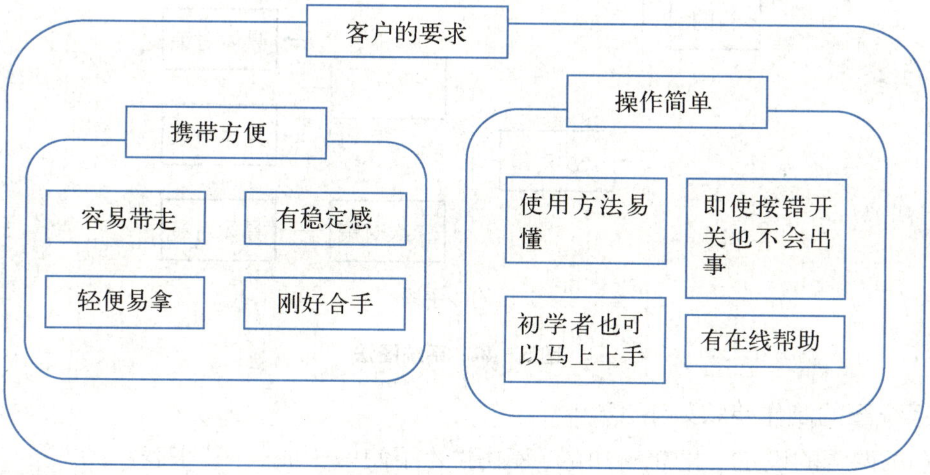

图 5-39 亲和图法示例

2. 亲和图的用途

(1) 用于认识事实。在未知和无经验的情况下，事物是无头绪的，必须弄清每一个有关的事实，冷静分析掌握的实际资料，绝不可从既定的概念和假设出发看问题。

(2) 用于形成课题、对策。对于未知和无经验的领域，必须收集与课题相关的事实资料，收集他人的意见和自己片断见解的资料，用亲和图进行归纳，从而可以对主要、次要问题一目了然，进而制定相应的对策。在接受完全不熟悉的任务和总结推行工作方针时，均属这种情况。

(3) 用于沟通。通过大家一起讨论，进行归纳，使大家对问题达成共识，是一种很好的沟通形式。

11.2 系统图法

所谓系统图法(tree diagram)，是按照树干→树枝→树杈的顺序去考虑问题，得到解决问题的对策，使改善对象、内容明确化的一种方法。如图 5－40 所示。

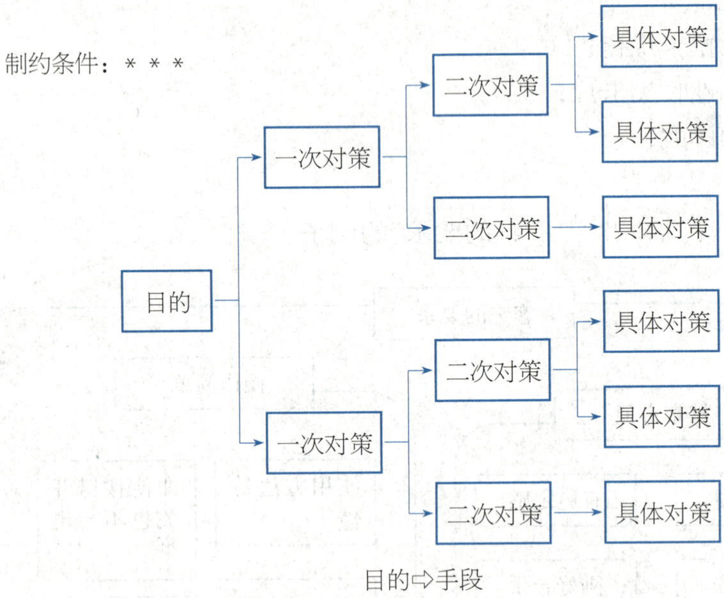

图 5－40　系统图法

系统图的制作步骤如下。

(1) 课题的设定。把想解决的问题用“为了使……成……”来表示。

(2) 设定制约条件。在有制约条件的情况下，写入制约条件，如“制约条件：不考虑购入自动化设备”。

(3) 写出一次对策。为了达到目的，应该做什么？如制作作业标准类文件、强化对作业者的教育。

(4) 依次写出二次、三次对策等，直至最后的具体对策。

图 5－41 是一个“为了保持健康”的例子。

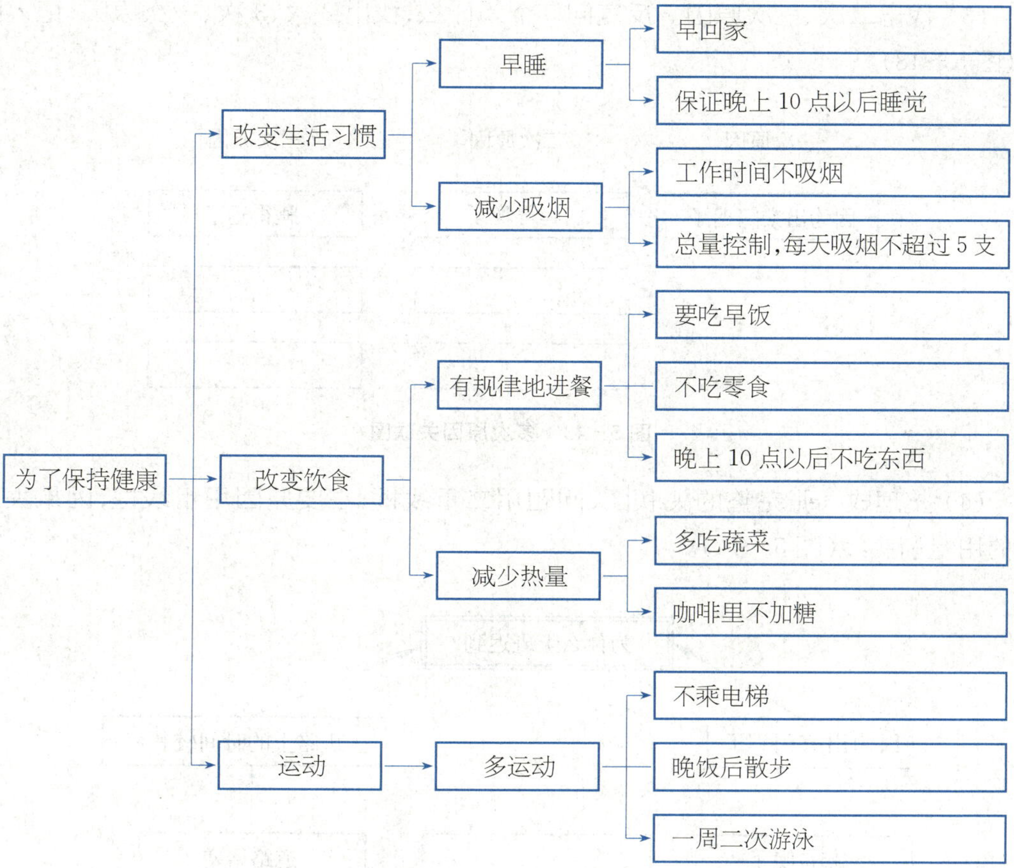

图 5－41　系统图法示例

11.3　关联图法

所谓关联图法(relation diagram),是将错综复杂的问题通过整理后使问题明了化的方法。

以上班迟到为例,介绍关联图的制作步骤如下。

(1) 明确问题点。所谓问题是目标与现状的差距,即:问题＝目标或应有的状态－现状。

(2) 找出一次原因,记入图中(图 5－42)。

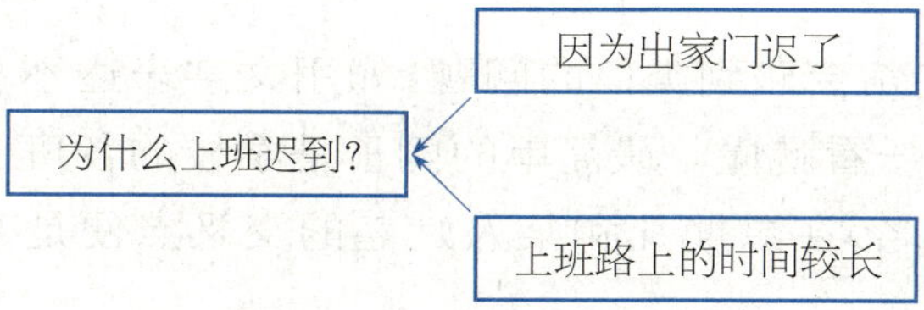

图 5－42　一次原因关联图

(3) 找出二次、三次原因。反复问 5 个为什么，找出 2 次、3 次、…次原因，记入图中(图 5－43)。

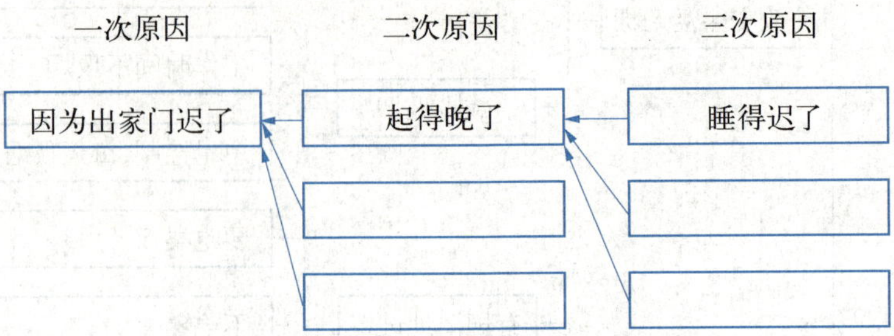

图 5－43　多次原因关联图

(4) 整理成一张完整的关联图，问题用二重线框，主要原因用粗线框，因果关系强的用粗箭头线(图 5－44)。

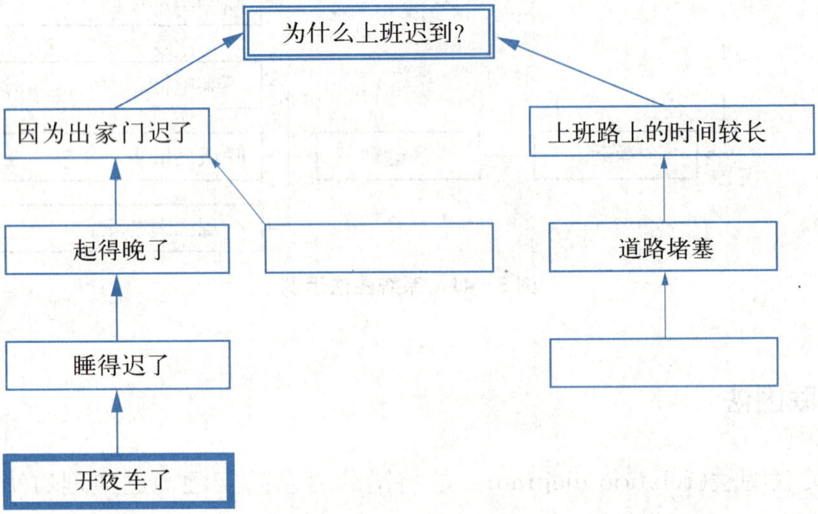

图 5－44　完整关联图

11.4　矩阵图法

1. 矩阵图的概念

在实际工作中经常会碰到类似的问题，如用文字表达不易使人明白，但用表格去表达，可以使人一看就懂。最简单的例子是学校的各班卫生值日表，表格的行是星期几、列是姓名，在星期几和某人姓名的交叉点便是某人值日的时间，见图 5－45。

	星期一	星期二	星期三	星期四	星期五
张　三	○				
李　四		○			
王　五			○		
陈　六				○	
赵　七					○

图 5-45　卫生值日表

以上是最简单的矩阵图，所谓矩阵图是将两个相关的要素作为矩阵的行和列，每个子要素的交点处表示两个要素的相关度。矩阵图一是可以把复杂的语言之间的关系理顺，使人一看就明白；二是可以在分析问题中抓住主要问题进行解决。

矩阵图法是在成为问题的事项中找出成对的要素，将属于 A 要素的 A1—A*m* 排列成行，将属于 B 要素的 B1—B*n* 排列成列，这样在其交点上就表示出 A 和 B 各要素的关系。如图 5-46 所示。

		A　要　素							
		A1	A2	A3	A4	A5	A6	A7	Am
B 要 素	B1								
	B2								
	B3								
	B4			○					
	B5					○			
	B6								
	B7								
	B*n*								

图 5-46　双要素排成矩阵

2. 矩阵图的主要形式

(1) L 型矩阵。如图 5-47 所示。

(2) T 型矩阵。如图 5-48 所示。

(3) X 型矩阵。如图 5-49 所示。

		A 要素							
		A1	A2	A3	A4	A5	A6	A7	A8
B 要素	B1								
	B2								
	B3								
	B4								
	B5								
	B6								
	B7								
	B8								

图 5－47　L 型矩阵图

B 要素				A 要素	C 要素			
B4	B3	B2	B1		C1	C2	C3	C4
				A1				
				A2				
				A3				
				A4				
				A5				
				A6				

图 5－48　T 型矩阵图

							D4							
							D3							
							D2							
							D1							
							D 要素							
C4	C3	C2	C1	C 要素				B 要素			B1	B2	B3	B4
							A 要素							
							A1							
							A2							
							A3							
							A4							

图 5－49　X 型矩阵图

3. 矩阵图的用途

使用矩阵图一是可以帮我们进行问题的梳理，二是有些无法用语言表达的东西用矩阵图来表达，请看以下几个例子。

例 1：工作中轻重缓急矩阵。如图 5－50 所示。

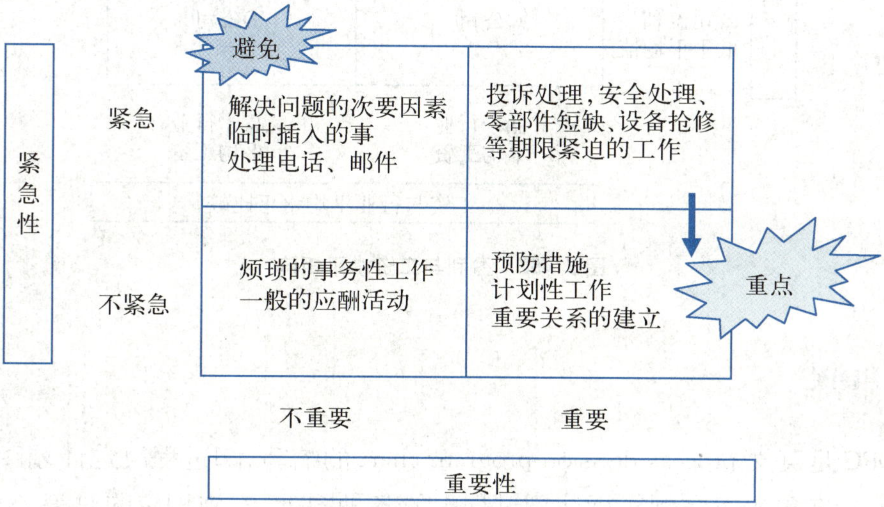

图 5－50　轻重缓急的矩阵

例 2：市场中如何选择进入的行业。如图 5－51 所示。

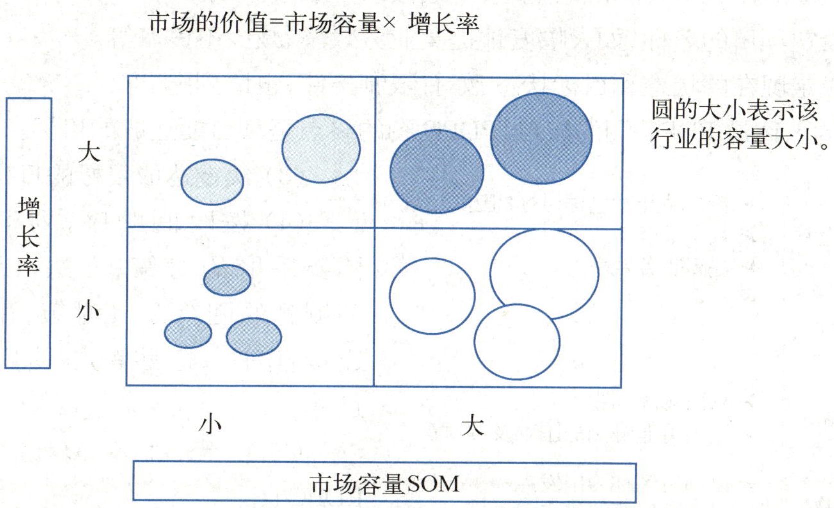

图 5－51　选择入市矩阵

例 3：企业工资在行业中的位置。如图 5－52 所示。

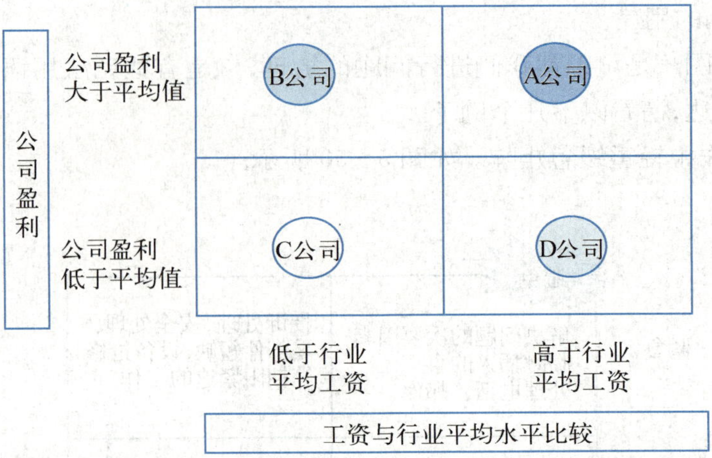

图 5-52　盈利与工资水平矩阵

11.5　PDPC

PDPC 是英文 process decision program chart 的缩写，即过程决定计划图。所谓 PDPC 是指在事先考虑到实行计划过程中的各种困难，实施相应的对策，使过程按照预先设定的方向进行。PDPC 也适用于在过程的进行中，当产生没有预测到的问题时，应以最终目标为标准，不断地、尽可能地修正计划和采取措施，以最终达到目标。

PDPC 图的作成没有明确的规定，一般按以下顺序作成。

(1) 设定项目的名称，如大幅度地提高业务效率、减少不良率等。

(2) 设定现在的状态和目标状态，如有限制条件，也请列出。

项目的名称是 PDPC 图的起点，PDPC 图的终点是项目要达成的目标。

(3) 决定达成目标的日程计划。

(4) 按时间顺序，列出达成目标要采取的对策、方法，以及可以预测到的困难及其对策，用箭头线连接起来。这些都是项目的中间过程。

(5) 经过反复讨论完善 PDPC 图。

作成流程如图 5-53 所示。

图 5-54 是常见的 PDPC 图形格式。

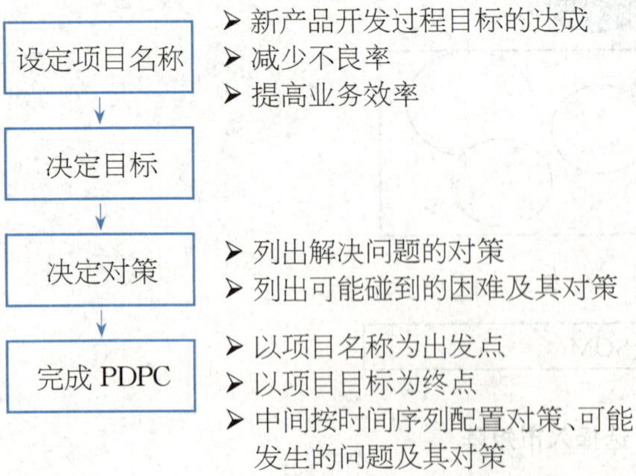

图 5-53　PDPC 作成流程图

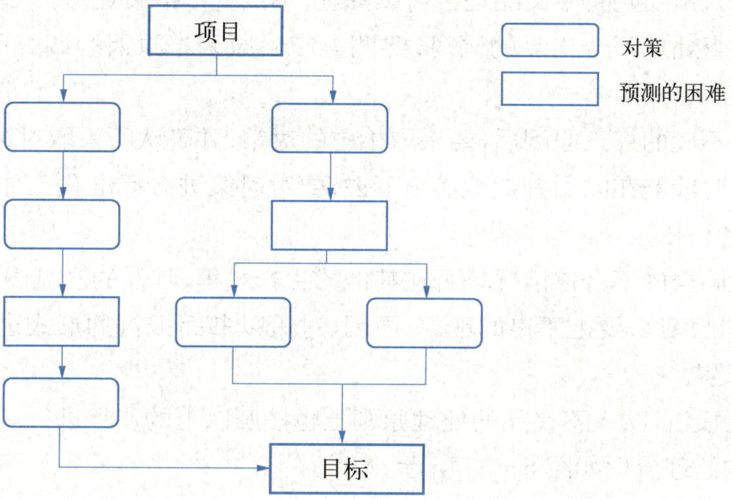

图 5-54 PDPC 图常见格式

单元12 不良品纠正措施

12.1 不良品的种类

不良品可以分为以下几种。

(1) 市场投诉品：客户在采购时或使用中发现的不良品。

(2) 生产过程中发现的不良品。

(3) 购入的不良品，包括采购的零部件和委托外加工的成品或半成品。

12.2 处理不良品的步骤

每个企业应该制定当产生不良品以后的投诉顺序，按照规定进行不良品的处理。当过程中发生不良品以后，一般按以下顺序进行处理。

(1) 发现不良品以后，马上中止作业，向上级主管汇报，同时对产生的原因进行调查，如果能消除产生的原因，则可以继续作业。每个企业的产品和对品质的要求不一样，可以根据实际情况决定发现多少不良品后停止生产的标准，如对同样类型的电器产品，有的企业规定生产线上只要发现 1 台不良品就要停止生产，但有的企业规定连续发生 3 台后才停止生产。

(2) 将不良品放入指定的不合格箱或区域。

(3) 检查有否有不良品没有被检查出来的可能性，如有则要限定范围进行全数检查，并不断缩小范围。

(4) 相关人员要判断不良品是否可以修理,不然就作报废处理。

(5) 在调查处理不合格品的同时,要调查产生原因。原因的调查可以用特性要因图等方法进行。

(6) 找到不良的真正原因后,要采取相应的对策,并确认所采取对策的有效性。

(7) 为使对策能在以后有效地实施下去,要对对策进行标准化工作,即把对策落实到相关规定中去。

(8) 确认同样的不合格情况是否在其他的生产过程、其他的产品中发生。

(9) 处理结束后,要把不良的现象、原因、对策以书面报告的形式进行总结,作为企业经验的积累。

对于市场投诉、购入不良品的处理原则上也按照以上的步骤进行。

不良品的处理流程如图 5－55 所示。

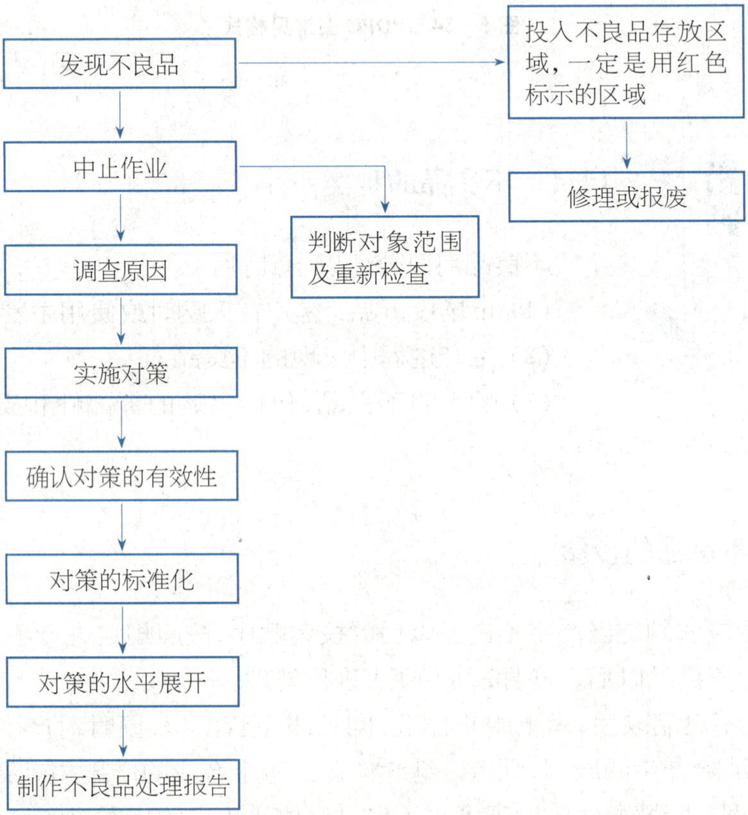

图 5－55　不良品处理流程

12.3　用"三现主义"的态度进行不良品的处理

所谓"三现主义"是指发生不良以后相关人员要马上到现场去,直接观察现场上

的现物，采取现实的对策。关键是速度第一。如图 5-56 所示

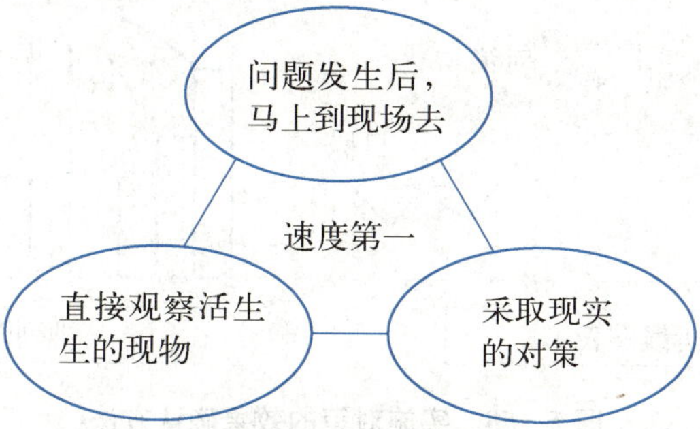

图 5-56 三现主义示意

12.4 用 QC 方法实施纠正措施

为了降低不良率，防止不良的再次发生，各部门应对某一段期间内(通常一个月一次)发生的慢性不良进行分析，找出原因和实施对策。实施的方法和步骤如下。

(1) 对一个月的数据进行统计和分析，当然数据的记录工作已在平时完成了。依据这些数据，绘制排列图。排列图的排列项目可以依据不良的现象、不良的品种、不良的班次、不良的现象，直至不良的原因进行从大到小的排列。排列图出来以后，重点项目就一目了然了。每个部门依据品质目标的达成情况、资源情况和精力来依次决定解决的项目，一般先解决占 80%不良的项目。

(2) 用特性要因图找出产生不良的真正原因。原因主要从 4M(人、机、料、法)上去找。如图 5-57 所示。

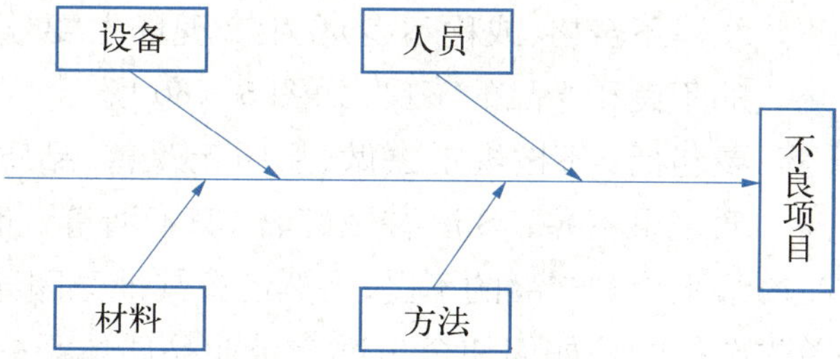

图 5-57 4M 特性要因图

(3) 依据原因，制定对策，并制定相应的实施计划。

(4) 实施对策后确认效果。主要运用折线图或排列图进行确认，如图 5-58 所示。

(5) 落实管理，进行文件的标准化和人员的教育。

(6) 对策的横向展开。对策的横向展开是指已发生的不良项目，在其现象、原

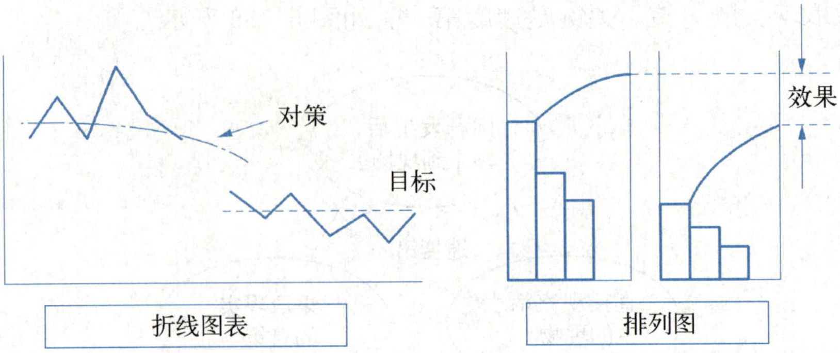

图 5－58　实施对策的效果确认方法

因、对策上,对其他生产线、产品是否有推广的意义。换句话来讲,其他部门、其他产品上也有可能发生类似不良。

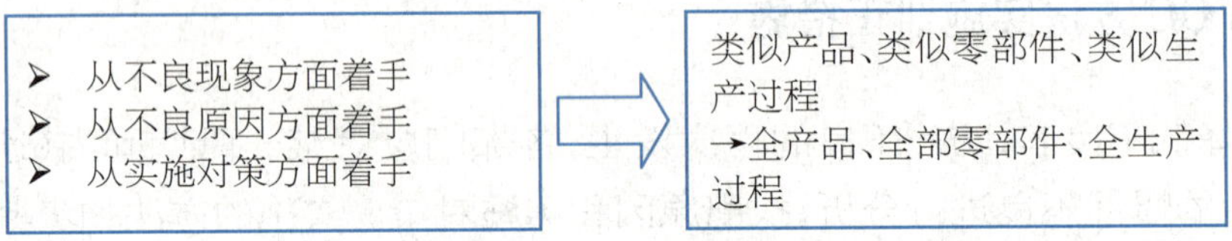

图 5－59　对策的横向展开

当然从费用、人员等各方面去考虑,同时进行横向对策的展开是不可能的,应从发生不良可能性较高的产品、零部件、过程开始着手,制定计划执行下去。

单元13　预防措施

13.1　不良的分类

不合格(或称不良)在生产现场主要分为两种:品质体系的不良和产品的不良,如图 5－60 所示。品质体系的不良主要包括:不按规定去做、品质无改善、品质信息沟通不畅、品质记录不齐、5S 没有做好、标识不清等。而这些品质体系的不良又直接导致在生产线上生产产品的不良,当然还有其他原因导致的不良,如设计不良等。品质提高首先要抓的是如何使全员遵守企业品质体系的各项规定,只有在大家按规定去做的情况下,才能发现品质的深层次的问题,如品质问题、生产技术问题等。否则,出了品质问题,一团乱麻,却无从下手。

我们对发现的品质体系的不良要有一个深度的认识,要深刻地认识到品质不良虽然只出现了 1 件,但出现品质不良苗头的可能有好多件。在安全上有一个 300 事故法则:在安全工程科学研究中,美国劳动保险公司海恩部长通过对 50 万件以上的伤亡事故的分析,概括出这么一条"事故规则",称为"海恩规则",也称 300 事故法则,

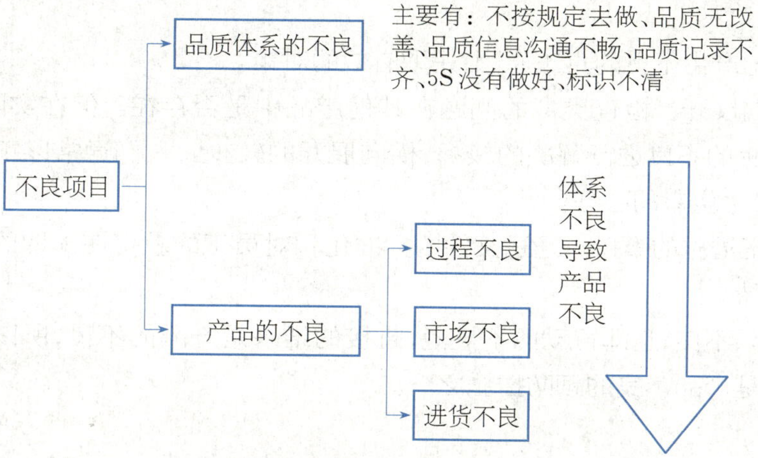

图 5－60　不良的分类

即每一起严重事故的背后，必然有 29 次轻微事故和 300 起未遂事故，以及 1 000 起事故隐患。要想消除这一起严重事故，就必须把这 1 000 起事故隐患控制住。品质体系中出现的不良法则与 300 事故法则是完全一样的。通常出现的问题只是冰山的一角，纠正措施是要迅速纠正出现的不良，即解决显在的问题；预防措施是要解决隐藏的不良隐患，即潜在的问题。如图 5－61 所示。

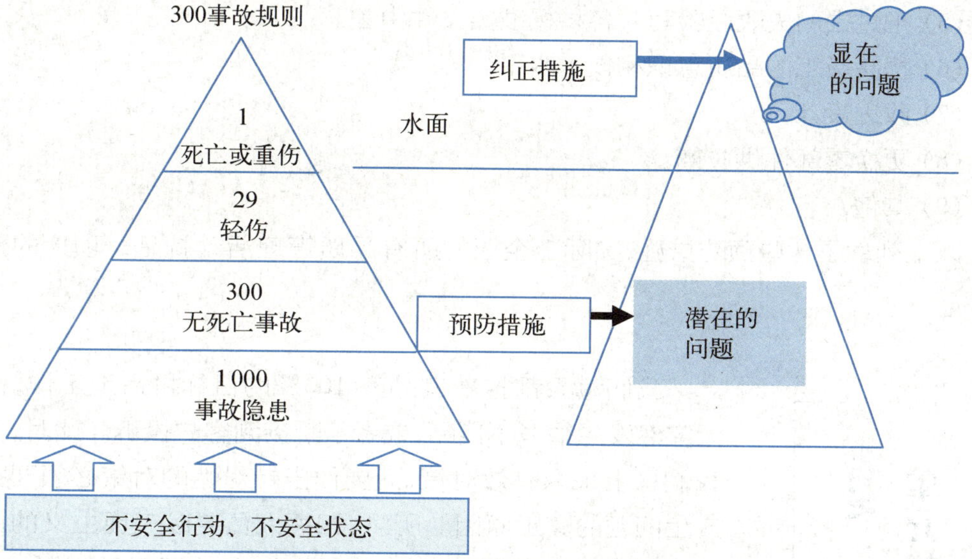

图 5－61　300 事故规则、纠正措施及预防措施

13.2　体系不良的纠正措施

对产品不良的纠正措施已在上节作过阐述，下面就体系不良的纠正措施作简要

阐述。

(1) 找出产生不良的真正原因,采取有效的对策。

(2) 横向展开。检查类似的问题在其他产品中是否存在。但在实际工作中,往往仅针对发生的不良进行解决的较多,横向展开的较少。人们通常以工作很忙等为理由,存在一种侥幸的心理。

(3) 纠正措施的维持。通过文件的标准化和对员工的教育使采取的纠正措施能得到长期维持。

品质体系不良,也即行动的不规范,直接的结果是产品的不良,所以对品质体系的纠正措施是产品不良的预防措施之一。

13.3 预防措施

体系的预防措施(也是产品不良的预防措施)主要有以下几种。

(1) 5S与可视化管理。

(2) 异常管理:依据基本动作的贯彻,及时发现异常,立即采取正确的措施。

(3) 通过对现有慢性不良的发现,找出原因并采取对策。具体见本章单元15。

(4) 在生产技术上下工夫,设计各种防错装置等。

(5) 把过去的失败经验写入各种标准类文件中去。

(6) 提高员工的品质意识和技术水平。

(7) 改进设计。

(8) 更换零部件供应商。

(9) 其他。

以上列举了一些预防措施,实际上企业的所有品质管理活动就是一项大的预防措施。

单元14 5W

我们每天都抱着良品率100%的目标拼命地工作,但某天突然发生很多不良品,或者不断接到客户投诉。此时,需要我们马上采取有效对策,而要作出针对性的对策必须要找出产生问题的真正原因。所以,相关人员要以三现主义的原则立即到现场去展开调查,了解事实关系,分析原因。

首先,我们要从现场的4M1E着手分析,找出产生问题的要因。此时,可制作特性要因图辅助分析。

其次,找出这些要因以后,下面的课题是如何一层层地深入分析下去,找出产生问题的真正原因。对于每个具体的要因,我们都要连续追问5个为什么。这种刨根问底的分析方法就称为5W法。(见表5-15)

表 5-15 5W 法示例

5W	问题	原因
1st why	为什么生产 L/T 长?	因为前过程经常没有产品流下来
2nd why	为什么前过程没有产品流下来?	因为前过程也同样经常发生等待现象
3rd why	为什么前过程会有等待现象?	因为零部件经常不能到位
4th why	为什么零部件经常不能到位?	因为存在缺品现象
5th why	为什么会有缺品存在?	因为月底盘点差错件数非常多,导致大量的零部件没有订货
	结论:对策	1. 制定盘点规则 2. 对员工进行教育 3. 每月相关部门盘点后进行抽查

在生产和生活中,刚开始我们看到的往往是问题的表象,就如一个人生病时头痛、发烧一样,头痛、发烧只是现象,其发生的背后可能有各种各样的原因,如果医生不作进一步检查,单给他吃止痛片、退热片,那只能解决一时问题,只有找出发病的病原体,才能对症下药,彻底根治。

寻找原因时最大的忌讳是凭主观意识、过去经验进行推测,而不到现场去以三现主义原则分析原因,对原因没有用事实或数据进行证明。

运用 5W 法寻找原因时,要集思广益,发动相关人员一起进行讨论。这样做一来减少发生遗漏的可能性,二来也是一堂生动的现场教育课。关键是要做好以下工作。

(1) 对 4M 进行分层分析,观察每层的数据是否有倾向性。

(2) 观察时间变化曲线。

(3) 观察特性与要因、要因与要因等关系之间的相互关联性。

(4) 进行相关实验。

(5) 观察现场、现物。

(6) 总结得出结论。

单元15 QC的问题解决法

解决问题必须有基本的指导思想、有基本的方法、以基本的步骤进行,尤其在人员众多的现场,必须有统一的解决问题的共识。QC 的问题解决法是在现场大家公认的有效的基本方法之一。

15.1 QC 问题解决法的定义及特点

所谓的 QC 问题解决法是指:依据品质管理的观点、按照问题解决的步骤、运用 QC 的方法来解决问题的方法。

与一般的解决问题的方法相比，QC 的问题解决法具有如下特点。

(1) 不断改善性：沿着企业方针方向，不断设定新的目标，不断挑战，随着 PDCA 不断循环，企业各方面素质也在不断提高。

(2) 全员参与性：只有现场强大了，企业才能强大；只有全员看得到问题、一起参与解决问题，现场才能强大。全员参与也是以人为本的经营。

(3) 以客户满意为导向。

(4) 以科学的方法(统计学、QC 7 道方法)作指导。QC 7 道方法是指本章中学习的图表、检查表、排列图、特性要因图、分布图、直方图和控制图。

15.2 QC 问题解决法的步骤及使用的 QC 方法

QC 问题解决法的步骤如图 5－62 所示。

1. 选定课题

一个企业总是有各种问题存在，问题解决的第一步是要看得见问题，也就是说要有对问题的着眼点。那如何才能看得见呢？

首先要有比较基准，与企业方针相比、与理想状态相比、与客户的要求相比、与竞争者等相比，一比就可以看出许多问题，如图 5－63 所示。

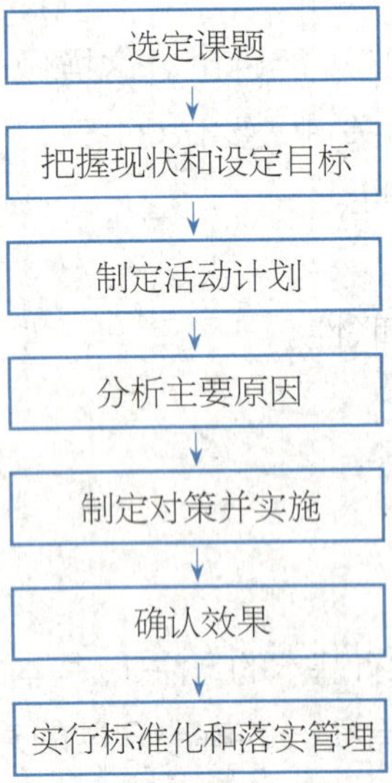

图 5－62　QC 问题解决法的步骤

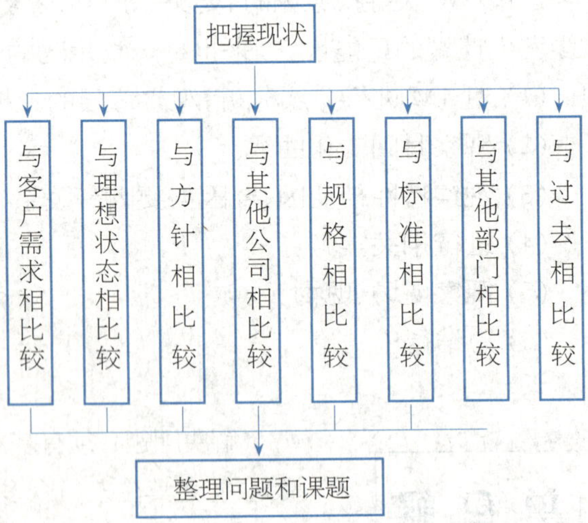

图 5－63　通过比较看出问题

其次通过现场诊断发现问题。现场诊断中问题的着眼点主要在于品质、效率、环保、安全等方面。我们要组织相关人员进入生产现场进行诊断，一切从现场出发梳理存在的问题点，而不是靠想象。通过现场诊断一是可以找出问题点，另外也是员工之间一个互相学习的过程，为以后对策的讨论、实施打下良好的基础。

初步掌握现状以后，下一步是要确定重点课题，以事实为依据画出排列图，确定重点课题，并确定具有挑战性的目标。注意如果没有数据的话，可以再观察一段时间，采集数据，而后定出重点课题，千万不能凭某某领导的一句话或大致的印象去决定重点课题。

一个重点课题须具备五大条件：

(1) 与企业、部门方针一致的；

(2) 所有成员共同的；

(3) 对自己工作必要性较高的；

(4) 通过挑战能努力达成的；

(5) 能提高小组水平的。

课题表示中的 5 个注意要点：

(1) 明确是哪方面的课题(过程名称、作业名称、产品名称等)；

(2) 简单明了，单看课题就知道目标是什么；

(3) 用不良等不好的数据来表示目标，如"提高合格率"→"减少不良率"；

(4) 不是用手段而是用结果来表示，如"文件标准化"→"减少差错率"；

(5) 语言简洁化，如"让我们努力减少不良率"→"减少不良率"。

在选定课题这一步主要使用的 QC 方法有以下几种，如图 5-64 所示。

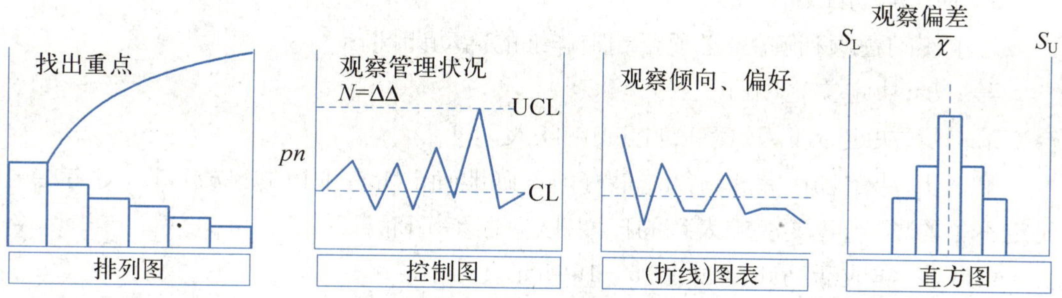

图 5-64 选定课题主要使用的 QC 方法

2. 把握现状和设定目标

所谓设定目标是指根据管理的现状，决定何时、使什么、达到多少。即设定目标时必须明确三个条件：

(1) 什么(管理特性)，如品质不良率；

(2) 何时(期限)，如 12 月底之前；

(3) 多少(目标)，如 从 1 000 ppm 降低到 500 ppm。

决定目标值没有特定的方法，但一般依据以下四点决定。

(1) 取要想达到的值。

(2) 与其他企业比较决定。

(3) 取理论上能够达到的值。

(4) 无条件必须达到的值(环保、安全等)。

没有具体参考时,可以用下列方法。

(1) 化为零法。消灭不良或安全事故等。

(2) 减半法。把不良减少 50%。

(3) 1/3 法。把不良减少到 1/3。

设定目标时应注意以下事项。

(1) 与达成目标所付出的努力和投资相比,出的效果较大。

(2) 目标值能激起小组人员或本人一种非常大的挑战欲望。

(3) 与上级的方针和目标联系起来。

(4) 虽然目标的难度较高,但具有达成的可能性。

(5) 能检查达成的情况。

(6) 能促使其他小组或个人挑战更高的目标。

把握现状和设定目标这一步使用的 QC 方法主要是折线图,如图 5-65 所示。

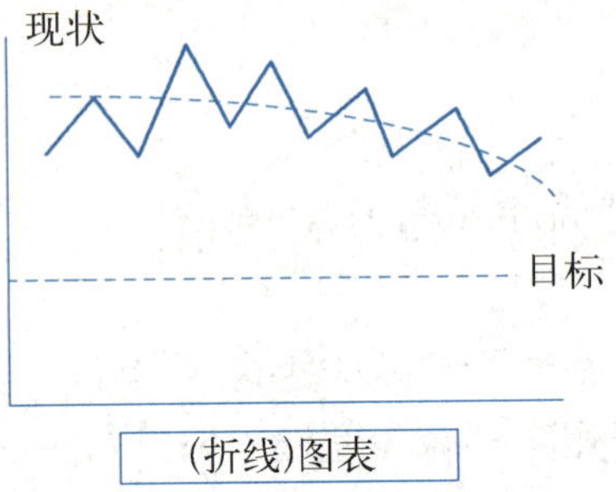

图 5-65 设定目标使用的 QC 方法

3. 制定活动计划

为了使问题顺利解决,必须要制定详细的活动计划。

第一步,决定实施项目。

第二步,决定分工,及责任部门或责任人。

第三步,决定项目完成日期。最好能正确地确定所有项目的完成日期,对有些一时定不了的项目,也要决定大致的日期,以后逐步精确。

第四步,作成活动计划,如表 5-16 所示。

表 5-16 活动计划示例

NO	项 目	主要担当者	4月	5月	6月	7月	8月	9月
1	选定课题	张先生	…… ▬▬					
2	现状把握与目标设定	张先生	…… ▬▬					
3	改善活动计划的制定	李先生	…… ▬▬					
4	分析原因	王先生		…… ▬▬				
5	讨论对策与实施	黄先生			…… ▬▬	…… ▬▬		

续　表

NO	项　　目	主要担当者	4 月	5 月	6 月	7 月	8 月	9 月
6	效果确认	张先生					…… ━━	
7	标准化与教育	顾小姐						…… ━━

计划 ……　实际 ━━

4. 分析主要原因

分析原因时存在的问题是想象和推测居多，我们不是反对想象和推测，问题是在得出结论以前要进行实际的论证，如果不进行论证，就可能让找到产生问题的真正原因的机会从身边溜走。

分析原因首先从 4M1E 上找出特性(结果)与原因之间的关系，画出特性要因图，然后集思广益运用 5W 法找出真正的原因。在此过程中，一定要以数据和事实为依据。

记住只有找到真正原因才能有正确的对策，否则后面的对策不可能有效。

分析主要原因这一步使用的 QC 方法有如下几种，见图 5－66。

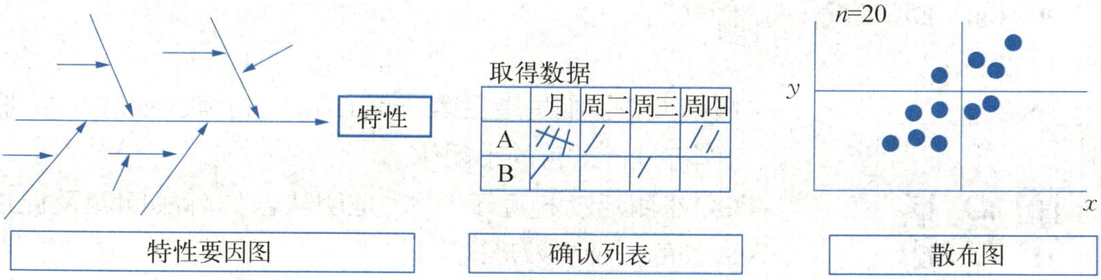

图 5－66　分析原因使用的 QC 方法

5. 制定对策并实施

(1) 出主意；

(2) 选择对策方案；

(3) 对策的具体化计划；

(4) 实施。

6. 确认效果

(1) 确认对策效果；

(2) 与目标值比较；

(3) 经验的积累。

制定对策并实施和确认效果主要使用的 QC 方法如图 5－67 所示。

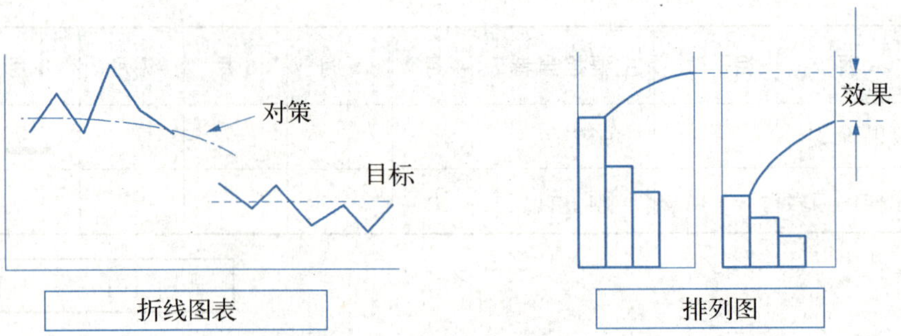

图 5－67　制定对策并实施和确认效果使用的 QC 方法

7. 实施标准化和落实管理

这是 PDCA 的最后一环，完成后就从 PDCA 转到了 SDCA。

(1) 标准化：

- 制定标准，进行修改；
- 确定管理方法。

(2) 落实管理：

- 彻底落实到相关人员；
- 教育相关人员；
- 确认维持情况。

单元16 QC小组活动

所谓 QC 小组是指在第一线工作的，持续性地对产品、服务、工作等进行改善的小团体。

QC 小组活动起源于日本，是团队合作解决问题及促进个人成长的一种有效形式。

16.1　QC 小组活动的目标

(1) 以发挥 QC 小组成员的能力、建设充满活力富有意义的工作岗位、提高客户的满意度以及对社会作贡献为目的。

(2) 为企业的素质改进和发展作贡献。QC 小组活动能够作出直接贡献的活动，如对产品、服务、工作流程等改进；以及间接贡献的活动，如培养合理性观点、提高解决问题的能力等无形资产。

现场是产生附加价值的地方，一个企业所有活动的好坏，最终都在现场体现出来。现场员工对各过程的问题点是最清楚不过了，所以，如何发挥一线人员的积极性，让他们把自己在现场体验到的问题讲出来、把他们的建议拿出来是我们管理者的任务之一。

(3) 培养现场领导。现场领导的领导力是需要在具体的工作实践中学习、在解决问题中形成并得到大家认可的。QC 小组是一个非常好的让未来的管理者学习、实践的地方。

16.2 QC 小组活动的基本理念

(1) 发挥人的能力，最大限度地调动员工的积极性、创造性。

QC 小组活动是一项在谋求自我启发和相互启发的同时，能够把人的潜在能力挖掘出来的活动。根据马斯洛的需求层次理论，人们都有渴望被别人承认的需求。QC 小组活动正好给了现场员工这样一个平台，可以让他们尽情施展才华。

(2) 尊重人性，建设有意义的充满活力的工作岗位。

人在自发性思考的基础上采取了自主行动时，才会感觉到行动的价值、工作的价值、生活的价值。QC 小组活动是充分发挥员工的创见和钻研精神的活动。

QC 小组活动可以促进员工之间的沟通、部门之间的沟通。我们经常会进入这样的误区，即总认为他人或他部门的工作没有自己或本部门的工作做得好，这是因为我们缺少沟通，对他人或他部门的了解还不够。通过了解，可以促进相互的合作。

(3) QC 小组是为自己开展的活动。

● 在 QC 小组中学习：在小组中大家一起学习 QC 的方法，学习如何解决问题，进行技能交流等。

● 实施工作岗位的管理：通过制定工作岗位的规则、遵守各种标准、改善工作岗位的环境，使自身的工作顺利进行。

16.3 QC 小组的成立与活动

(1) QC 小组的成立。针对某个问题的解决，开始时管理者可以指定小组成员和负责人，以后发展下去可由负责人进行组织，决定具体攻关课题、成员等。

(2) QC 小组的活动。关于 QC 小组的活动，如果能在上班时间进行的就在上班时间进行，不能在上班时间进行的可以加班进行。

另外，QC 小组活动要进行登记，制定年度计划并进行总结与发表，具体见图 5-68。

16.4 QC 小组活动成功的要点

1. 领导方面

(1) 要向员工说明企业的方针、经营状况、客户的投诉、外部竞争对手和行业的

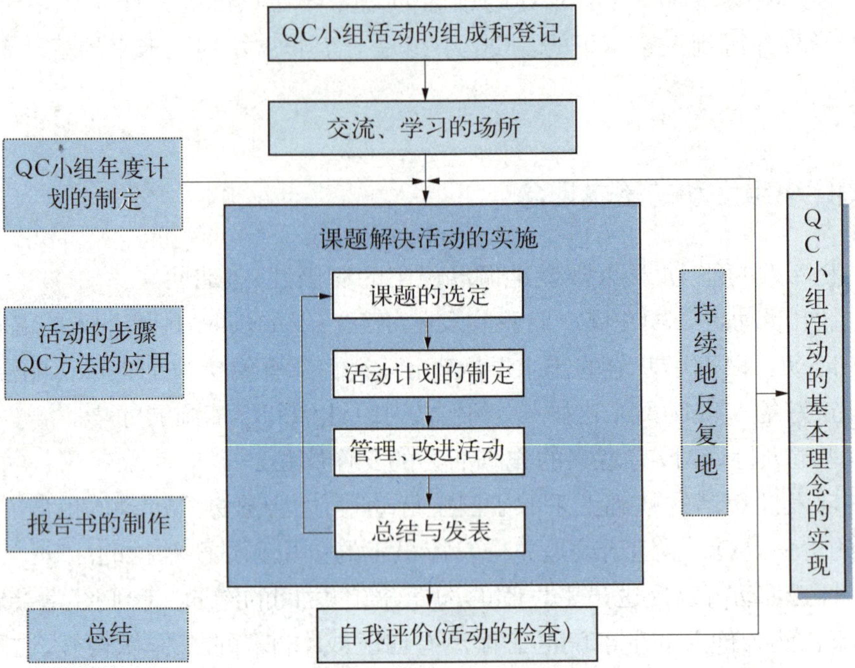

图5-68 QC小组的活动

情况,让他们理解现在企业所处的状态。

(2) 对QC小组活动满怀期待和信心,坚定不移地支持。

(3) 建立一个教育培训、指导和支持、评价表彰的体系,并使其有效运行。

2. QC小组方面

(1) 明确QC小组活动的目标,有计划地开展活动。

(2) 不能忽视QC小组发表会的重要性。这是一个显示小组平时努力和实力的良好机会,能进一步取得领导的支持;同时也是对大家沟通能力的一次锻炼。

QC小组活动的历史与发展

1. QC小组的历史

- 20世纪40年代后半期　品质管理调查研究的开始
- 20世纪50年代　J·M·朱郎博士去日本举办讲习会
- 1962年4月　面向第一线工作者的品质管理杂志《现场与QC》创刊。(1988年1月改名为《QC小组杂志》)
  在创刊号前言中东京大学教授石川馨先生呼吁建立QC小组

- 1962 年 5 月　　在日本科技联盟内设立 QC 小组总部
  （1994 年至今，在日本全国设置支部、地区组织）
- 1979 年　　《QC 小组纲领》创刊
  （1995 年更名为《QC 小组的基本纲领》）

2. QC 小组的发展

在日本国内：

- 1962 年　　QC 小组在日本诞生
- 20 世纪 70 年代　　从制造部门的活动普及到事务、销售、技术部门
- 20 世纪 80 年代　　普及到服务业、电力业、建筑业、零售业、医院等
- 20 世纪 90 年代　　在问题解决型活动的基础上，又普及了完成课题型活动；从全公司品质管理（TQC）发展到综合品质管理（TQM），成为带有各公司特征的活动

在世界：

- 20 世纪 70 年代　　普及到韩国、中国以及新加坡、马来西亚、泰国、印度尼西亚等东南亚各国
- 20 世纪 80 年代　　普及到美国、墨西哥等北美国家，进而英国、法国等欧洲国家，巴西等南美国家，非洲各国等 80 个以上的国家。

单元 17 六西格玛管理

17.1 六西格玛的由来

六西格玛（6δ）就是正态分布的标准差，在前面的学习中我们知道统计数据落在 $\mu \pm 3\delta$ 的概率为 99.73%，其他情况下的概率见表 5-17。很显然合格率 99.73% 在当今社会是远远不够的，现在世界一流的电器厂家的过程内合格率都是在 99.99% 以上，即在 $\pm 4\delta$ 以上的水平，市场不良率更低。

表 5-17　与 δ 水平相关的概率特性

界限 $\mu \pm k\delta$	界限内的概率（%）	界限外的概率（%）	界限外的概率 ppm
$\mu \pm 1\delta$	68.27	31.73	317 300
$\mu \pm 2\delta$	95.45	4.55	45 500
$\mu \pm 3\delta$	99.73	0.27	2 700
$\mu \pm 4\delta$	99.993 7	0.006 3	63

续 表

界限 $\mu\pm k\delta$	界限内的概率(%)	界限外的概率(%)	界限外的概率 ppm
$\mu\pm5\delta$	99.999 943	0.000 057	0.57
$\mu\pm6\delta$	99.999 999 83	0.000 000 17	0.001 7

20 世纪 80 年代摩托罗拉公司为了提高公司的竞争力，提出了更高的品质目标，即产品合格率要达到 6δ 的水平，从表中可以看出±6δ 的不合格率为 0.001 7 ppm。

在实际工作中考虑到品质特性与规格中心重合的可能性很小，而且只能维持很短一段时间，在这种状态下计算出的过程能力只是短期的过程能力，长期的品质水平需要考虑各种因素。6δ 管理就是在考虑中心偏移±1.5δ 的情况下，把不合格率目标定为 3.4 ppm。如图 5－69 和表 5－18 所示。

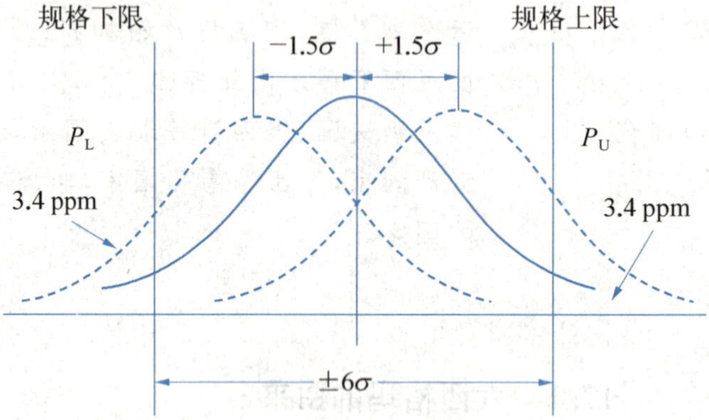

图 5－69　6δ 管理示意

表 5－18　与 δ 水平相关的概率特性(中心偏移±1.5δ)

界限 $\mu\pm k\delta$	合 格 率(%)	不合格率 ppm
$\mu\pm1\delta$	30.23	697 700
$\mu\pm2\delta$	69.13	308 700
$\mu\pm3\delta$	93.32	66 810
$\mu\pm4\delta$	99.379 0	6 210
$\mu\pm5\delta$	99.976 70	233
$\mu\pm6\delta$	99.999 660	3.4

17.2 进行六西格玛(6δ)管理的步骤

实施六西格玛(6δ)管理的模式称为 DMAIC,即定义(define)、测量(measure)、分析(analyze)、改进(improve)、控制(control)。

(1) 定义阶段。确定客户的关键需求并识别需要改进的产品和流程,组成项目小组,制定计划,决定目标。这一阶段是明确课题的阶段。

(2) 测量阶段。对要改善的项目进行不良数据的调查,这一阶段是六西格玛(6δ)管理中最重要的阶段。

(3) 分析阶段。对发生不良的原因进行认真的分析,确定改善项目的优先顺序。

(4) 改进阶段。寻找最优解决方案,进行实施。

(5) 控制阶段。对改善成果落实管理,进行文件标准化、员工教育等工作,使成果能一直维持下去。

综上所述,六西格玛(6δ)管理与 QC 的问题解决法,无论是目标还是过程基本上都是一致的,即通过改善不断挑战新的目标。

复习与思考

1. 数据分为哪几类?
2. 阐述 QC 7 道方法的用处。
3. 控制图是在什么假设条件下成立的?
4. 请举一个用矩阵图来分析问题的例子。
5. 请举一个用 5W 来分析的例子。

附表　计量控制图计算控制限的系数表

子组中观测值个数 n	控制限系数											中心线系数			
	A	A_2	A_3	B_3	B_4	B_5	B_6	D_1	D_2	D_3	D_4	c_4	$1/c_4$	d_2	$1/d_2$
2	2.121	1.880	2.659	0.000	3.267	0.000	2.606	0.000	3.686	0.000	3.267	0.797 9	1.253 3	1.128	0.886 5
3	1.732	1.023	1.954	0.000	2.568	0.000	2.276	0.000	4.358	0.000	2.574	0.886 2	1.128 4	1.693	0.590 7
4	1.500	0.729	1.628	0.000	2.266	0.000	2.088	0.000	4.698	0.000	2.282	0.921 3	1.085 4	2.059	0.485 7
5	1.342	0.577	1.427	0.000	2.089	0.000	1.964	0.000	4.918	0.000	2.114	0.940 0	1.063 8	2.326	0.429 9
6	1.225	0.483	1.287	0.030	1.970	0.029	1.874	0.000	5.078	0.000	2.004	0.951 5	1.051 0	2.534	0.394 6
7	1.134	0.419	1.182	0.118	1.882	0.113	1.806	0.204	5.204	0.076	1.924	0.959 4	1.042 3	2.704	0.369 8
8	1.061	0.373	1.099	0.185	1.815	0.179	1.751	0.388	5.305	0.136	1.864	0.965 0	1.036 3	2.847	0.351 2
9	1.000	0.337	1.032	0.239	1.761	0.232	1.707	0.547	5.393	0.184	1.816	0.969 3	1.031 7	2.97 0	0.336 7
10	0.949	0.308	0.975	0.284	1.716	0.276	1.669	0.687	5.469	0.223	1.777	0.972 7	1.028 1	3.078	0.324 9
11	0.905	0.285	0.927	0.321	1.679	0.313	1.637	0.811	5.535	0.256	1.744	0.975 4	1.025 2	3.173	0.315 2
12	0.866	0.266	0.886	0.354	1.646	0.346	1.610	0.922	5.594	0.283	1.717	0.977 6	1.022 9	3.258	0.306 9
13	0.832	0.249	0.850	0.382	1.618	0.374	1.585	1.025	5.647	0.307	1.693	0.979 4	1.021 0	3.336	0.299 8
14	0.802	0.235	0.817	0.406	1.594	0.399	1.563	1.118	5.696	0.328	1.672	0.981 0	1.019 4	3.407	0.293 5
15	0.775	0.223	0.789	0.428	1.572	0.421	1.544	1.203	5.741	0.347	1.653	0.982 3	1.018 0	3.472	0.288 0
16	0.750	0.212	0.763	0.448	1.552	0.440	1.526	1.282	5.782	0.363	1.637	0.983 5	1.016 8	3.532	0.283 1
17	0.728	0.203	0.739	0.466	1.534	0.458	1.511	1.356	5.820	0.378	1.622	0.984 5	1.015 7	3.588	0.278 7
18	0.707	0.194	0.718	0.482	1.518	0.475	1.496	1.424	5.856	0.391	1.608	0.985 4	1.014 8	3.640	0.274 7
19	0.688	0.187	0.698	0.497	1.503	0.490	1.483	1.487	5.891	0.403	1.597	0.986 2	1.014 0	3.689	0.271 1
20	0.671	0.180	0.680	0.510	1.490	0.504	1.470	1.549	5.921	0.415	1.585	0.986 9	1.013 3	3.735	0.267 7
21	0.655	0.173	0.663	0.523	1.477	0.516	1.459	1.605	5.951	0.425	1.575	0.987 6	1.021 6	3.778	0.264 7
22	0.640	0.167	0.647	0.534	1.466	0.528	1.448	1.659	5.979	0.434	1.566	0.988 2	1.011 9	3.819	0.261 8
23	0.626	0.162	0.633	0.545	1.455	0.539	1.438	1.710	6.006	0.443	1.557	0.988 7	1.011 4	3.858	0.259 2
24	0.612	0.157	0.619	0.555	1.445	0.549	1.429	1.759	6.031	0.451	1.548	0.989 2	1.010 9	3.895	0.256 7
25	0.600	0.153	0.606	0.565	1.435	0.559	1.420	1.806	6.056	0.459	1.541	0.989 6	1.010 5	3.931	0.254 4

后　记

感谢你阅读本书，相信本书一定会成为你的亲密朋友。

具备了品质理念、品质管理的方法还是不够的，更重要的是不断地实践。在实践中你能加深对本书的体会、理解，还可以充实对某些知识环节的解释。记住：仅“知道”某些知识只属于三流的水平，达到“会做”而且“做好”才是一流的水平。

作为一个企业带“长”的人（部长、科长、班长、组长等），教育是你每天的职责。本书一定会成为你对员工进行教育的好帮手，把你的实践经验、体会标注在相关知识点旁边，相信过不了多久你一定会成为一名合格的、受人尊敬的教育者。

品质是企业的生命，当你遇到品质问题时，请翻翻本书，相信它一定会给你答案。

参考文献

[1] 石川馨:《品质管理入门》,1988 年第三版,日科技连出版社。
[2] 细谷克也:《QC 的问题解决法》,1989 年第一版,日科技连出版社。
[3] 丰田生产方式协会:《丰田生产方式》,2004 年第一版,日刊工业新闻社。
[4] 今井义男译:《FMEA 的基础》,2003 年第一版,日本规格协会。
[5] 冈田贞夫:《作业改善》,2004 年第一版,日刊工业新闻社。
[6] 陈建龙:《生产现场优化管理》,2008 年第一版,复旦大学出版社。
[7] 陈建龙:《拿什么去工作》,2005 年第一版,机械工业出版社。

图书在版编目(CIP)数据

图书在版编目(CIP)数据

品质管理实训/陈建龙编著. —上海：复旦大学出版社，2010. 8(2024. 8 重印)
(复旦卓越·21 世纪管理学系列)
ISBN 978-7-309-07474-1

Ⅰ. 品… Ⅱ. 陈… Ⅲ. 企业管理：质量管理 Ⅳ. F273. 2

中国版本图书馆 CIP 数据核字(2010)第 139051 号

品质管理实训
陈建龙 编著
责任编辑/罗 翔

复旦大学出版社有限公司出版发行
上海市国权路 579 号 邮编：200433
网址：fupnet@ fudanpress. com http://www. fudanpress. com
门市零售：86-21-65102580 团体订购：86-21-65104505
出版部电话：86-21-65642845
上海新艺印刷有限公司

开本 787 毫米×1092 毫米 1/16 印张 13. 75 字数 263 千字
2024 年 8 月第 1 版第 5 次印刷

ISBN 978-7-309-07474-1/F · 1618
定价：35. 00 元